Günter Schuler
InDesign: gewusst wie

rororo

rororo computer
Herausgegeben von Ludwig Moos

Bei vielen Kreativen und professionellen Mediengestaltern ist InDesign längst die Layout-Software der Wahl. Transparenzfunktionen, moderne Typografiefeatures, eine enge Anbindung an Photoshop und Illustrator sowie Ausgabefunktionen nach dem allerneuesten Standard vereinen Technik und Kreation zu einem leistungsfähigen Angebot. *InDesign: gewusst wie* liefert Tipps, Hintergrund- und Basiswissen zu den Programmbereichen, auf die es in Satz und Layout ankommt: Arbeiten mit Mustervorlagen, Text- und Bildrahmen, verankerten Elementen, Formaten, Grafik-, Transparenz- und Tabellenfunktionen. Das Navigieren in Dokumenten und das Anlegen selbst definierter Shortcuts wird ebenso beschrieben wie die typografische Feinmechanik sowie die vielfältigen Grafik- und Transparenzfunktionen. Arbeitsbeispiele mit praxisnahen Satz- und Layoutaufgaben gehen ins Detail, liefern Anregungen und zeigen auf, wie sich mit den dargestellten Funktionen alltägliche Aufgaben bewältigen lassen.

Günter Schuler ist Autor und Fachjournalist. Er publiziert regelmäßig Zeitschriftenbeiträge und veröffentlicht Bücher zu Grafik- und Publishing-Themen. Die kreativ-ambitionierte Bildbearbeitung mit Adobe Photoshop zählt ebenso zu seinen Schwerpunkten wie gestalterische Fragen, die Typografie sowie Grafik und Layout. In der Reihe rororo computer sind bisher erschienen: *Photoshop für Fotografen*, *Digital gestalten* und *Profikurs Photoshop für Fotografen*.

Originalausgabe • Veröffentlicht im Rowohlt Taschenbuch Verlag, Reinbek bei Hamburg, August 2006 • Copyright © 2006 by Rowohlt Verlag GmbH, Reinbek bei Hamburg • Umschlaggestaltung Walter Werner • Grafik und Buchlayout: Günter Schuler • Herstellung Birgit Meyer • Gesetzt aus der Warnock Pro, Myriad Pro sowie Minion Pro • Gesamtherstellung Clausen & Bosse, Leck • Printed in Germany • ISBN 13: 978 3 499 61627 1 • ISBN 10: 3 499 61627 4

Alle Rechte vorbehalten. Die Verwendung der Texte und Bilder, auch auszugsweise, ist ohne schriftliche Zustimmung des Verlages urheberrechtswidrig und strafbar. Dies gilt insbesondere für die Vervielfältigung, Übersetzung oder die Verwendung in Schulungs- und Kursunterlagen und elektronischen Systemen.

Alle Rechte für die Arbeitsbeispiele liegen beim Autor oder den aufgeführten Fotografen. Die Arbeitsbeispiele dürfen ausschließlich für private Übungen verwendet werden. Eine Nutzung für kommerzielle Zwecke ohne Zustimmung der jeweiligen Autoren, Fotografen oder Bildvertriebe ist strafbar.

Günter Schuler

InDesign: gewusst wie

Für Mac und PC

Rowohlt Taschenbuch Verlag

Vorwort 7

Teil 1: Grundlagen 10

Kapitel 1 Arbeiten mit InDesign 12
Das Interface 14
Seiten anlegen und anordnen 16
Typo und Textformatierung 18
Grafik, Bild & Special Effects 19
Die Werkzeug-Palette 20

Kapitel 2 InDesign optimieren 22
Arbeitsumgebung einrichten 25
Sinnvolle Voreinstellungen 28
Navigieren und Eingeben 32

Teil 2: Praxis 38

Kapitel 3 Layouts einrichten 40
Dokumente einrichten 42
Hilfslinien und Raster 44
Texte und Bilder platzieren 46
Mustervorlagen und Textverkettung 52
▶ Arbeitsbeispiel 1: Das «Raster» dieses Buches 56
▶ Arbeitsbeispiel 2: Techniken beim Magazin-Layout 58

Kapitel 4 Jede Menge Feinmechanik 64
Viele Wege führen nach Rom: Die Textformatierung 65
Zeichenattribute 68
Absatzattribute 77
Parameter für High-End-Typo 84

Kapitel 5 OpenType-Funktionen 86
OpenType und Unicode 87
Fremdsprachensatz mit und ohne OpenType 90
Zeichen-Probleme 92
Typografische Zusatzfunktionen 93
▶ Arbeitsbeispiel 3: Mehrsprachiger Text 98

Kapitel 6	**Mit Formaten arbeiten**	**100**
	Was sind Formate?	101
	Text mit und ohne Formate importieren	106
	Formatattribute suchen und ersetzen	109
	Verschachtelte Formate und Nächstes Format	111
	▶ Arbeitsbeispiel 4: Schriftmuster flexibel	114
	▶ Arbeitsbeispiel 5: Speisekarte	116
	▶ Arbeitsbeispiel 6: Interview	118
Kapitel 7	**Layoutelemente arrangieren**	**120**
	Konturenführung: Objekt verdrängt Text	122
	Verankerte Objekte	123
	Layout-Hilfsmittel	126
	▶ Arbeitsbeispiel 7: Verankerte Marginalspalten	130
Kapitel 8	**Ein bisschen Illustrator**	**132**
	Grafik-Funktionen	134
	Textgrafik-Funktionen	140
	▶ Arbeitsbeispiel 8: Form- und Pfadsatz	142
Kapitel 9	**Transparenz und Freisteller**	**144**
	Transparenzfunktionen und Ausgabe	145
	Deckkraft und Füllmethoden	147
	Bilder freistellen	152
	▶ Arbeitsbeispiel 9: Titelcover-Design	154
	▶ Arbeitsbeispiel 10: Reiseanzeige	156
Kapitel 10	**Tabellensatz in InDesign**	**162**
	Absatzformat-Tabellen	164
	Zellen-Tabellen	166
	▶ Arbeitsbeispiel 11: Grafisch aufbereitete Info-Tabelle	168
Kapitel 11	**Eigene Tastaturbefehle**	**170**
	Werkzeug Tastatur	171
	Tastaturbefehle im Eigenbau	173
	Freie Tastenkombinationen, sinnvolle Befehle	175
	Liste aller InDesign-Tastaturbefehle	178
	Web-Adressen	190
	Die Fotografen	190
	Glossar	191

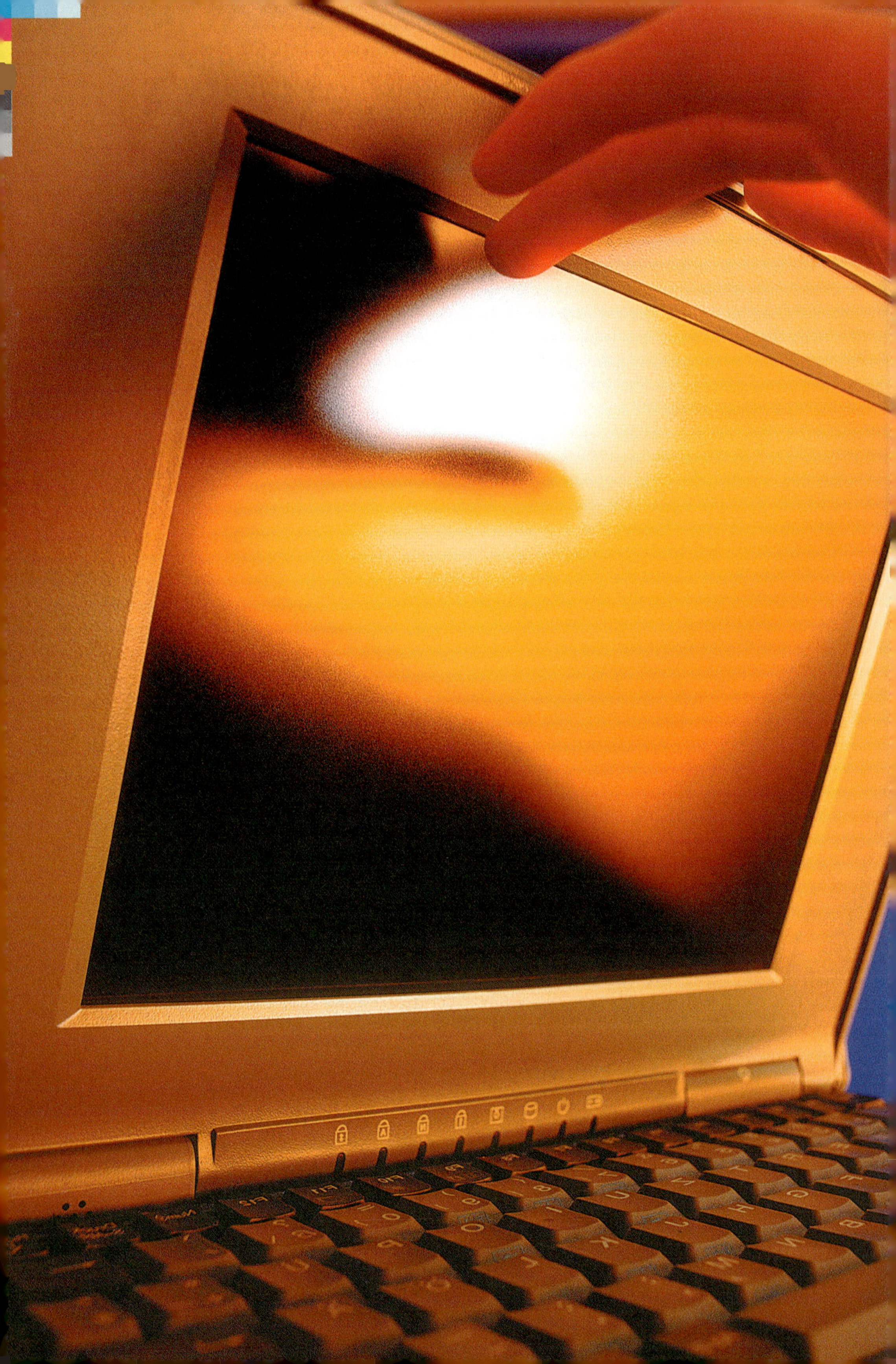

VORWORT

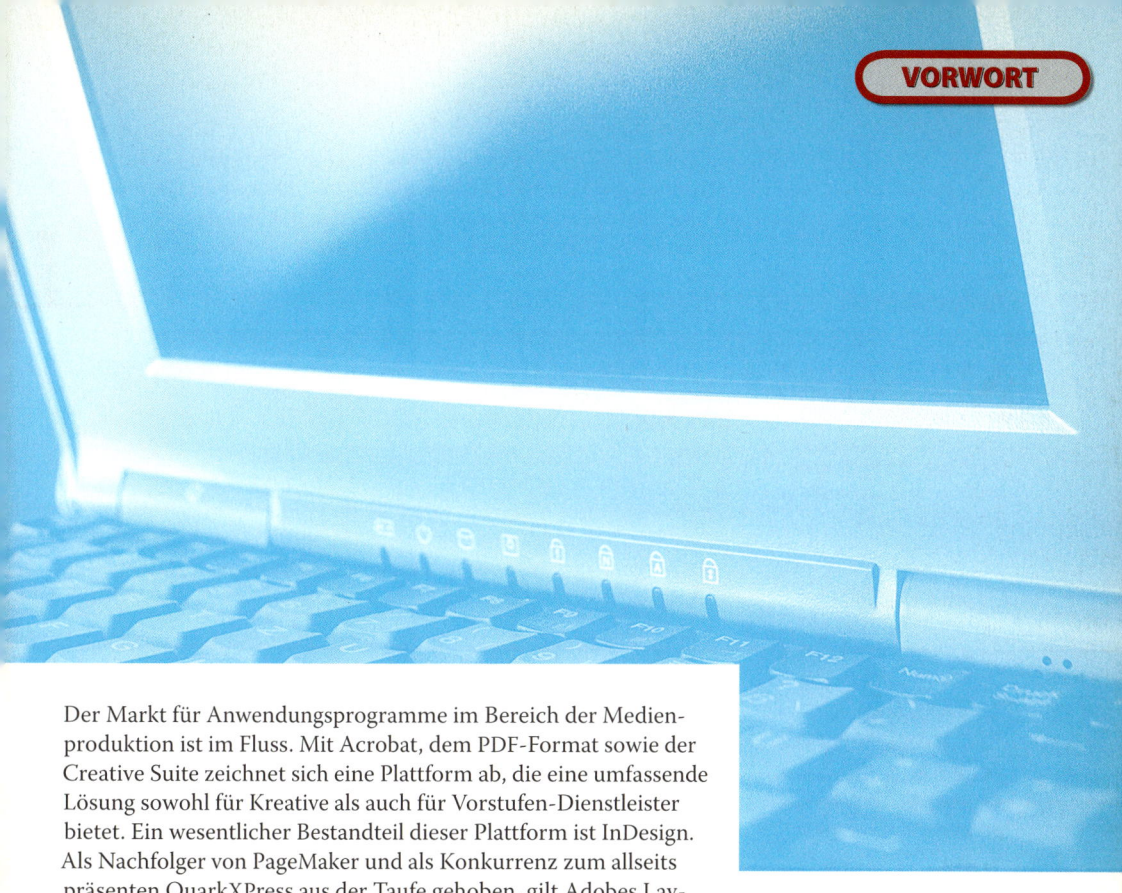

Der Markt für Anwendungsprogramme im Bereich der Medienproduktion ist im Fluss. Mit Acrobat, dem PDF-Format sowie der Creative Suite zeichnet sich eine Plattform ab, die eine umfassende Lösung sowohl für Kreative als auch für Vorstufen-Dienstleister bietet. Ein wesentlicher Bestandteil dieser Plattform ist InDesign. Als Nachfolger von PageMaker und als Konkurrenz zum allseits präsenten QuarkXPress aus der Taufe gehoben, gilt Adobes Layoutprogramm mittlerweile in vielerlei Hinsicht als wegweisend. In der Diskussion ist InDesign vor allem aufgrund dreier Merkmale: den versierten typografischen Möglichkeiten, der engen Integration von PDF-Technologie und Farbmanagement sowie schließlich aufgrund der einzigartigen grafischen Kreativtechniken. Die im Programm möglichen Transparenzeffekte befördern einen luftigen, transparenten Layoutstil, der in vielerlei Hinsicht kennzeichnend ist für aktuelle Gestaltungen.

Natürlich hat Adobe InDesign auch den Buchmarkt inspiriert. Von der Integration in den Programmverbund Creative Suite profitiert nicht zuletzt die aktuelle Programmversion CS2, welche die Basis liefert für diesen Titel. An zusätzlichen oder alternativen Anleitungen zum Programm herrscht gegenwärtig kein Mangel. Wie lassen sich hier noch besondere Akzente setzen? Ähnlich wie in meinen vergangenen Titeln zu Photoshop (*Photoshop für Fotografen* und *Profikurs Photoshop für Fotografen*) habe ich auch in *InDesign: gewusst wie* Grundlagentechniken mit möglichst vielseitigen Programmtipps kombiniert. Ausgehend von dem allgemeinen Erfahrungswert, dass nicht das Komplexe und Schwierige erfolgreich ist, sondern vielmehr das Simple, Eingängige und leicht Nachvollziehbare, fokussiert dieser Titel auf die essentiellen

Tastaturkürzel

Die meisten Tasten-Shortcuts sind auf Mac und PC identisch. Lediglich die Benennung der einzelnen Befehls- und Steuerungstasten weicht auf beiden Seiten voneinander ab. Hier die Auflistung der verwendeten Symbole:

	Mac	PC
⌘	Befehlstaste	Steuerungs-; Befehlstaste
⌥	Optionstaste	ALT-Taste
⇧	Umschalttaste	Shift-Taste
⌃	Control-Taste	—
→∣	Tabtaste	Tabtaste
⌫	Löschtaste	Delete-Taste
↵	Return	Return
⌤	Enter	Enter
↑	Pfeiltasten	Pfeiltasten
↓		
←		
→		

Grundtechniken, welche die Effektivität des Programms ausmachen: Musterseiten, Rahmen, Bild- und Textimporte; Formatierung, die OpenType-Technologie, Grafik- und Transparenzfunktionen sowie schließlich anwenderdefinierbare Tastaturbefehle.

Die InDesign-Befehle werden im letzten Kapitel in voller Länge präsentiert – ergänzt durch eine Reihe von Vorschlägen für zusätzliche, anwenderdefinierte Tastengriffe. Da sich Shortcuts gut eignen zum Kompensieren vereinzelter Unzulänglichkeiten und darüber hinaus ganz allgemein ein effizientes Arbeiten befördern, ziehen sich unterschiedlichste Tastenkombinationen und Profi-Navigationsstrategien wie ein roter Faden durch das Buch. Neueinsteiger und weniger Erfahrene sollte das nicht abschrecken; im Gegenteil. Erfahrungsgemäß steigt der Bedarf an und der Gebrauch von Tastengriffen mit steigender Programmerfahrung stetig an.

Insgesamt gliedert sich das Buch in zwei Teile. Der *erste Teil* beinhaltet zwei Kapitel, welche das Programm und seine einzelnen Sektoren eingehend und gründlich vorstellen. Die neun Kapitel des *zweiten Buchteils* widmen sich unterschiedlichen Schwerpunkten. Kapitel 3 führt ein in die Systematik der Layouterstellung, das Arbeiten mit Muster- und Dokumentseiten, das Organisieren des Textdurchflusses und das Arbeiten mit den diversen Anzeige-Hilfskomponenten.

Die folgenden drei Kapitel behandeln den wichtigen Teilbereich Satz. Da Text in Layouts in aller Regel die Hauptkomponente darstellt, ist die Frage einer effizienten und typografisch ansprechenden Textformatierung erstrangig. Für beide Aspekte – den arbeitstechnischen und den typografisch-gestalterischen – bietet InDesign unterschiedliche Werkzeuge. Kapitel 4 liefert einen Überblick über die Fülle an *Formatierungsattributen,* welche im Programm zur Verfügung stehen. Kapitel 5 richtet ein Spotlight auf jene Optionen, die sich durch den Einsatz von *OpenType*-Schriften auftun. Die Möglichkeiten des Einsatzes von *Absatz- und Zeichenformaten,* beschrieben in Kapitel 6, runden den satztechnischen Teil dieses Titels ab. Die folgenden beiden Kapitel lenken Ihre Aufmerksamkeit auf die grafisch-kreativen Sektoren des Programms – die diversen *Grafikfunktionen* wie Verläufe, Konturen etcetera sowie die einzigartigen Möglichkeiten, *Transparenzeffekte* einzusetzen. Kapitel 10 behandelt das Spezialthema *Tabellensatz;* Kapitel 11 stellt abschließend eine Reihe von Möglichkeiten vor, die eigene Effizienz durch das Anwenden userdefinierter *Tastaturbefehle* zu steigern.

Unterstrichen werden die in den einzelnen Kapiteln dargelegten Grundtechnologien auch durch das gestalterische Konzept. Das dezente Rechenpapier-Muster der Seitenhintergründe lockert nicht nur das Layout auf, sondern legt – was durchaus Absicht ist – auch das gestalterische «Konstruktionsschema» dieses Buches ein Stück weit offen. Last but not least: Neben der Vermittlung zahlreicher Insider-Tipps und Profi-Technologien legt *InDesign: gewusst wie* auch Wert auf nachvollziehbare Praxis-Beispiele. Komplexere Arbeitsbeispiele sind ebenfalls vorhanden; um den didaktischen Fluss nicht zu unterbrechen, finden sie sich meist am Ende des jeweiligen Kapitels. In der Summe stellt dieser Titel so InDesign-Insiderwissen neben allgemein verständliche Abhandlungen der Grundlagen. Beides – professionelles Spezialwissen sowie ein souveränes Verständnis der Grundlagen – sind die Punkte, die für eine wirkliche Programmbeherrschung elementar sind.

Auch an diesem Buch waren letztendlich weitere Personen beteiligt. *Jürgen Tauras*, freier Grafiker aus Frankfurt, half (wieder einmal) bei drucktechnischen Fragen und lieferte darüber hinaus wertvolle Feedbacks für die inhaltliche wie grafische Ausgestaltung. Dasselbe gilt für *Karine Salomon*. Sie unterrichtet Adobe Illustrator bei der DTP Akademie in Offenbach/Main. Ihre von Grafikanwendungen geprägte Betrachtungsweise ermöglichte die Beachtung einiger Programmaspekte, die sonst vielleicht etwas zu kurz gekommen wären. Fragen zur Musterseiten-Thematik beantwortet und mit Insider-Tipps ergänzt hat *Albrecht Fischer*, freischaffender Medienproductioner und Adobe-Supporter. Organisatorische Unterstützung lieferte *Stefan Weigl* von der PR-Agentur Fink & Fuchs in Wiesbaden. Dank auch an *Ludwig Moos* vom Rowohlt Verlag in Reinbek, der mit diesem Titel mein viertes Buch als Lektor betreut. Ihm wesentlich mitzuverdanken sind insbesondere die Stringenz des inhaltlichen und gestalterischen Buchkonzepts. Die stark visuell orientierte Grundkonzeption der Reihe *rororo computer* ermöglichte eine Gestaltungsfreiheit, die in der IT-Verlagsbranche auch bei Titeln zum Thema Medienproduktion alles andere als selbstverständlich ist.
In diesem Sinne wünsche ich Ihnen ein kreatives Gestalten mit Adobe InDesign.

Symbole

Folgende Symbole erleichtern Ihnen die Orientierung im Text:

☺ gut
☺ weniger gut
☹ nicht gut

Zum Zuge kommen die Smileys zum einen bei der Vorstellung von Arbeitsbeispielen, zum anderen auch bei der Bewertung unterschiedlicher Arbeitsmethoden und Techniken.

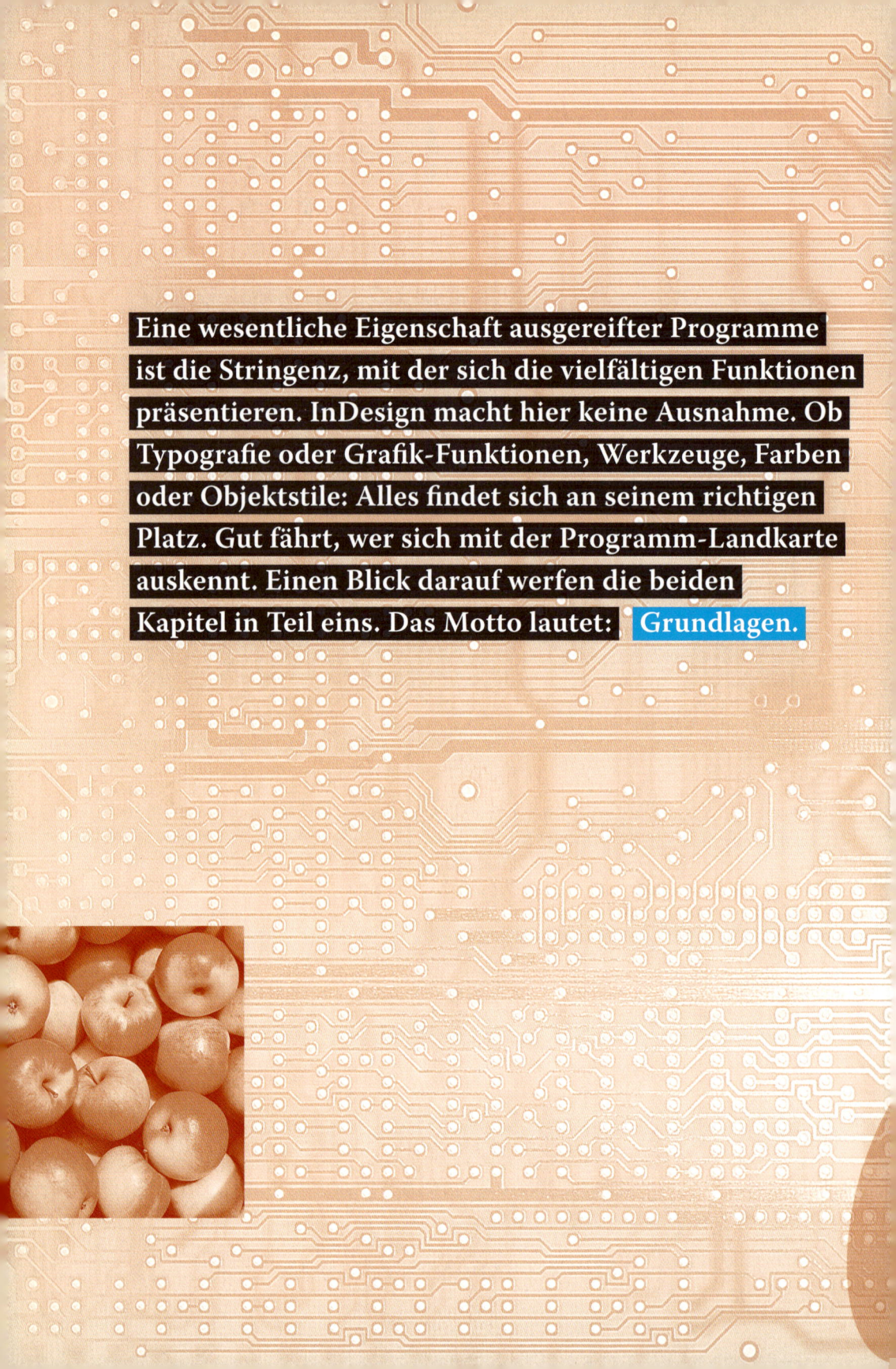

Eine wesentliche Eigenschaft ausgereifter Programme ist die Stringenz, mit der sich die vielfältigen Funktionen präsentieren. InDesign macht hier keine Ausnahme. Ob Typografie oder Grafik-Funktionen, Werkzeuge, Farben oder Objektstile: Alles findet sich an seinem richtigen Platz. Gut fährt, wer sich mit der Programm-Landkarte auskennt. Einen Blick darauf werfen die beiden Kapitel in Teil eins. Das Motto lautet: **Grundlagen.**

TEIL 1

1. Typo, Grafik, Bild & Layout:
Arbeiten mit InDesign 12

2. Voreinstellungen & Interface:
InDesign optimieren 22

InDesign Datei Bearbeiten Layout Schrift Objekt
X: 135,063 mm
Y: 180,563 mm
B:
H:
60
65
70
80
85
Zeichen
Times
Roman
12 Pt
(14,4 Pt)
Metrisch
0
100%
100%
0 Pt
0°
Sprache:
Deutsch: Neue Rechtschr.

TYPO, GRAFIK, BILD & LAYOUT:

Arbeiten mit InDesign

Für Anfänger ist das Interface von InDesign neu. Umsteiger von XPress müssen sich umorientieren. Zu bewältigen ist zunächst einmal eine Flut von rund drei Dutzend Paletten. Auf der einen Seite stellen sie jede Menge Feinmechanik zur Verfügung. Auf der anderen Seite gilt es, Prioritäten zu setzen. Welche Funktionsbereiche sind wichtig bei der Textformatierung, beim Layout und beim grafischen Ausgestalten? Nach welcher Logik «tickt» das Programm? Den Schnelleinstieg in die vielfältigen Funktionen von InDesign liefert das folgende Kapitel.

InDesign ist anders. Bereits bei seiner Markteinführung 1997 hob sich der Neuling deutlich vom eher spartanisch-minimalistischen Interface seines Konkurrenten QuarkXPress ab. Was Skeptiker zunächst für eine Neuauflage von PageMaker in zeitgemäßerem Gewand hielten, entpuppte sich jedoch schnell als eine ebenso vielseitige wie umfangreiche Anwendung. Modernste Prepress-Technologien, kombiniert mit zahlreichen kreativen Funktionen sowie typografischen Features, die mittlerweile als wegweisend gelten, machten InDesign vor allem bei Freischaffenden und im kreativen Marktsegment zur Anwendung Nummer eins.

Die einzige wirkliche Schwachstelle von InDesign – die im Vergleich zu QuarkXPress langsamere *Arbeitsgeschwindigkeit* – hat sich mittlerweile stark relativiert. Vor allem die beiden neueren Versionen InDesign CS1 und CS2 bieten ein ebenso praxistaugliches wie versiertes Instrumentarium für die Bewältigung unterschiedlichster Layoutaufgaben. Nichtsdestotrotz ist ein InDesign-Charakteristikum typisch geblieben: die starke Präsenz der diversen Funktionspaletten. Dies liegt jedoch an dem modularen Konzept des Programms: Anstatt Funktionen umständlich aus Menüs und Untermenüs heraussuchen zu müssen, können InDesign-User ihr Arbeits-Interface nach Bedarf konfigurieren und abspecken: Beim Formatieren stehen typografiespezifische Paletten im Vordergrund; bei grafischen Feingestaltungen hingegen kann die bereits aus Illustrator bekannte Sektion aus einem halben Dutzend Grafikpaletten hervorgezaubert werden. Zusätzliche Erleichterung bringt die kontextsensitive *Steuerung-Palette* direkt unter der Menüleiste. Sie erspart in vielen Fällen das Hervorholen der jeweiligen Spezialpaletten und trägt so auf entscheidende Weise dazu bei, den Arbeitsbildschirm übersichtlich zu halten.

Bereit für InDesign. Ebenso wie ein Laptop lässt sich auch das InDesign-Interface kompakt zusammenpacken.

Das Interface

Dokument und Montagefläche. Wie in der Abbildung auf der rechten Seite zu sehen, zeigen sich beim Arbeiten in einem InDesign-Dokument auf dem Monitor sehr unterschiedliche Komponenten. Zum einen der Inhalt des Arbeitsdokuments selbst. Die einzelnen *Seiten* ❶ (hierbei kann es sich sowohl um Einzel- als auch Doppelseiten, etwa für eine Zeitschrift oder ein Buch handeln) sind dabei zentral auf der sogenannten *Montagefläche* ❷ angeordnet. Die Anzahl der Montageflächen in einem Dokument ist abhängig von der Anzahl der angelegten Einzel- bzw. Doppelseiten. Das *Dokument* ❸ selbst präsentiert sich – auf dem Mac ebenso wie unter Windows – in einem Dokumentrahmen. Dieser lässt sich einerseits in der Größe variieren; in der unteren Rahmenleiste präsentiert er jedoch zusätzlich einige nützliche Info- und Navigationseinheiten ❹.

Werkzeug- und Steuerung-Palette. Was die Priorität anbelangt, spielen diese beiden InDesign-Paletten in vielerlei Hinsicht eine Sonderrolle. Eine *Werkzeug-Palette* ❺ oder Werkzeugleiste ist für das Bearbeiten von Dokumenten in den meisten Programmen obligatorisch. Die einzelnen *Werkzeuge* lassen sich mit einfachen Tasten-Shortcuts (**M**, **C**, **T** und so weiter) ansteuern; wichtig ist diese Verfahrensweise vor allem bei dem für Layoutprogramme elementaren Wechsel vom Objektbearbeitungs- zum Textbearbeitungsmodus. Die *Steuerung-Palette* ❻ oder Werkzeugoptionsleiste präsentiert je nach aktivem Werkzeug die dazu passenden Paletteneinstellungen. Standardmäßig ist sie direkt unter der *Menüleiste* ❼ angesiedelt; im Prinzip lässt sie sich jedoch frei nach Belieben anordnen.

Menüs und Paletten. Die InDesign-*Menüs* sind eher übersichtlich gehalten und lediglich mit dem Nötigsten bestückt. Sie enthalten Basic-Features, wie sie oft auch aus anderen Programmen bekannt sind: Dialoge zum Anlegen, Sichern und Drucken von Dokumenten, für Einsetzen, Kopieren, für die Dokumentnavigation, die Ansicht und vor allem für das Aufrufen der vielen Paletten. Dass sich in InDesign die meiste Feinarbeit in den vielen *Paletten* ❽ abspielt, zeigt bereits der Blick ins Menü Schrift, das formatierungstechnisch nur Basiskost zum Besten gibt. Die in den Paletten hinterlegten Detailfunktionen werden uns im folgenden Abschnitt näher beschäftigen.

Konfigurierbare Arbeitslayouts. Wichtig ist, dass InDesign nicht nur sehr viele Paletten enthält, sondern auch sehr unterschiedliche Möglichkeiten und Wege anbietet, um Menüs und Palettenanordnungen im Griff zu behalten. Wie im nächsten Kapitel näher erläutert, gehören hierzu nicht nur verschiedene Möglichkeiten, *Paletten* anzudocken, ineinander zu verschachteln und schrumpfen zu lassen. Auch diverse Anordungen lassen sich als *Arbeitsbereich* ❾ speichern und bei Bedarf aufrufen. Erweitert wird das userkonfigurierbare Interface durch die Möglichkeit, zusätzlich zu den schon bestehenden eigene Anwender-Shortcuts zu definieren. All diese Möglichkeiten tragen dazu bei, das Programm trotz seiner Komplexität übersichtlich zu halten.

Nachdem nun die unterschiedlichen Programmkomponenten sozusagen im Zeitraffer vorgestellt sind, wollen wir etwas näher in die Details gehen. Als umfangreiches Layoutprogramm bietet InDesign Bearbeitungsfunktionen für folgende Teilaufgaben: das eigentliche Anlegen und Gestalten von Seiten, den Bereich Typografie & Textformatierung sowie schließlich grafisch-visuelles Feintuning mit diversen Grafik-Gimmicks und Effekten. Die Skizzierung «ein Drittel XPress, ein Drittel Illustrator und ein Drittel Photoshop», die man gelegentlich hört, ist also nicht ganz falsch. Sehen wir uns auf den folgenden Seiten die unterschiedlichen InDesign-Schwerpunkte etwas detaillierter an.

In «Samples», einem Unterordner des Programmordners, offeriert InDesign ein paar Layoutarbeiten, die typische Programmfunktionen beispielhaft darstellen.

Das Interface im Überblick

1. Dokumentseiten. Auf ihnen wird das eigentliche Layout – also Text, Bilder und Grafiken – angeordnet. Angezeigt werden die Dokumentseiten in der Seiten-Palette. Wie zu sehen, besteht das hier abgebildete Dokument lediglich aus einer einzigen Seite.

2. Montagefläche. Frei bleibende Zeichenfläche rund um eine Einzel- oder Doppelseite. Die Montagefläche eignet sich gut als Ablage für Arbeitskomponenten wie Objekte, Textstücke und so weiter.

3. Dokument. Das Dokumentfenster beinhaltet die Arbeitsoberfläche – also das eigentliche Layout. Über den Anfasser rechts unten lässt es sich in seiner Größe beliebig einrichten. Die drei Buttons oben links ermöglichen auf dem Mac ein Schließen, Minimieren oder Maximieren der Fläche. Die Rollbalken eignen sich zum Navigieren; besser geeignet sind jedoch Leer- bzw. Optionstaste plus Maus. Dritte Möglichkeit: die *Navigator-Palette*.

4. Info- und Navigationseinheiten. Für Eingabe Verkleinerungsfaktor in Prozentwerten, Buttons zum Vergrößern oder Verkleinern sowie eine Anzeige Seitenzahl, über deren Popup-Liste ebenso wie in der Seiten-Palette zu Seiten gesprungen werden kann.

5. Werkzeugleiste. Die *Werkzeuge* sowie die entsprechenden Tastengriffe für ihre Aktivierung werden auf Seite 8 vorgestellt.

6. Steuerung-Palette. Abhängig von dem aktuell eingestellten Werkzeug offeriert sie die wichtigsten Einstellungen.

7. Menüleiste. Sie beherbergt die Haupt- und Untermenüs von InDesign.

8. Paletten. Mit den vier hier abgebildeten Paletten *Seiten, Zeichen, Absatz* und *Farbfelder* macht man in InDesign in der Regel eine recht intensive Bekanntschaft.

9. Arbeitsbereich. Über den Befehl *Fenster → Arbeitsbereich → Arbeitsbereich speichern* lassen sich bestimmte Palettenkonfigurationen sichern. In der darunter liegenden Liste stehen sie daraufhin dauerhaft zur Verfügung.

Arbeiten mit InDesign   15

InDesign für Zielgruppen

Welche Programmfunktionen von InDesign vorrangig konsultiert werden, hängt primär von dem jeweiligen Arbeitsstadium ab. Während bei der Textformatierung die Typografiefeatures im Vordergrund stehen, sind diese beim Prozess der eigentlichen Layouterstellung eher sekundär. Ebenfalls ein eigener Bereich sind die diversen Grafikfunktionen innerhalb des Programms. Hier ein Überblick:

InDesign für Setzer. Beim Formatieren gefragt sind vor allem:

- ein flüssig vonstatten gehender Wechsel zwischen *Objektwerkzeugen* und dem *Textwerkzeug*
- Funktionen für die Textmarkierung. Die Regel: ein Klicken positioniert den Cursor, zweimaliges Klicken markiert ein Wort, dreimaliges Klicken eine Zeile, viermaliges Klicken einen Absatz und fünfmaliges den Text.
- *Absatz-* und *Zeichen-Palette* für die Formatierung
- *Absatzformate-* und *Zeichenformate-Palette* für das Anlegen von Formatvorlagen
- *Glyphen-* und *Textabschnitt-Palette*
- bei Tabellen: *Tabellen-Palette* und *Tabelle*-Menü

InDesign für Layouter. Beim Layouten kommt es vor allem auf das effiziente Positionieren der einzelnen Elemente an. Folgende InDesign-Funktionen unterstützen dabei:

- ein flüssig vonstatten gehender Wechsel zwischen *Auswahl-Werkzeugen* und dem *Textwerkzeug*
- *Seiten-* und *Farbfelder-Palette*
- Seite einrichten: *Satzspiegel, Hilfslinien, Grundlinienraster* und *Raster*
- Handhabung der diversen Platzieren-Regeln, vor allem beim Einfließen-Lassen von Text.

InDesign für Grafiker und Kreative. Bei der Ausgestaltung von Details sowie beim Anlegen von Text-Bild-Collagen kommen vor allem die kreativen Features zum Zug:

- *Farbe-, Kontur-, Verlauf-, Pathfinder-* und *Ausrichten-Palette*
- die *Transparenz-Palette* zum Einrichten von Transparenz- und Überblendungseffekten
- die Effektzuweisungsfeatures im Menü *Objekt: Schlagschatten, Weiche Kante* und *Eckeneffekte*

Seiten anlegen und anordnen

Das Anlegen von *Seiten* sowie das Anordnen unterschiedlicher *Rahmen* für Text, Bilder und Grafikelemente ist die zentrale Aufgabe beim Layouten von Dokumenten. Wichtig sind daher vor allem ein funktionierender Wechsel zwischen den beiden grundsätzlichen Bearbeitungsmodi *Objekt* und *Inhalt*, ein schlüssiges Konzept für das Anordnen unterschiedlicher Rahmen sowie die Kontrolle des Textflusses und schließlich ein einfacher Zugriff auf unterschiedliche *Dokumentseiten*. Im Mittelpunkt stehen dabei folgende InDesign-Komponenten:

Objekt- und Inhalt-Modus. Die zentralen Werkzeuge sind hier *Auswahl-* und *Text-Werkzeug*. Wichtig beim Bearbeiten ist insbesondere ein leichter Wechsel vom *Text-Werkzeug* zu den restlichen Werkzeugen. In den Text-Modus gelangt man daher auf unterschiedlichen Wegen: durch Eintippen des Buchstabens **T** oder einfach durch Doppelklick in einen beliebigen *Textrahmen*. Details zur Workflow-Optimierung finden sich in Kapitel 2 auf den Seiten 27 und 28.

Mustervorlagen und Dokumentseiten. Die *Seiten-Palette* ermöglicht einerseits ein schnelles Navigieren – vor allem in großen Dokumenten. Auf der anderen Seite stellt sie zwei unterschiedliche Seiten-Typen zur Verfügung: *Mustervorlagen* sowie die eigentlichen *Dokumentseiten*. Erstere ermöglichen das Anordnen allgemeiner Seitenkomponenten wie Seitenzahl, Paginierung sowie das Platzieren von Logos und anderen wiederkehrenden Elementen. Darüber hinaus eignen sie sich auch zum Modifizieren von Spaltenanzahl und Satzspiegel. Die eigentlichen Dokumentseiten bauen auf diesem Typ auf. Darüber hinaus enthalten sie jedoch den eigentlichen Inhalt des Layouts: Überschriften, Bilder, den Text und so weiter. Wie sich unterschiedliche Musterseiten zu sehr flexiblen Layout-Arrangements kombinieren lassen, wird in Kapitel 3 beschrieben.

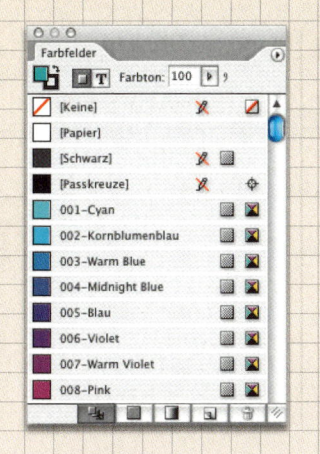

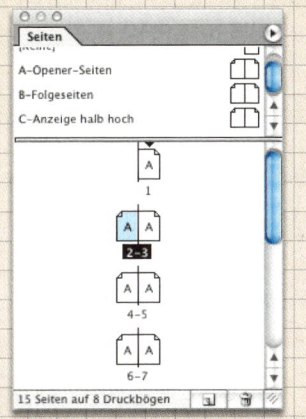

Auf sie kommt es beim Layouten an: *Farbfelder-*, *Seiten-* und *Konturenführung-Palette*. Wichtig beim Importieren von Text ist der sichere Umgang mit dem Textverkettungs-Reglement – insbesondere dem beim Platzieren erscheinenden Textimport-Cursor.

Text- und Bildimport. Das Importieren von Text- und Bildelementen gestaltet sich in InDesign prinzipiell sehr vielseitig. Obwohl auch Drag & Drop-Methoden oft funktionieren, ist der Befehl *Datei → Platzieren* (oder einfach: ⌘ + **D**) der klassische Weg. Beim Importieren von Text verändert sich der Cursor. Er ermöglicht nunmehr das Anlegen oder Füllen von Textrahmen. Wie dieser Prozess in der Praxis vonstatten geht und welche Rolle die angelegten Mustervorlagen-Layouts dabei spielen, wird in Kapitel 3 ebenfalls erörtert.

Hilfslinien, Raster und Grundlinienraster.
Um die einzelnen Layoutelemente genau zu positionieren, stellt InDesign insgesamt vier Typen von Hilfslinien zur Verfügung: das über die Mustervorlage(n) definierte *Satzspiegel- und Spaltenraster,* eine zusätzliche, dokumentweit anlegbare *Raster*-Einteilung, frei positionierbare *Hilfslinien* sowie schließlich das *Grundlinienraster* für die Zeilenhaltigkeit von Textelementen. Die Grundeigenschaften dieser vier Hilfselemente werden über die *Voreinstellungen* festgelegt. Aufrufen lassen sie sich über das Menü *Ansicht*; zusätzlich offeriert InDesign jedoch zwei Ansichtsmodus-Buttons in der *Werkzeugleiste,* mit denen Sie bequem zwischen Layout- und Druckansicht switchen können: einen für die Layoutansicht mit allen Konstruktionselementen und eine fertige Prepress-Ansicht.

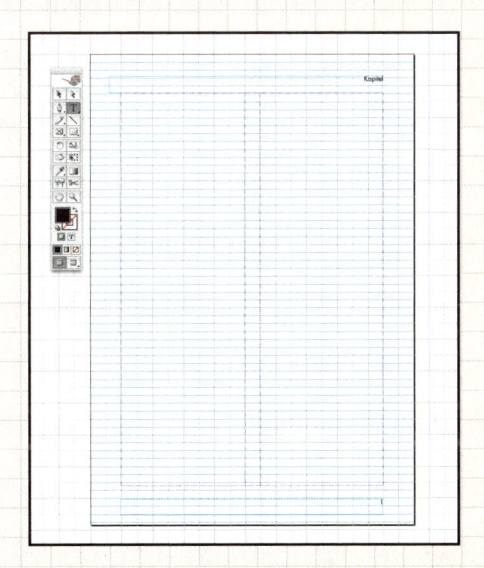

Bis auf die aufgeführten Rastertypen ist diese InDesign-Seite noch weitgehend leer.

Typo und Textformatierung

Für die Textformatierung stellt InDesign ein sehr versiertes Instrumentarium zur Verfügung. Die Palettengruppe auf der gegenüberliegenden Seite präsentiert die Sektoren und Grundfunktionen, auf die es beim Formatieren ankommt. Wie in vergleichbaren Programmen differenzieren sich auch in InDesign die unterschiedlichen Formatierungsattribute aus in Absatz- und Zeicheneigenschaften. Zu den *Absatzeigenschaften* gehören sämtliche Attribute, die für einen kompletten Absatz gelten: *Ausrichtung, Einzüge,* das Festschnappen am *Grundlinienraster* sowie die für die Umbruchgenerierung verantwortlichen Ästhetikeinstellungen. Zeicheneigenschaften wie *Schriftart, Schriftschnitt* oder *Schriftgröße* hingegen lassen sich auch einzelnen Zeilen, Wörtern oder Zeichen zuweisen. Prinzipiell kann ein Absatz also unterschiedliche Zeichenattribute beinhalten. Gliedern lassen sich die Typo-Funktionen des Programms folgendermaßen.

Zeichen und Absatz: die Basisversorgung.
Das Instrumentarium für die Formatierung ist auf der rechten Seite fast komplett versammelt. Da die *Steuerung-Palette* bei aktiviertem *Textwerkzeug* die meisten Formatierungsoptionen ebenfalls in petto hat, erübrigt sich ein Rückgriff auf die Paletten-Spezialisten – vor allem *Zeichen* und *Absatz* – in vielen Fällen. Für die Erzeugung ästhetisch ansprechender Umbrüche sind jedoch die Ästhetikeinstellungen sehr wichtig. Sie verbergen sich im Palettenmenü der *Absatz-Palette*.

Typografische High-End-Funktionen.
Über die aufgeführten Funktionen hinaus offeriert InDesign diverse Funktionen, die dazu beitragen können, einen qualitativ hochwertigen Schriftsatz zu erzeugen. An erster Stelle aufzuführen ist der über die *Absatz-Palette* ansteuerbare Umbruchmodus *Adobe-Absatzsetzer.* Zusätzlich eingesetzt werden können die *Textabschnitt-Palette* zur Erzeugung eines optischen Randausgleichs sowie die im Palettenmenü der *Zeichen-Palette* untergebrachten Befehle zum Einstellen typografischer *OpenType*-Attribute. Um die teilweise immense Zeichenvielfalt von OpenType-Fonts zu bewältigen, enthält InDesign zusätzlich eine separate *Glyphen-Palette,* mit der sich Spezialzeichen oder Elemente aus anderen Landessprachen auf einfache Weise in Dokumente einfügen lassen.

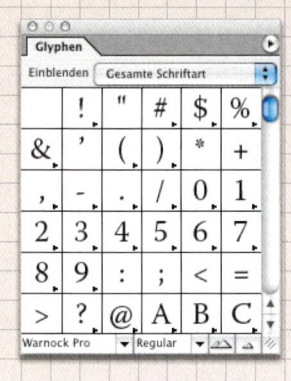

Absatz- und Zeichenformate.
Zwei weitere Paletten für das Einrichten von Absatz- und Zeichen-Stilvorlagen (InDesign bezeichnet diese als Formate) komplettieren den Typo-Sektor. Wie Sie Formate effektiv bei Ihrer Arbeit einsetzen, erfahren Sie detailliert in Kapitel 6.

Tabellen-Funktionen und Text-Editor.
Zwei Paletten für das Anlegen und Feintunen von Tabellen ergänzen den typografischen Sektor des Programms. Ob sie im engeren Sinn zu den typografischen Funktionen dazuzählen, ist letztendlich Auslegungssache. Wie sie in der Praxis funktionieren, beleuchtet Kapitel 10. Last but not least ist der *Text-Editor* eine sehr praktische Errungenschaft von InDesign CS1. Er ermöglicht es, Text vollkommen unabhängig vom Layout zu bearbeiten und mit passenden Formatierungseigenschaften zu versehen.

Für den Bereich Typografie bietet InDesign wohl das umfangreichste Paletten-Instrumentarium auf: *Zeichen*-, *Absatz*-, *Zeichenformate*-, *Absatzformate*- sowie *Textabschnitt*- und *Glyphen-Palette* (linke Seite) sorgen für ein sehr präzises Feintuning. Die meisten Formatierungseigenschaften lassen sich jedoch über die kontextsensitive *Steuerung-Palette* direkt unterhalb der Menüleiste (Abbildung: ganz oben) ansteuern.

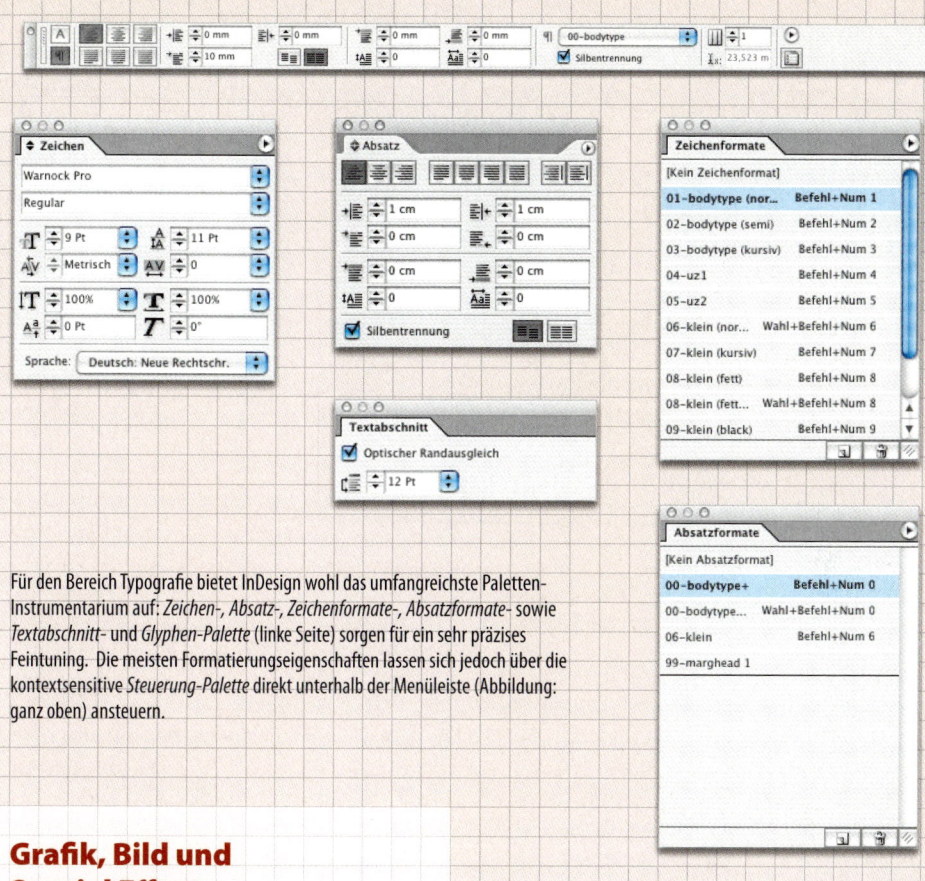

Grafik, Bild und Special Effects

Nirgendwo sind die Anleihen bei Adobe Illustrator so deutlich wie im Bereich Grafikgestaltung. Über ein halbes Dutzend Illustrator-Paletten wurden auf die Erfordernisse einer Layoutanwendung hin überarbeitet und stellen das Herz von InDesigns «Grafik-Abteilung» zur Verfügung. Grob aufgegliedert sind dies:

Paletten für die Grafikbearbeitung. *Farbfelder*-, *Kontur*-, *Pathfinder*-, *Ausrichten*- und *Verlauf-Palette* werden Illustrator-Usern nicht zufällig bekannt vorkommen. Die Art und Weise, mit diesen auf Seite 20 abgebildeten Komponenten umzugehen, entspricht weitgehend der auch aus dem Adobe-Grafikprogramm bekannten.

Special Effects und Transparenz. Highlight unter den InDesign-Grafikfunktionen ist die *Transparenz-Palette*. Über das Zuweisen unterschiedlicher *Deckkraft*-Werte hinaus ermöglicht sie auch den kreativen Einsatz unterschiedlicher Füllmethoden wie etwa *Multiplizieren, Weiches Licht* oder Ähnliches. Auch die sehr weitgehenden Bearbeitungsmöglichkeiten für Bilder aus Photoshop fallen ebenso in diese Rubrik. Aufzuführen sind schließlich InDesign-spezifische Effektgebungen wie etwa weiche Schlagschatten für Headlines und Ähnliches. Näher vorgestellt wird der in diesem Absatz skizzierte Grafik-Sektor von InDesign in den Kapiteln 8 und 9.

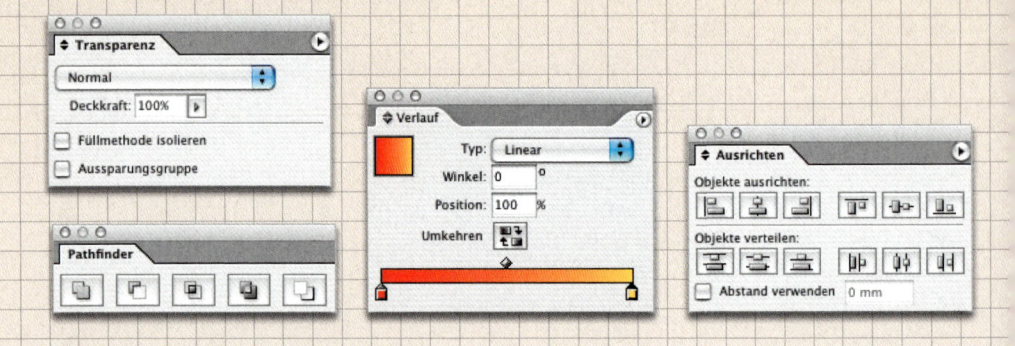

Vier Paletten, die für die Grafikgestaltung in InDesign elementar sind: Die Funktionen in der *Transparenz-, Pathfinder-, Verlauf-* und *Ausrichten-Palette* erinnern nicht umsonst an die Grafik-Schwesterapplikation Adobe Illustrator: Sie sind mit diesen weitgehend identisch.

Pfadtext und Konturenführung-Palette. Unter die Rubrik «Graphic Effects» lassen sich schließlich auch einige Bearbeitungsmöglichkeiten für Text fassen: *Kreis-, Pfad-* und *Formtext* sowie die Objektumfluss-Funktionen, die sich in der Palette *Konturenführung* verbergen, ermöglichen ein sehr «bildhaftes» Modifizieren von Textelementen und ein sehr vielfältiges Zusammenarrangieren unterschiedlichster Layoutelemente. Mehr zu diesen beiden Funktionsbereichen erfahren Sie in den beiden Kapiteln 7 und 8.

Die Werkzeug-Palette

Ebenso wie in Photoshop, Illustrator und QuarkXPress nimmt auch in InDesign die *Werkzeug-Palette* eine zentrale Stellung ein. Ergonomisch gesehen sind die dort präsenten Werkzeuge Mittler zwischen Ihrer Hand (beziehungsweise der Maus) und dem auf dem Monitor präsenten Arbeits-Interface. Je nach angewähltem Werkzeug lassen sich auf dem Monitor sehr unterschiedliche Dinge veranstalten: Mit der *Lupe* angeklickte Dokumentzonen werden vergrößert oder

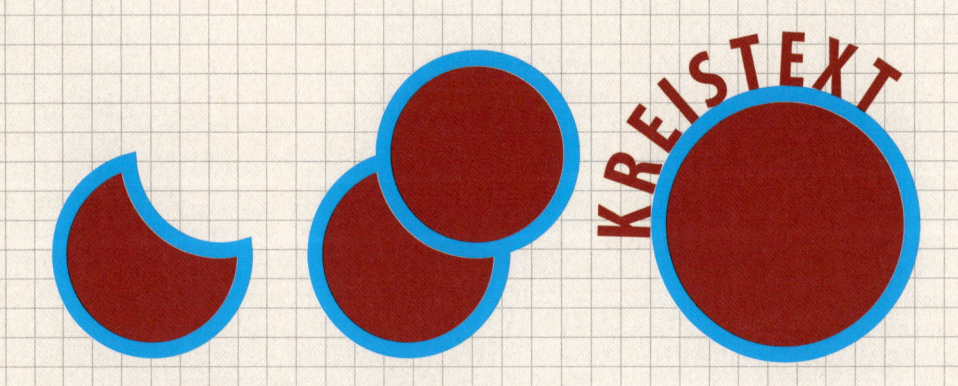

Fast wie in Illustrator:
Pathfinder-Schnittmengeneffekt und Kreistext

verkleinert. Mit dem *Auswahl*-Werkzeug lassen sich Objekte auswählen, bewegen, löschen, duplizieren sowie in Breite und Höhe vergrößern oder verkleinern. Bei aktiviertem *Text-Werkzeug* hingegen verhält sich InDesign ähnlich wie ein Texterfassungsprogramm. Langer Rede kurzer Sinn: Ähnlich wie Hammer und Schraubenzieher im echten Leben kommen InDesign-Werkzeuge immer dann zum Zug, wenn irgendwas manuell zu erledigen ist.

Die in InDesigns *Werkzeug-Palette* versammelten Werkzeuge sind im Grunde selbsterklärend. Die beiden Auswahlwerkzeuge ermöglichen das Auswählen und Modifizieren von Objekten, das *Direktauswahl-Werkzeug* darüber hinaus auch das Bewegen von Objektinhalten wie etwa Bildern. *Zeichenstift*, *Ankerpunkt-Werkzeuge*, *Buntstift* und *Linienzeichner* sind für das Erstellen von freien Vektorformen sowie Linien zuständig. Mit den *Rahmenwerkzeugen* darunter lassen sich Rahmen für Bilder oder Texte erstellen. Letzteres ist auch mit dem *Text-Werkzeug* möglich, während das dahinter liegende *Text-auf-Pfad-Werkzeug* eher bei grafischen Textdesigns zum Zuge kommt. Den Rest im unteren Bereich bilden Werkzeuge zum Einholen und Übertragen von Informationen (*Pipette*, *Messen*), zum Anbringen von *Verläufen* sowie zum Navigieren im Dokument.

Um den Wechsel zwischen unterschiedlichen Werkzeugen so einfach wie möglich zu gestalten, hat InDesign hier die einfachsten Shortcuts vergeben, die zur Verfügung standen: einfache Buchstabentasten ohne zusätzliche Befehlstaste. Die auch von Photoshop und Illustrator bekannte Systematik ist zwar an sich recht effizient. Als problematisch erweist sich diese Art der Ansteuerung jedoch im Text-Modus: Anstelle des gewünschten *Auswahl-Werkzeuges* erscheint natürlich ein zusätzliches **A** im Textrahmen. Wie dieses Problem zu beheben ist und welche Maßnahmen beim arbeitsgerechten Einrichten von InDesign sonst noch sinnvoll sind, verrät das nächste Kapitel.

Werkzeug-Palette im Überblick

Die wichtigsten InDesign-Werkzeuge lassen sich durch Eintippen eines Buchstabens aktivieren. Die Kürzel sind:

V	**Auswahl**	**A**	**Direktauswahl**
P	**Zeichenstift**	**T**	**Text**
+	Ankerpunkt hinzufügen	⇧T	Text auf Pfad
−	Ankerpunkt löschen		
⇧C	Ankerpunkt hinzufügen		
N	**Buntstift**	**<**	**Linienzeichner**
	Glätten		Glätten
	Radieren		Radieren
F	**Rechteckrahmen**	**M**	**Rechteck**
	Ellipserahmen	**L**	Ellipse
	Polygonrahmen		Polygon
R	**Drehen**	**S**	**Skalieren**
O	**Verbiegen**	**E**	**Frei transformieren**
I	**Pipette**	**G**	**Verlauf**
K	Messen		
B	**Schaltflächen**	**C**	**Schere**
H	**Hand**	**Z**	**Zoom**

X   umschalten: Fläche / Kontur. Anwenden: Farbe / Verlauf / keines.   **W   Ansichtsmodus: Layout / Vorschau**

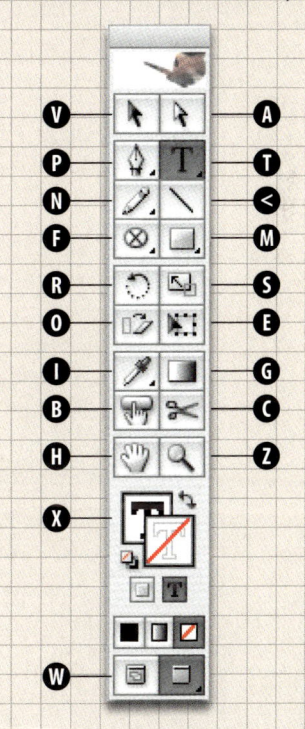

Arbeiten mit InDesign   21

82 mm

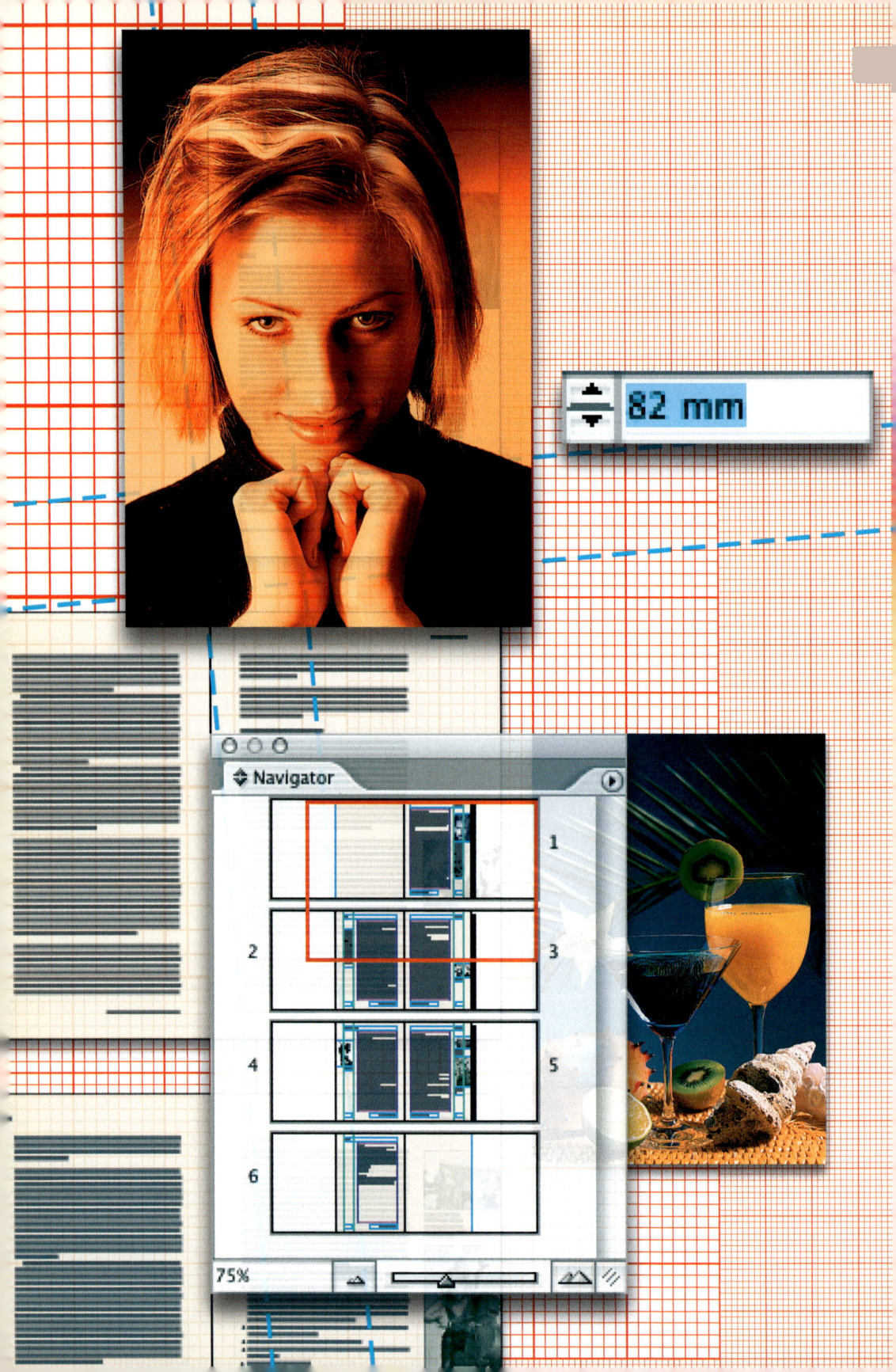

Navigator

1
2 3
4 5
6

75%

VOREINSTELLUNGEN & INTERFACE:

InDesign optimieren

Zugegeben – InDesign funktioniert zwar schon werkseingestellt recht gut. Mit den richtigen Shortcuts, Voreinstellungen, Navigationstechniken und Parametereingabemethoden lässt sich das Programm jedoch noch effizienter einsetzen. Das tut nicht zuletzt auch der Arbeitsfreude gut. An welchen Schrauben man drehen sollte, damit das Arbeiten in InDesign schneller von der Hand geht, verrät das folgende Kapitel.

Egal, ob Bildbearbeitung, Texteingabe oder mausgestütztes Layouten am Computer: die Schnelligkeit und Effizienz, mit der Sie eine Layoutaufgabe bewältigen, hängt entscheidend davon ab, wie weit Sie hierfür allgemeine Programmressourcen und -techniken nutzen können. Ein Beispiel für diese Feststellung, welches vermutlich sofort einleuchtet, sind die Tastenkombinationen zum Ansteuern von Befehlen, die in so gut wie allen Programmen zur Verfügung stehen. Dass das Aufrufen von Programmfunktionen per Tasten-Shortcut schneller zum Ziel führt als das (oft umständliche) Ansteuern derselben Funktion mit der Maus, ist längst auch statistisch belegt. Das Ergebnis: Ohne für dieselbe Arbeit mehr Mühe im eigentlichen Sinn aufzubringen, arbeiten Shortcut-User deutlich schneller.

InDesign ist ein recht umfangreiches Programm. Damit es so funktioniert, wie man möchte, ist die Kenntnis grundlegender Navigations- und Eingabetechniken sowie das usergerechte Einrichten einiger Einstellungen dringend anzuraten.

Ein weiterer wesentlicher Aspekt der Arbeitsqualität ist die Frage, wie die InDesign-Palettenfülle auf dem Monitor unterzubringen ist. Mit zugebautem Bildschirm arbeitet sich bekanntlich schlecht. InDesign hat sowohl für das Ergänzen und Modifizieren der programmeigenen *Tastaturbefehle* als auch für das Erstellen userangepasster *Arbeitsbereiche* einige sehr wirkungsvolle Funktionen in petto. An die konkreten Joberfordernisse sowie die eigenen Arbeitsvorlieben anpassen lassen sich auch einige *Voreinstellungen*. Wer etwa bei «Inch» stets zum Taschenrechner greifen muss, ist gut damit beraten, die Maßeinheit für die Lineale auf Zentimeter oder Millimeter umzustellen. Gegebenenfalls umgemodelt werden können jedoch auch Standardvorgaben für das Standard-Absatzformat oder die Standard-Farbbelegung. Last but not least: Auch die Möglichkeiten der *Navigation* in umfangreichen Dokumenten oder Parameter-Eingabefeldern erleichtern das Arbeiten immens. Auf den Punkt gebracht, könnte die Überschrift dieses Kapitels lauten: «Wie ich mir die Arbeit in InDesign möglichst einfach mache».

Wohin mit den ganzen Paletten?

Da InDesign insgesamt sehr palettenlastig ist, empfiehlt es sich, Anzahl, Größe und Erscheinungsbild der unterschiedlichen Paletten an die eigenen Erfordernisse anzupassen:

☺ **Paletten minimieren:** *Doppelklick* auf Palettenname minimiert Palettenumfang, nochmaliges *Doppelklicken* reduziert Palette auf Reiterfeld; bei nochmaligem *Doppelklicken* erscheint wieder der volle Umfang.

☺ **Paletten minimieren:** *Doppelklick* auf Kopfleiste reduziert Palette auf Reiterfeld, bei nochmaligem *Doppelklicken* erscheint wieder der volle Umfang.

☺ **Paletten abspecken:** Eine Reihe von Paletten enthält im *Palettenmenü* den Befehl *Optionen ein-/ausblenden*. Das Zurückfahren auf das Wesentliche hilft zwar Platz zu sparen – allerdings nicht sehr.

☺☺ **Paletten temporär ausblenden.** Allround-Geheimwaffe: ⌘ plus →I-*Taste* betätigen. Alle Paletten bis auf die *Werkzeugleiste* werden ausgeblendet. Beim Wiederholen des Shortcuts erscheint das komplette Equipment wieder in alter Frische.

☺ **Paletten stauen.** Paletten-Reiter ineinander verschachteln.

☺ **Paletten minimieren.** Paletten-Reiter an Bildschirmrand ziehen. Sie erscheinen dort als senkrecht angeordnete Reiter und lassen sich temporär ausklappen.

Die Methode lässt sich gut mit der zuletzt genannten kombinieren.

☺ **Paletten temporär ausblenden (einzeln).** Paletten mit den im Menü *Fenster* angegebenen *Shortcuts* aufrufen und ausblenden.

☺☺ **Paletten-Sets usergerecht.** Unterschiedliche Arbeitskonfigurationen anlegen und anordnen (für Typo, Layout, Kreation usw.). Diese über den Befehl *Fenster → Arbeitsbereich speichern* speichern.

☺☺☺ **Paletten-Sets usergerecht (de luxe).** Angelegte Arbeitskonfigurationen können Sie über das Feature *Bearbeiten → Tastaturbefehle* mit einem eigenen Tastenshortcut kombinieren. Achtung: Die entsprechenden Einträge erscheinen dort nicht unter der von Ihnen angelegten Bezeichnung, sondern unter den allgemeinen Kennzeichnungen *1. Arbeitsbereich*, *2. Arbeitsbereich* und so fort. Vergeben Sie hier Tastenkombinationen (Tipp: Kombinationen mit ⌥-Taste sind noch weitgehend frei), können Sie Ihr typo-, layout- oder grafikspezifisches Paletteninstrumentarium mit einem einfachen Shortcut aktivieren.

☺☺☺☺ **Zweitmonitor.** Wenn die aufgeführten Tipps nicht ausreichen, hilft nur noch ein zweiter Monitor. Übrigens: Auch bei einem Zweitmonitor lassen sich viele der beschriebenen Tipps mit Gewinn einsetzen.

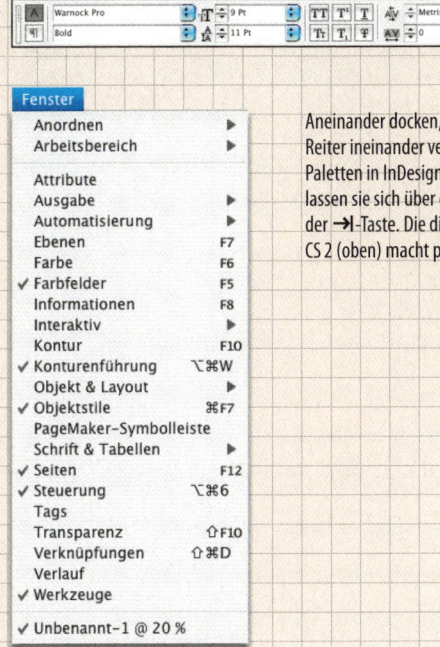

Aneinander docken, im Umfang reduzieren oder gleich ganz auf die Kopfleiste, als Reiter ineinander verschachtelt, am rechten oder linken Monitorrand einklappen – die Paletten in InDesign sind äußerst flexible Geschöpfe. Einzeln ein- und ausblenden lassen sie sich über die im Fenster-Menü aufgelisteten Shortcuts, komplett mit Hilfe der →|-Taste. Die direkt unter der Menüleiste gelegene *Steuerung-Palette* in InDesign CS 2 (oben) macht permanent geöffnete Paletten allerdings weitgehend überflüssig.

Arbeitsumgebung einrichten

Das Unterbringen der diversen *Paletten* auf dem Monitor ist mitunter eine anspruchsvolle Aufgabe. Insgesamt gilt: Da InDesign (ebenso wie Photoshop und Illustrator) eine sehr «palettenlastige» Software ist, empfiehlt sich durchaus die Erwägung, einen Zweitmonitor anzuschaffen. Wer professionell Layouts erstellt, spart dadurch viel Zeit und Nerven, sodass sich die investierten Kosten in aller Regel rasch auszahlen. Mehr Platz ermöglicht einfach mondäneres Arbeiten: So lassen sich etwa auf einem Monitor die benötigten Paletten anordnen, während der andere für Darstellung und Bearbeitung des eigentlichen Layouts da ist.

Paletten anordnen. Für Anordnung, Darstellung sowie Ein- und Ausblenden der vielen Paletten offeriert InDesign unterschiedliche Methoden: Paletten lassen sich im Umfang reduzieren oder gleich auf die Kopfleis-

te zurechtstutzen, ineinander verschachteln, magnetisch aneinander andocken, als eingeklappter Reiter an den Monitorrand bugsieren, per Shortcut einzeln ein- und ausblenden oder per Shortcut komplett ein- und ausblenden. Die einzelnen Methoden sowie ihr jeweiliger «Effizienzfaktor» sind auf Seite 24 näher beschrieben. Seit Version CS 2 hat InDesign jedoch noch eine weitere, übergreifende Methode zur Verfügung, mit der sich ausufernde Palettenanordnungen in den Griff kriegen lassen. Eine davon ist die *Steuerung-Palette*. In der Standardeinstellung befindet sie sich im oberen Monitorbereich direkt unter der Menüleiste. Je nach aktiviertem *Werkzeug* präsentiert sie, schön verpackt und komprimiert, die dazu passenden Paletten-Einstellungen: bei aktiviertem *Text-Werkzeug* etwa Parametereingaben für *Absatz-* und *Zeichenformate*, bei aktiviertem *Auswahl-Werkzeug* hingegen unter anderem Einstellungen von *Transformieren-* und *Konturen-Palette*. In vielen Fällen spart die Steuerung-Palette so das Aufrufen platzraubender Spezialpaletten.

Arbeitsbereiche. Arbeitsbereiche gehen in Sachen Flexibilität noch einen Schritt weiter. Ausgehend von der Erfahrung, dass für unterschiedliche Einsatzgebiete auch unterschiedliche Paletten-Konfigurationen Sinn machen, ermöglicht der Befehl *Fenster → Arbeitsbereich → Arbeitsbereich speichern*, die gerade aktuelle Paletten-Anordnung als *Arbeitsbereich* abzusichern. Auf diese Weise

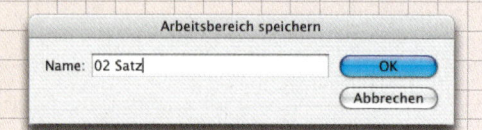

Arbeitsbereich anlegen: Zunächst wird die vorgesehene Palettenkonfiguration auf dem Monitor angeordnet. Über *Fenster → Arbeitsbereich → Arbeitsbereich speichern* lässt sich diese dauerhaft sichern.

Die angelegten Arbeitsbereiche liegen im Menü *Arbeitsbereich* zum Abruf bereit.

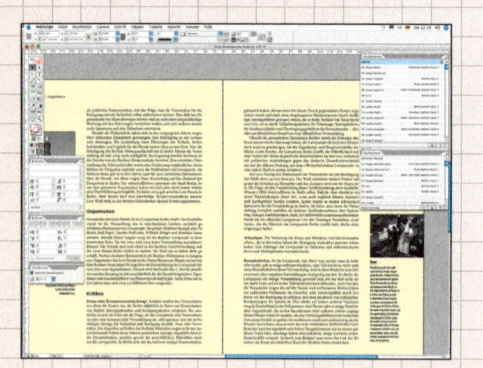

Eine Konfiguration für den Satz (oben), eine andere fürs eigentliche Layouten (unten).

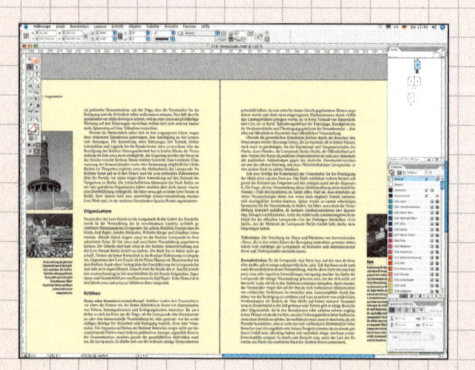

lassen sich unterschiedliche Paletten-Konfigurationen als kompletter Arbeitsbereich sichern – beispielsweise eine für Satz, Textbearbeitung und Formatierung, eine fürs eigentliche Layouten sowie eine für grafische Feinarbeiten. Die gespeicherten Konfigurationen werden als neuer Menüpunkt abgelegt und stehen, sind sie einmal abgespeichert, unter *Fenster → Arbeitsbereich* zur Verfügung.

Das Wechseln des Arbeitsbereichs durch Aufrufen des jeweiligen Punktes unter *Fenster → Arbeitsbereich* ist bereits sehr praktisch. Noch praktischer jedoch ist die «De-luxe»-Variante: das Aufrufen eines Arbeitsbereichs über einen selbst definierten Shortcut. Da es sich bei Arbeitsbereichen nicht um werkseigene, sondern um selbst fabrizierte Menüpunkte handelt, würde man das Vorhandensein einer Eingabemöglichkeit für Shortcuts zunächst nicht vermuten. Dem ist aber nicht so: Über *Bearbeiten → Tastaturbefehle* können auch selbst angelegte Arbeitsbereiche mit Shortcuts versehen werden.

Die Prozedur gestaltet sich wie folgt: Unter *Produktbereich* präsentiert das Feature *Tastaturbefehle* zunächst eine Popup-Liste mit rund einem Dutzend unterschiedlichen InDesign-«Sektoren». Drei Viertel davon repräsentieren die Hauptmenüs der Menüleiste. Steuern Sie den Punkt *Fenster-Menü* an, präsentiert das Befehle-Feld im

Arbeitsbereiche und Palettenoptionen

Praktisch an Arbeitsbereichen ist, dass beim Wechseln auch die beim Anlegen des Arbeitsbereichs festgelegten Palettenoptionen und -ausdehnungen übernommen werden. Soll das Arbeitslayout eine lang ausgezogene *Seiten-Palette* mit viel Raum für die Dokumentseiten enthalten, sollte vor dem Abspeichern des Arbeitslayouts der Bereich für die Musterseiten-Icons fixiert werden. Vorgehensweise: im Palettenmenü die Palettenoptionen aufrufen und unter *Größe ändern* den Punkt *Mustervorlage fixiert* einstellen.

Über das Feature *Tastaturbefehle* lassen sich die selbst angelegten Palettenkonfigurationen gleich mit einem griffigen Shortcut versehen. Noch einfacher wäre hier die Taste F6 solo. Da diese in der Standardbelegung jedoch für das Aufrufen der *Farben-Palette* vorgesehen ist, wäre eine weiter gehende Umbelegung der Tasten erforderlich.

mittleren Bereich die Liste der Befehle und Funktionen, die über das Menü *Fenster* ansteuerbar sind. Enthalten sind in dieser Liste auch fünf Befehle für das Laden von Arbeitsbereichen. Da InDesign userdefinierte Benennungen natürlich nicht vorhersagen kann, erscheinen sie in allgemeiner Form: *1. Arbeitsbereich laden, 2. Arbeitsbereich laden,* und so fort. Zusätzliche Tastaturbefehle für Ihre Arbeitskonfigurationen geben Sie dadurch ein, dass Sie den entsprechenden Listeneintrag markieren (der erste Arbeitsbereich entspricht dem ersten in Ihrer Liste unter *Fenster → Arbeitsbereich*) und anschließend unter *Neuer Tastaturbefehl* einen geeigneten Shortcut eingeben. Erscheint unter *Momentan zugewiesen* die Meldung *Nicht zugewiesen*, heißt dies, dass Ihr Tastenkürzel noch nicht vergeben ist. In diesem Fall können Sie mit *OK* bestätigen. Ergebnis: Der Shortcut für Ihren Arbeitsbereich ist fertig.

Das Verändern der Tastaturbefehle für das *Auswahl-Werkzeug* sowie das Springen zwischen Arbeits- und Layoutansicht ermöglicht schnelle Ansichts- und Werkzeugwechsel auch im Text-Modus.

Werkzeug-Shortcuts modifizieren. Über Tastaturbefehle modifizieren können Sie auch den Shortcut für das *Auswahl-Werkzeug*. Warum dies? Die mit Illustrator und Photoshop abgestimmten Ein-Buchstaben-Tastengriffe zur Ansteuerung der diversen Werkzeuge sind doch sehr griffig! Allerdings: So gut sie auch sind – Ihr Nachteil ist, dass sie im Textmodus nicht funktionieren. InDesign bietet hier zwar temporäre Erleichterungen. Die nachhaltigste Lösung ist allerdings ein Texteingabe-renitenter neuer Shortcut für das Werkzeug, welches nach dem Text-Werkzeug wohl am häufigsten zum Einsatz kommt: das *Auswahl-Werkzeug*. Prozedere: In *Tastaturbefehle* unter *Produktbereich* den Punkt *Werkzeuge* ansteuern, den Eintrag *Auswahl* markieren und den aktuellen Tastaturbefehl **V** durch einen anderen ersetzen – etwa ⌃ + **V**. Ein weiterer Veränderungskandidat ist der Befehl zum Wechseln zwischen *Normal-* und *Vorschau-Ansicht*. Ersetzen Sie F etwa durch ⌃ + **F**, lässt sich auch diese Funktion ohne Umweg vom Textmodus aus ansteuern.

Für oft benötigte Werkzeuge sind zwei Tasten zur Ansteuerung allerdings immer noch eine zu viel. Alternativen ohne Spreizfinger-Verrenkungen sind *F-Tasten*. Zu bedenken ist hier jedoch die InDesign-eigene Shortcutvergabe, welche die F-Tasten bereits vergeben hat – großteils übrigens zum Aufrufen unterschiedlicher Paletten. Prinzipiell

InDesign optimieren 27

Veränderter Shortcut: Mit **F1** (anstatt **V**) für das *Auswahl-Werkzeug* ist das Wechseln aus dem Textmodus heraus kein Problem mehr.

ist eine Umorganisierung durchaus denkbar. Da ich selbst meine Palettenkonfigurationen fast ausschließlich über Tastengriffe für Arbeitsbereiche steuere, habe ich so gut wie alle werkseigenen F-Tasten-Shortcuts deaktiviert, um sie anderen, wichtigeren Befehlen zuzuteilen. Einige davon stehen nunmehr zur Verfügung für das Aufrufen der unterschiedlichen *Arbeitsbereiche,* das Ansteuern des *Auswahl-Werkzeuges* sowie das Switchen zwischen *Normal-* und *Vorschau*-Ansichtsmodus. Der Vorteil von **F1** für Auswahl, **F2** für den Wechsel zwischen Arbeitsansicht und Vorschauansicht sowie **F5** bis **F9** für diverse Palettenanordnungen besteht darin, dass diese Shortcuts bequem auslösbar sind. Das Ummodeln der werkseigenen Tastaturbefehl-Belegungen ist allerdings nicht ganz unproblematisch. Falls Sie entsprechend verfahren möchten: Um zur Standardeinstellung zurückkehren zu können, sollten Sie veränderte Konfigurationen auf jeden Fall unter einem eigenen Namen als Set abspeichern. Da sich via User-Shortcut nicht nur die «Grundversorgung», sondern fast das ganze Befehlsinventar auftunen lässt, wird uns die Problematik im letzten Kapitel etwas ausführlicher beschäftigen.

Sinnvolle Voreinstellungen

InDesign-Voreinstellungen. Damit InDesign optimal läuft, lohnt sich – wie bei jedem anderen Programm auch – ein Blick «unter die Haube»; konkret: in die diversen Unterabteilungen des Menüpunktes *Voreinstellungen.* Die Festlegungen unter Voreinstellungen bestimmen schlicht und ergreifend, wie InDesign im Detail arbeitet: mit welchen Farben die unterschiedlichen Hilfslinientypen angezeigt werden, wie hoch die Intervallschritte beim Betätigen der Pfeiltasten ausfallen sollen, und so weiter. Die Liste der InDesign-Voreinstellungen, erreichbar über *InDesign → Voreinstellungen* (Mac) bzw. *Ablage → Voreinstellungen* (Windows) umfasst insgesamt 14 Punkte. Frage: Muss man die wirklich alle kennen?

Die Antwort lautet: teils – teils. Nicht jede Voreinstellung ist für die tägliche Arbeit gleich von enormer Wichtigkeit. Hinzu kommt, dass bereits die Standardeinstellungen ein gut austariertes Regularium zur Verfügung stellen. Nichtsdestotrotz: Zumindest einige Voreinstellungen werden Sie als User verändern wollen, in manchen Arbeitssituationen auch verändern müssen. Anpassungen an eigene Vorlieben und Arbeitserfordernisse machen das Programm nicht nur effizienter, sondern steigern auch den Spaß bei der Arbeit. Die folgende Kurzabhandlung über die InDesign-Voreinstellungen stellt die einzelnen Bereiche kurz vor. Die farbigen Markierungen am Textende geben zusätzliche Hinweise über Typ und Wichtigkeit. Ihre Bedeutung:

- ● Programm-Einstellungen (wichtig)
- ● Programm-Einstellungen (sonstige)
- ● Dokument-Einstellungen (wichtig)
- ● Dokument-Einstellungen (sonstige)

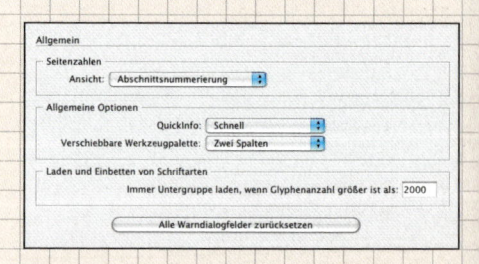

Allgemein. Die Allgemein-Gruppe enthält einige Verhaltensmaßregeln für die Seitennummerierung bei der Unterteilung von Dokumenten in einzelne Kapitel, die *Quickinfo*-Anzeigen, die Darstellung der *Werkzeug-Palette* und das *Einbetten von Schriften.* Falls etwa eine lange, einspaltige Werkzeugpalette erwünscht ist: Punkt aus der Popup-Liste auswählen. ● ●

Grundlagen

Eingabe. Eine der wichtigsten Voreinstellungsgruppen. *Typografische Anführungszeichen* (ein) sind bei Satzarbeiten Standard; welche Zeichenart konkret verwendet werden soll, legen Sie in der Voreinstellungsgruppe *Wörterbuch* fest. Falls Sie InDesigns Verhalten beim Generieren der Zeilenabstände irritiert, liegt es möglicherweise an der falschen Einstellung bei *Zeilenabstand auf ganze Absätze anwenden*. Anders als in QuarkXPress ist der Zeilenabstand von InDesign nämlich ein Zeichenattribut – was für Umsteiger von Quark gewöhnungsbedürftig ist. Möchten Sie InDesign mitteilen, dass es sich in Sachen Zeilenabstand wie QuarkXPress verhalten möge, ist hier der richtige Ort: anklicken. Drag & Drop bei markierten Texten: Geschmackssache; ob diese Eigenschaft im Texteditor akzeptabel ist, möge jeder selbst entscheiden. Last but not least: Eine Überlegung wert sind auch die Einstellungen zu Wysiwyg-Schriftmenüs *(Schriftvorschau;* hier: ausgeschaltet) und die *Verknüpfungen* zu importierten Texten und Tabellen. Wollen Sie die Verknüpfung beibehalten, wird Ihr Text bei Aktualisierungen im Quelldokument ebenfalls aktualisiert. Da dies unter Umständen zu veränderten Umbrüchen führen kann, hängt die Einstellung vom jeweiligen Job ab.

Erweiterte Eingabe. Vorgaben für die Generierung von *hochgestellten* und *tiefgestellten Zeichen* sowie (falschen) *Kapitälchen*. Letztere sollten im professionellen Satz allenfalls als Notlösung in Frage kommen; Erstere werden beim Generieren von Fußnoten, Brüchen und Ähnlichem benötigt. Folge: Da die hier zu treffenden Einstellungen nie statisch sind, sondern de facto von der verwendeten Grundschrift abhängen, ist dieser Dokumentvorgaben-Bereich (Abbildung: Standardvorgaben) nicht ganz unwichtig. Mehr dazu in Kapitel 3 (Typografie in InDesign).

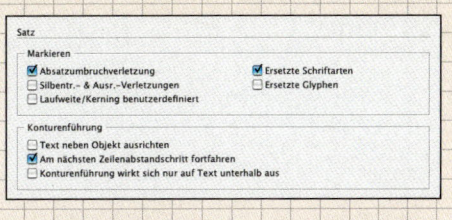

Satz. Wie viele farbig markierte Textstatusmeldungen sind nötig? Ersetzte Schriftarten weist auf nicht geladene Schriften hin – ist also eine sehr sinnvolle Warnmeldung. Der Rest der Markieren-Einstellungen ist Geschmackssache. Im darunter liegenden Feld Konturenführung lässt sich die Art und Weise der Textverdrängung bei aktivierter Konturenführung einstellen.

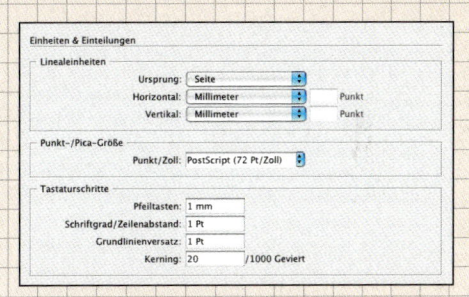

Einheiten & Einteilungen. Vorgaben für die Einheitenanzeige der beiden Dokumentfenster-Lineale sowie die Intervallschritte beim Betätigen der *Pfeiltasten*. Bei den *Linealeinheiten* ist auch die Option *Benutzerdefiniert* möglich. Die Eingabe einer benutzerdefinierten Schrittweite kann etwa dazu dienen, Gestaltungsrastereinheiten zusätzlich im Lineal anzuzeigen. Über die Tastatur «bewegen» lassen sich, wie später im Kapitel dargestellt, nicht nur Objekte, sondern auch Werte in Paletten.

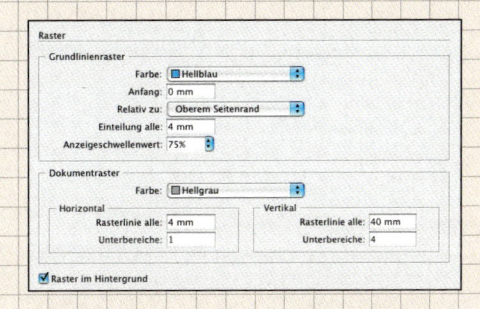

Raster. Vorgaben für *Grundlinien-* und *Dokumentraster*. Während das Grundlinienraster einen übergeordneten Zeilenabstand zur Erzwingung registerhaltender Zeilen zur Verfügung stellt, ermöglicht das Dokumentraster das Anlegen einer anwenderdefinierten Rasterunterteilung.

InDesign optimieren

An Farben zum Anzeigen von Rastern, Hilfslinien und anderem herrscht in InDesign kein Mangel. Zum Drucken sind diese rein zu Anzeigezwecken zusammengestellten RGB-Farben jedoch ungeeignet. Sie finden sich darum auch nicht in der normalen Farbfelder-Palette.

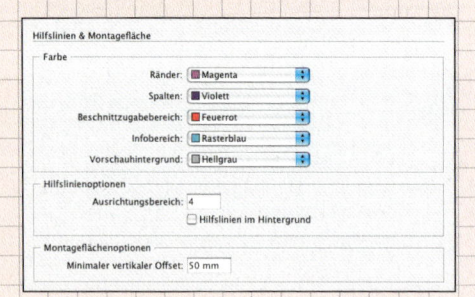

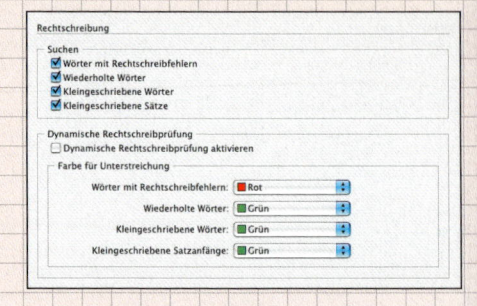

Rechtschreibung. Allgemeine Vorgaben für die Rechtschreibprüfung. Aktiviert werden kann hier auch die dynamische Rechtschreibprüfung.

Hilfslinien & Montagefläche. *Farbe*-Einstellungen für diverse Anzeigekomponenten. Festlegen lässt sich hier insbesondere der *Ausrichtungsbereich,* innerhalb dessen Hilfslinien magnetisch wirken.

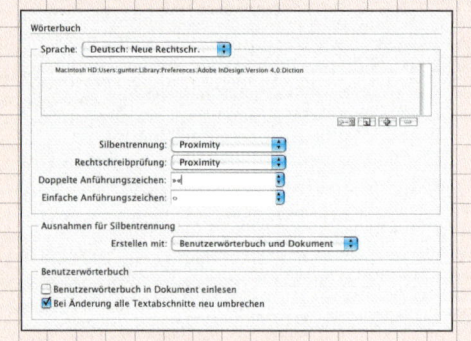

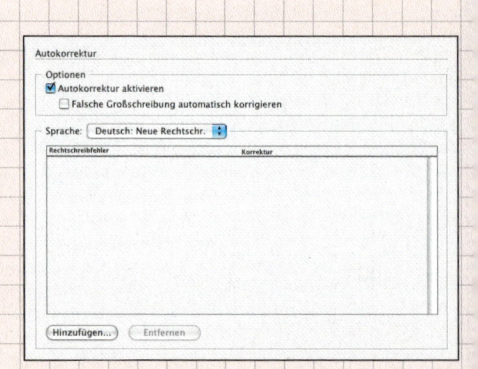

Autokorrektur. Die hier zu treffenden Vorgaben beeinflussen vor allem das Arbeiten mit der neuen Autokorrekturfunktion von InDesign CS 2. Über den *Hinzufügen*-Button lässt sich ein userdefiniertes Wörterbuch anlegen, in welches sich falsch geschriebene Begriffe mitsamt Korrektur aufnehmen lassen.

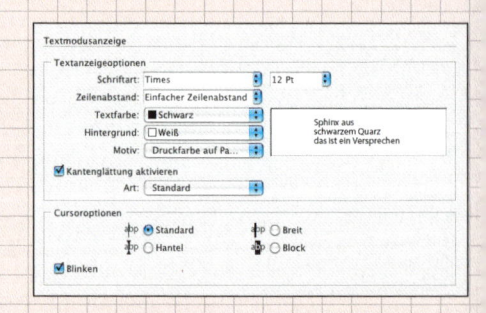

Wörterbuch. Wichtig sind hier die Einstellungen für *Sprache* und *Anführungszeichen*. Während sich die eingestellte Sprache unmittelbar auf die Richtigkeit der Silbentrennung auswirkt, kann über die beiden *Anführungszeichen*-Eingabefelder die Art der im Dokument verwendeten An- und Abführungszeichen festgelegt werden. Die getroffene Festlegung gilt allerdings nicht rückwirkend. Bereits vorhandene falsche An- und Abführungszeichen lassen sich allerdings über *Suchen/Ersetzen* auch im Nachhinein korrigieren.

Textmodusanzeige. In diesem Feld werden die Parameter für den Textmodus festgelegt. Näheres zu InDesigns Texteditor, den Sie über *Bearbeiten → Im Textmodus arbeiten* erreichen können, erfahren Sie in Kapitel 7.

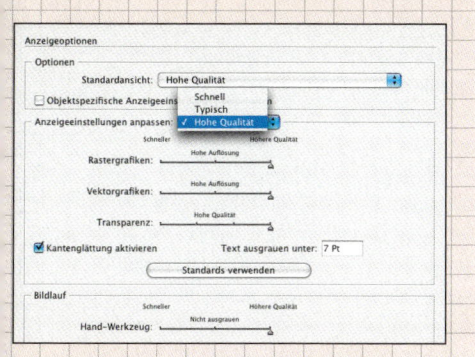

Anzeigeoptionen. Dieses Voreinstellungsfeld enthält einige Einstellungen für die Monitoranzeige. *Hohe Qualität* ist natürlich optimal; zu bedenken ist jedoch: Insbesondere bei älteren Rechnertypen und wenig RAM können sich die hier getroffenen Einstellungen mehr oder weniger stark auf die Performance auswirken.

Schwarzdarstellung. Handhabung von Standardschwarz und mit zusätzlichen Farben angereichertem Tiefschwarz. Im Hinblick auf die Ausgabe zu empfehlen sind die oben abgebildeten Einstellungen.

Dateihandhabung. Vorgaben für die *Dokumentwiederherstellung* bei Rechnerabstürzen, die Dokumentvoransicht sowie das für Zwischenablagen-Daten verwandte Format.

Dokumentweite und programmweite Voreinstellungen. Wie bereits erwähnt, ist beim Einrichten der Voreinstellungen ein wichtiger Unterschied zu beachten: derjenige zwischen programmweit gültigen und lediglich dokumentweit gültigen Voreinstellungen. Erstere gelten, wie es der Name schon sagt, programmweit und kommen beim Anlegen neuer Dokumente als Standard zum Tragen. Eingestellt werden programmweit – also immer – gültige Voreinstellungen daher stets ohne geöffnetes Dokument. Mit dokumentweiten Voreinstellungen hingegen – sie werden stets bei geöffnetem Dokument eingestellt – können diese Maßgaben temporär oder für das aktuelle Dokument abgeändert werden.

Über die eigentlichen Voreinstellungen hinaus lassen sich noch weitere Programmbereiche sinnvoll voreinstellen. Bei zwei Detaileinstellungen liegt dies sogar sehr nahe: zum einen bei den dokumentübergreifend zum Einsatz kommenden *Farbfeldern,* zum zweiten bei den Formatierungsattributen für die Absatzformatvorlage *Einfacher Absatz*.

Zusätzliche Standardfarben. Ähnlich wie in QuarkXPress erscheint auch in InDesign die Farbfelder-Palette in der Werkseinstellung zunächst sehr rudimentär. Zusätzliche Farben lassen sich projektbezogen zwar sehr einfach zuladen: Farbfelder aus bereits bestehenden InDesign-Dokumenten werden direkt über den Befehl *Farbfelder laden* im Palettenmenü der *Farbfelder-Palette* importiert. Farbzusammenstellungen aus den mitgelieferten HKS- und PANTONE-Farbfächern lassen sich ebenfalls en gros importieren: indem man den Befehl *Neues Farbfeld* anwählt, anschließend in der Popup-Liste hinter *Farbmodus* den gewünschten Farbfächer und im Anschluss die gewünschten Farben markiert.

Was bei geöffnetem Dokument funktioniert, funktioniert ebenso auch ohne – und hat zudem den Vorteil, dass es gleich als Vorgabe für sämtliche neu anzulegenden Dokumente gilt. Vorgehensweise: Bei unge-

InDesign optimieren 31

Ein ausgebautes Farbsortiment ist beim Arbeiten zweifellos inspirierender als die etwas karge Standardverköstigung.

öffnetem Dokument über den Befehl *Farbfelder laden* im Palettenmenü der *Farbfelder-Palette* das InDesign-Dokument mit der gewünschten Farbbelegung auswählen oder über den Befehl *Neues Farbfeld* eine erweiterte Standardbelegung für die Farbfelder-Palette kreieren.

Bessere Formatvorlage «Einfacher Absatz». Ansatzpunkte zum Optimieren bietet auch die Standardformatvorlage *Einfacher Absatz*. Da Schriftelemente früher oder später sowieso mit speziellen Schriftattributen formatiert werden, mag eine Times als Standardschrift hier noch durchgehen. Wer beim Erfassen von Texten jedoch ständig von suboptimalen Satzparametern abgelenkt wird, wird sich am werkseingestellten Standardformat vielleicht durchaus stören. Verstärken kann den Missmut die Tatsache, dass die von InDesign vorgesehene Standardschrift Times nicht zu den Standardschriften des jeweiligen Users gehört – was InDesign wiederum mit farbiger Markierung im Text goutiert. Langer Rede kurzer Sinn: Auch *Einfacher Absatz* lässt sich den eigenen Bedürfnissen anpassen. Vorgehensweise: Markieren Sie in der *Absatzformate-Palette* das Absatzformat *Einfacher Absatz,* steuern Sie anschließend im Palettenmenü den Punkt *Formatoptionen* an (oder doppelklicken Sie einfach auf *Einfacher Absatz* mit gehaltener ⌘-Taste) und korrigieren Sie in den einzelnen Reitern die Parameter nach Ihrem Gusto. Vielleicht braucht Ihre Times ja einfach nur einen besseren Zeilenabstand oder bessere Trennvorgaben.

Navigieren und Eingeben

Nicht nur im Hinblick auf userdefinierte Voreinstellungen und sonstige Programmanpassungen ist InDesign sehr flexibel. Von allerlei unterstützenden Funktionen und Hilfestellungen flankiert werden auch zwei Arbeitstechniken, ohne die das Erstellen professioneller Layouts kaum denkbar wäre: das Navigieren in (mehr oder weniger umfangreichen) Dokumenten und das Eingeben von Parametern in diversen Eingabefeldern.

In Dokumenten navigieren. Für das Vergrößern oder Verkleinern der aktuellen Dokumentansicht hat InDesign CS 2 mehrere Befehle in petto:

- *das Zoom-Werkzeug.* Die Intervallschritte beim Vergrößern oder Verkleinern sind in aufsteigender Reihenfolge: 5, 12,5, 25, 50, 75, 100, 125, 150, 200, 300, 400, 600, 800, 1200, 1600, 2400, 3200 und 4000 Prozent. Gezoomt wird immer auf den Lupenmittelpunkt. Auszoomen bzw. verkleinern: mit gleichzeitig gehaltener ⌥-Taste. Tem-

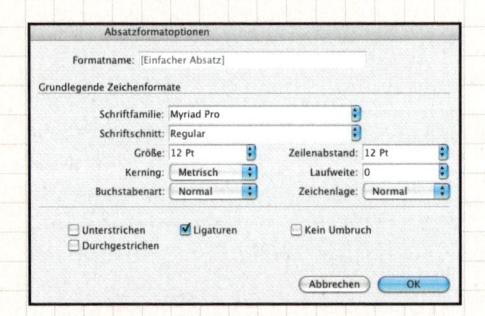

Standardformat *Einfacher Absatz:* Falls die Times stört, lässt sich auch eine andere Schrift als Grundschrift einstellen.

poräre Ansteuerung, wenn gerade ein anderes Werkzeug aktiv ist: ⌘-Taste + Leertaste (+ ⌥-Taste) halten und klicken.

- die beiden im Menü *Ansicht* gelegenen Befehle *Einzoomen* und *Auszoomen*. Griffig steuern lassen sie sich mit den dafür vorgesehenen Tastenkombinationen ⌘ + + (Pluszeichen) und ⌘ + - (Diviszeichen). Die Intervallschritte sind dieselben. Vor- und Nachteile: Anders als das *Zoom-Werkzeug* sind die Befehle beziehungsweise ihre Shortcuts auch im Textmodus problemlos anwendbar. Verzichten müssen Sie indes auf das «zielgerichtete» Ein- und Auszoomen bestimmter Dokumentpartien via Lupenwerkzeug-Mittelpunkt.

- das *Dokumentgrößen-Eingabefeld* links außen in der Fußleiste des Dokumentfensters (siehe Abbildung nächste Seite). Über den Dreieck-Button können auch hier die aufgeführten Vergrößerungsstufen angewählt werden; alternativ lässt sich ein userdefinierter Vergrößerungsfaktor direkt durch Überschreiben des aktuellen Werts eingeben.

- die *Navigator-Palette*. Über die beiden Zoomen-Buttons in der Paletten-Fußleiste lassen sich die bereits aufgeführten Vergrößerungsstufen ebenfalls einstellen. Für Anwender, die gern intuitiv arbeiten, dürfte der Zoom-Schieberegler rechts daneben allerdings eher das Werkzeug der Wahl sein. Mit der Navigations-Palette lässt sich nicht nur innerhalb des Druckbogens, sondern auch dokumentweit sehr schnell navigieren. Voraussetzung: die Option *Alle Druckbögen anzeigen* im Palettenmenü ist aktiviert.

Das seit der Version CS 2 offerierte Arbeiten in mehreren Dokumentansichten ist in manchen Situationen ganz nützlich. Vorgehensweise: *Fenster → Anordnen → Neues Fenster*, anschließend: *Fenster → Anordnen → Nebeneinander*. Zusätzlicher Vorteil: Unterschiedlich einrichten lassen sich auch Darstellungsmodus und Hilfskomponenten-Anzeigen.

- der Befehl *Fenster → Anordnen → Neues Fenster*. Der neue CS 2-Befehl erlaubt, wie in der Abbildung oben zu sehen, das Anlegen einer zweiten Dokumentansicht. Praktisch ist eine solche, wenn beispielsweise am Detail gearbeitet werden soll. Vorteil: die in Ansicht zwei vorgenommenen Veränderungen werden in Ansicht eins natürlich übernommen.

InDesign optimieren

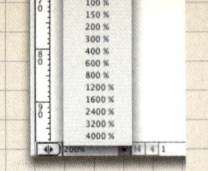

Navigation I: Dokumentfenster

Der rechte Bereich der Dokumentfenster-Fußleiste bietet in komprimierter Form sämtliche Essentials zum Zoomen und Navigieren:

❶ Feld zum Eingeben des Zoom-Faktors
❷ Popup-Liste mit den Standard-Zoomstufen
❸ Gehe zu erster Seite
❹ Gehe zu vorheriger Seite
❺ Feld zum Eingeben der Seitenzahl
❻ Popup-Liste mit den im Dokument angelegten Seiten
❼ Gehe zu nächster Seite
❽ Gehe zu letzter Seite

Navigation II: Werkzeuge und Befehle

Zoom-Werkzeug sowie die beiden Shortcuts ⌘ + + und ⌘ + - sind für das Vergrößern und Verkleinern der Dokumentansicht die Standards. Für das normale Bewegen der Ansicht ist das Halten einer zusätzlichen Taste erforderlich. Während für das normale Navigieren auf der Montagefläche die *Leertaste* gehalten wird, ist im Textmodus das Halten der ⌥-Taste erforderlich. Eine Ausnahme bildet das *Hand-Werkzeug* (Tastengriff zur Ansteuerung: **H**). Bei aktivem Hand-Werkzeug ist eine zusätzlich gehaltene Taste nicht erforderlich. Das Wechseln in den Texteingabemodus durch einfachen Doppelklick in einen Textrahmen funktioniert hier allerdings nicht. Um vom Hand-Werkzeug in den Texteingabemodus zu wechseln, muss das *Text-Werkzeug* in der *Werkzeug-Palette* angewählt oder per Shortcut (**T**) aktiviert werden.

Auch für die Navigation zwischen den Seiten umfangreicher Dokumente hat InDesign ein gut bestücktes Befehlsset an Bord:

■ die *Seiten-Palette.* Vorgehensweise: einfach auf das gewünschte Seiten-Icon doppelklicken.

■ die *Navigator-Palette* bei aktivierter Option *Alle Druckbögen anzeigen.* Wer nicht den Ausschnitt-Rahmen verrücken möchte, kann direkt auf die gewünschte Seite doppelklicken.

■ das *Seitenzahlen*-Eingabefeld in der Fußleiste des *Dokumentfensters* (siehe Abbildung oben). Möglichkeiten: direkte Eingabe der Seitenzahl durch Überschreiben, Aufklappen des Popup-Fensters rechts daneben und Auswahl der gewünschten Seitenzahl in der Liste sowie Betätigen eines der vier Buttons *Vorherige Seite, Nächste Seite, Letzte Seite* und *Erste Seite*.

Arbeits- und Vorschau-Ansicht. Prinzipiell erfolgt ein Ansichtswechsel, wie bereits aufgeführt, durch das Betätigen des werkseingestellten Tastenbefehls **W** oder, noch besser,

Navigation III: Paletten

Mit aktivierter Option *Alle Druckbogen anzeigen* lässt sich die *Navigator-Palette* als zusätzliche dokumentweite Steuerungseinheit verwenden. Standardpalette für die Seitenansteuerung ist die *Seiten-Palette*.

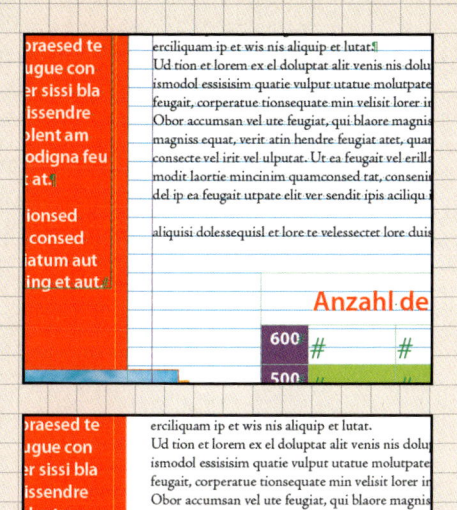

Arbeits-Ansicht und Vorschau-Ansicht

Die beiden Modi *Arbeits-* und *Vorschau-Ansicht* sind beim Arbeiten in Layoutprogrammen fundamental. Die *Arbeits-Ansicht* (links oben) zeigt die aktuell aktivierten Arbeitskomponenten an, die *Vorschau-Ansicht* hingegen erlaubt einen hilfslinienfreien Blick aufs eigentliche Layout. Wechseln lässt sich zwischen den beiden Ansichtsmodi zum einen durch Anklicken des entsprechenden Fensters ganz unten in der Werkzeugleiste, zum anderen durch Eintippen des dafür vergebenen Shortcuts (Standard: **W**; Änderungsvorschlag: **F 2**).

eines selbst eingestellten Shortcuts wie zum Beispiel **F 2**. Der Vorteil der Vorschau-Ansicht ist die vollkommen freie Sicht aufs Layout; sämtliche aktiven Anzeigekomponenten wie *Hilfslinien, Grundlinienraster* und *Dokumentraster* werden dabei ausgeblendet.

In der Arbeitsansicht hingegen lassen sich die einzelnen Komponenten nach Wunsch ein- und ausblenden. Die Befehle hierfür liegen im Menü *Ansicht*. Neben den drei Komponenten *Hilfslinien* (⌘ + **Ü**), *Grundlinienraster* (⌘⌥ + **ß**) und *Dokumentraster* (⌘ + **ß**) unter dem Punkt *Raster & Hilfslinien* hat das Menü Ansicht auch Befehle für das Ein- und Ausblenden von *Textrahmen* (⌘ + **H**) und *Textverkettungen* (⌘⌥ + **Y**) in petto. Im Menü *Schrift* schließlich finden Sie den Befehl für das wahlweise Ein- und Ausblenden der typografischen Steuerungs- und Sonderzeichen: *Verborgene Zeichen einblenden* (⌘⇧ + **I**). Seine Beson-

derheit: Während sämtliche anderen Anzeigekomponenten bei der Aktivierung des Vorschau-Ansichtsmodus unsichtbar werden, bleibt die Anzeige der Steuerungs- und Sonderzeichen bestehen. Ausnahme: der Texteingabemodus ist nicht aktiv. Ansonsten gilt bei all diesen Arbeitsansichts-Komponenten eine Grundregel: Am einfachsten aufzurufen sind sie durch die Eingabe der für sie vorgesehenen Shortcuts.

Parameter eingeben. Im Vergleich zu konkurrierenden Anwendungen ist InDesign geradezu detailversessen. Umfangreiche Eingabemöglichkeiten für Parameter erfreuen zwar den Profi. Vom Arbeitsfluss her gesehen ist das Ausfüllen derselben jedoch eher ein notwendiges Übel – vor allem dann, wenn man die alten Werte mühselig von Hand mit dem Cursor markiert, um sie im Anschluss mit neuen Werten zu überschreiben. Alternativ zu «Schema F» ermöglicht InDesign jedoch folgende Eingabetricks:

- *Inhalt eines Eingabefeldes markieren:* Hierzu genügt das einmalige Anklicken des Befehlssymbols links neben dem Eingabefeld. Der Feldinhalt wird automatisch markiert und kann mit einem neuen Wert überschrieben werden.

- *Durch die Felder navigieren:* Das Betätigen der ⇥-Taste veranlasst einen Sprung ins nächste Eingabefeld. Rückwärts springen können Sie mit gleichzeitig gehaltener ⌥-Taste.

InDesign optimieren

Oben: Über die *Pfeil-nach-oben-* und *Pfeil-nach-unten-Taste* (↑ und ↓) lassen sich Parameter tastaturgesteuert erhöhen oder verringern. Um ein Feld zu aktivieren, genügt das Anklicken des Icons davor. Durch die einzelnen Parameterfelder lässt sich am einfachsten mit der →|-Taste navigieren; rückwärts geht es unter Zuhilfenahme von ⌥ →|.

Rechte Seite: Das Navigieren mit den Pfeiltasten funktioniert auch bei Menüs. Zum Ansteuern und Verlassen von Untermenüs kommen die *Pfeil-nach-rechts-* und *Pfeil-nach-links-Taste* hinzu. Alternativ kann auch der *Anfangsbuchstabe* des gewünschten Menüpunkts eingetippt werden – bei umfangreichen Schriftlisten die schnellere Methode.

- *Werte mit Pfeiltasten erhöhen oder verringern.* Das manuelle Eingeben der neuen Parameter ist in vielen Fällen nicht nötig. Werte lassen sich auch durch Betätigen der *Pfeil-nach-oben-* sowie der *Pfeil-nach-unten-Taste* erhöhen oder verringern. Durch Hinzunehmen der ⇧-Taste erfolgen die Sprünge in den Feldern nicht in Einer-, sondern in Zehner-Intervallschritten.

- *Pfeiltasten-gesteuertes Navigieren in Menüs.* Auch Menüpunkte lassen sich über die Pfeiltasten ansteuern. Sinn ergibt diese Navigationsweise etwa bei den mehr oder weniger umfangreichen Fontauflistungen unter *Schrift → Schriftart* oder im Schriftmenü der *Zeichen-Palette*. Um per Pfeiltaste Schriften oder Menüpunkte anzusteuern, muss zunächst ein Menü-Ausgangspunkt per Anklicken aktiviert werden. Das «Pfeiltasten-System» funktioniert übrigens nicht nur nach oben und unten; mit der *Pfeil-nach-rechts-Taste* erreicht man auch die diversen Schriftschnitte wie Italic, Bold, Black und so weiter.

- *Buchstabengesteuertes Navigieren in Menüs.* Alternativ zu den Pfeiltasten können auch die Anfangsbuchstaben von Menübezeichnungen oder Schriften zum Ansteuern verwendet werden. Zum Aktivieren der Schrift *Minion Pro* beispielsweise genügt bei bereits aktiviertem Schriftmenü die Eingabe des Buchstabens **M**. Bei mehreren Schriften mit dem gleichen Anfangsbuchstaben ist dann allerdings noch etwas Feinnavigation mit den Pfeiltasten vonnöten.

- *Steuerung-Palette: Schneller Wechsel zwischen Zeichen- und Absatzparametern.* Das Anklicken des jeweiligen Buttons links außen in der Steuerung-Palette ist nicht vonnöten. Schneller funktioniert der Shortcut ⌘⌥ + **7**. Im Feature *Tastaturbefehle* ist diese Funktion unter der Bezeichnung *Zwischen Zeichen- und Ab-*

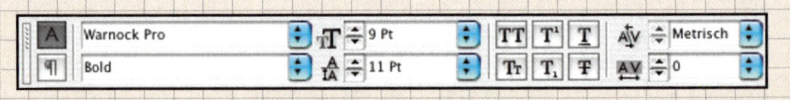

Steuerung-Palette: Am einfachsten zwischen Zeichen- und Absatzattributen switchen lässt sich mit dem Shortcut ⌘⌥ + **7**.

Grundlagen

Menüpunkte finden

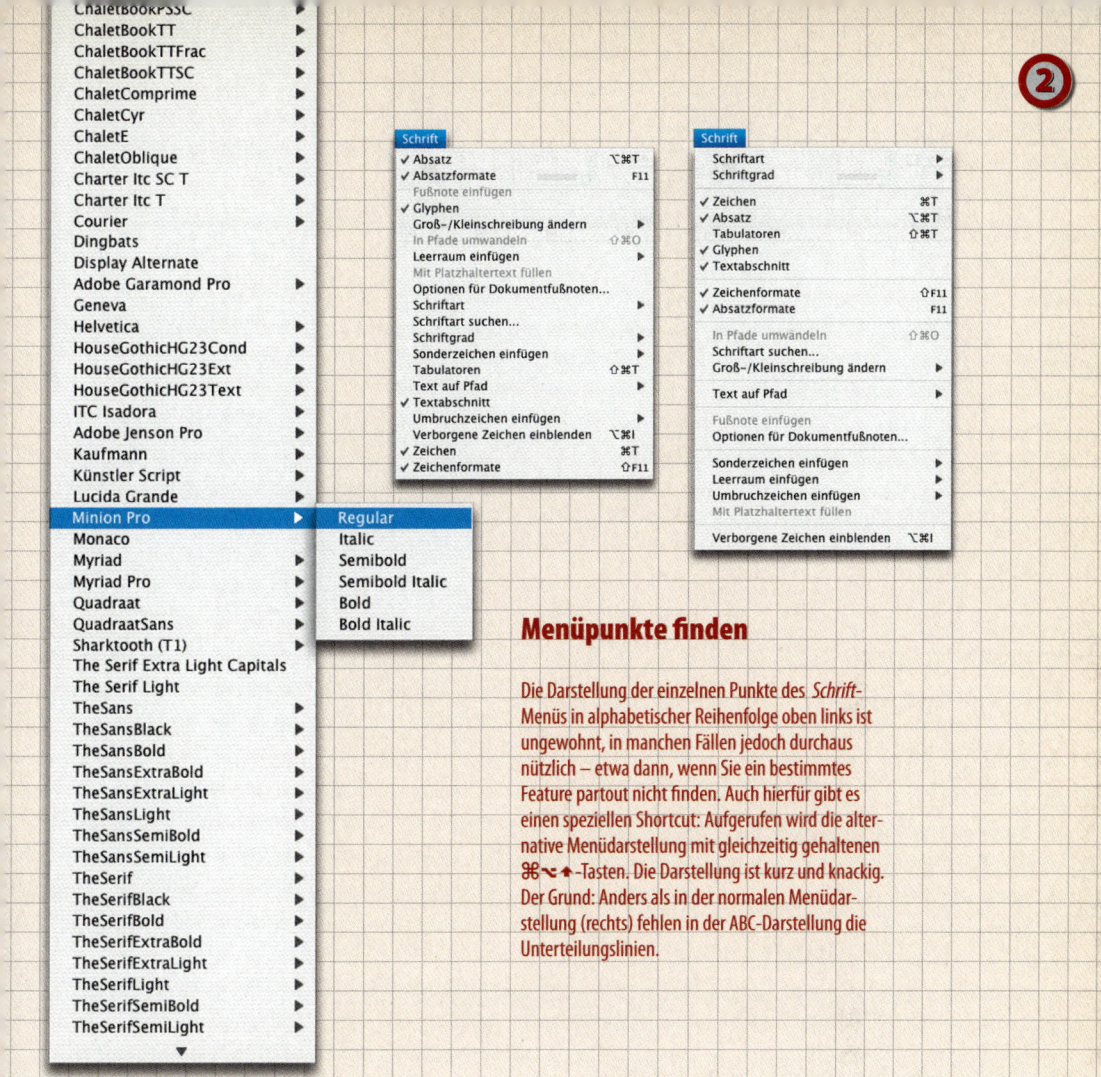

Die Darstellung der einzelnen Punkte des *Schrift*-Menüs in alphabetischer Reihenfolge oben links ist ungewohnt, in manchen Fällen jedoch durchaus nützlich – etwa dann, wenn Sie ein bestimmtes Feature partout nicht finden. Auch hierfür gibt es einen speziellen Shortcut: Aufgerufen wird die alternative Menüdarstellung mit gleichzeitig gehaltenen ⌘⌥⇧-Tasten. Die Darstellung ist kurz und knackig. Der Grund: Anders als in der normalen Menüdarstellung (rechts) fehlen in der ABC-Darstellung die Unterteilungslinien.

satzmodus in Steuerungspalette wechseln in der Befehlsgruppe *Ansicht, Navigation* aufgelistet. Das heißt: Auch hier ist die Zuweisung eines alternativen, (noch) einfacheren Tastenbefehls möglich – beispielsweise einer F-Taste.

Grundlegende Typografieparameter wie etwa Schriftgröße, Zeilenabstand oder Grundlinienversatz lassen sich übrigens nicht nur via Paletteneingabe oder Menü verändern. Ähnlich wie QuarkXPress offeriert auch InDesign hierfür spezielle Tastenkombinationen. Das Gleiche gilt für das Markieren von Textpassagen im Text-Modus. Da Tastengriffe für die Textformatierung jedoch zweifelsohne zum Thema Typografie gehören, werden sie uns in den drei Kapiteln 4 bis 6 noch näher beschäftigen. Wer einfach schnell nachschlagen möchte: die Shortcuts zum tastengesteuerten Verändern von Schriftgröße, Zeilenabstand, Grundlinienversatz & Co. finden Sie auf Seite 67. Welche Möglichkeiten die Typografiefeatures von InDesign insgesamt in petto haben, erfahren Sie in den nächsten Kapiteln.

Layouten heißt Schwerpunkte setzen. Mal steht die Typografie im Vordergrund, dann wieder das Anlegen eines komplizierten Layouts. Kann man sich bei einem Projekt grafisch schön austoben, bestimmen beim nächsten umfangreiche Tabellen das Bild. Da Layoutaufgaben unterschiedlich sind, widmen sich auch die folgenden Kapitel unterschiedlichen Schwerpunkten. Das gemeinsame Motto lautet: Praxis.

3. Texte, Bilder & Musterseiten:
   Layouts einrichten 40

4. Typografie & Formatierung:
   Jede Menge Feinmechanik 64

TEIL 2

5. Fremdsprachensatz & Typo-Features:
   OpenType-Funktionen 86

6. Typogramme in InDesign:
   Mit Formaten arbeiten 100

7. Umfließen, Überlagern, Verankern:
   Layoutelemente arrangieren 120

8. Grafik-Funktionen:
   Ein bisschen Illustrator 132

9. Transparenz-Funktionen:
   Transparenz und Freisteller 144

10. Tabstopp oder Zelle?
    Tabellensatz in InDesign 162

11. Zusätzliche Shortcuts für InDesign:
    Eigene Tastaturbefehle 170

Abwechslung. Gegen 2:45 Uhr betraten die beiden Männer das Foyer des in einem Seitenflügel des Gebäudes liegenden Ho-

Abwechslung. Gegen 2:45 Uhr betraten die beiden Männer das Foyer des in einem Seitenflügel des Gebäudes liegenden

wie? Die Problematik [aussagekräftiger Satz]proben wird im All[gemeinen untersch]ätzt. Aussagekräftige [Schriften wie Gara]mond, *Gill* oder *Thesis* [zu brin]gen ist nicht ganz so [einfach, wie man] gemeinhin denkt. Das [fängt schon bei der Sprac]he an und hört bei den [Jahreszahlen wie 1]907: tabellarisch oder [Mediaeval? – no]ch lange nicht auf. Zu [berücksichtigen si]nd auch Telefonnum-[mern. Angelas Nu]mmer konnte man sich [einfach merken: 55] 46 35; that's very simple. [Komplizierter sind] Großbuchstaben-Wör[ter der Machart R]GB, UNO oder USA. Die [Frage: Großbuchs]taben reduzieren, oder es sein lassen?

Beginnen wir jedoch mit der Sprache. Deutsch mag hierzulande vielleicht noch durchgehen. Wie jedoch wirkt eine Schrift in anderen Sprachen? Einige schwören hier auf angeblich neutrales Latein. Beispiel: »Agricola domum habitat.«[1] Das klingt zeitlos humanistisch; geschrieben wie anno 416.

Doch auch Französisch ist im Genre alles andere als unüblich. Der Satz »Voulez-vous danser avec moi?«[2] hat immerhin auch thematisch eine gewisse Eleganz. »Du contrôle portuaire. Entrée interdite.«[3] Wie bitte? *François Mitterand* oder *Brigitte Bardot*? Spanisch sowie die nordischen Sprachen bergen ihre eigenen Tücken. »Habla Ingles, Señor Ambjørnsen?« fragte die spanische Journalistin den norwegischen Schriftsteller. Ein *mañana* an der Stelle wäre noch nett. Sie sehen selbst: Nicht nur Sprache – auch Satz ist international.

Figural — Gustav Fähr[...]

Abwechslung. [...] die beiden Männer [...] nem Seitenflügel [...] Hotels. Der Regen [...] *Mondschein* erleuchtete Pfützen auf der Straße hinterlassen. In ihnen spiegelte sich grell das flackernde Leuchten der Neonbuchstaben.

Gilgamesh — Michael Gills 1994

ITC Giovanni — Robert Slimbach 1989

TEXTE, BILDER & MUSTERSEITEN:

Layouts einrichten

Das Arbeiten in InDesign folgt eigenen Gesetzmäßigkeiten. Dies erfahren nicht nur Umsteiger von QuarkXPress oder PageMaker. Eine Eigenheit unter vielen: Das Anlegen von Rahmen ist nicht zwingend, sondern optional. Wie layoutet man eigentlich in InDesign? Die grundlegenden Arbeitstechniken stellt das folgende Kapitel vor.

XPress-Umsteiger, die mit ihrer gewohnten Arbeitsweise an InDesign herangehen, sind regelmäßig irritiert. Vorab angelegte Rahmen für Text und Bild sind in InDesign zwar möglich. Zwingend ist diese Arbeitsstrategie allerdings nicht. In InDesign funktioniert das mit dem Rahmen etwas anders: Alternativ lassen sich Text oder Bild erst einmal platzieren; im Anschluss können dann die konkreten Positionen und Objektproportionen eingerichtet werden.

Auch weitere Arbeitskomponenten präsentieren sich anders als gewohnt. Dies beginnt bereits beim Neuanlegen von Dokumenten. Im Einrichtungsdialog offeriert InDesign eine Menge Optionen, die erst einmal kompliziert aussehen, die spätere Ausgabe des Dokuments jedoch wesentlich vereinfachen. Die präzisen und detaillierten Dokumentvorgaben sind dabei nicht statisch, sondern lassen sich über den Befehl *Dokument einrichten* im Menü *Datei* sowie die obere Befehlsgruppe im Menü *Layout* (*Ränder und Spalten*, *Hilfslinien*, *Hilfslinien erstellen* und *Layoutanpassung*) auch während des Layoutprozesses verändern.

Eine weitere typische InDesign-Komponente ist das *Dokumentraster*. Zusammen mit *Hilfslinien* und dem für die Ausrichtung der Grundschrift hilfreichen *Grundlinienraster* ermöglicht diese zusätzliche Gliederungshilfe, Seitenlayouts auf eine differenzierte Art und Weise zu unterteilen. Nicht fehlen darf bei einer Aufzählung der für InDesign charakteristischen Arbeitstechniken auch der Bereich der Textdurchfluss-Organisation, die Frage der jeweiligen *Textverkettung* sowie das Arbeiten mit *Mustervorlagen*. Hier ist einiges anders gelöst als in konkurrierenden Anwendungen. Dasselbe gilt für *Ebenen*. Da Ebenen in InDesign dazu herangezogen werden können, Mustervorlagen zusätzlich aufzustrukturieren, sind sie in diesem Zusammenhang ebenfalls relevant. Einen Vorgeschmack auf InDesigns Layouttechniken liefert bereits der Dialog, der am Beginn jedes Layouts anfällt: *Neu → Dokument*.

Ob Seiten-Palette, Hilfslinien oder die Frage der Textverkettung: Für die Organisation von Layouts stellt InDesign eine Reihe von Techniken zur Verfügung. Mit ihnen lassen sich kurze ebenso wie lange Texte bewältigen.

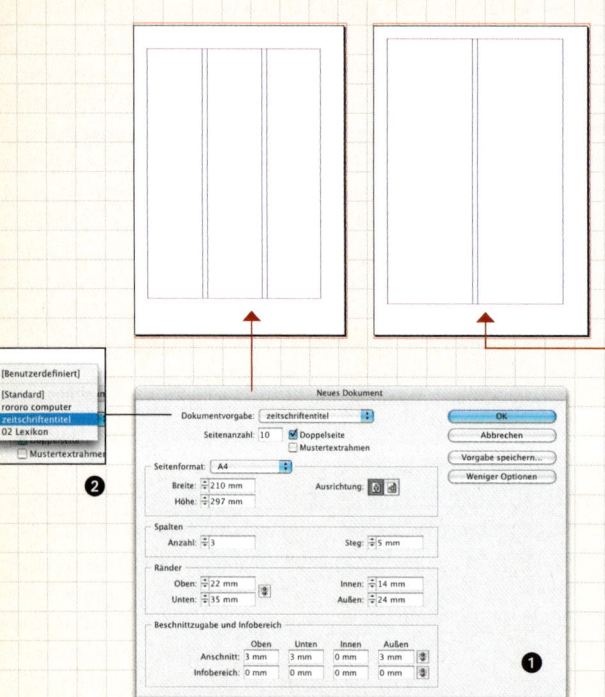

Der Dialog zum Einrichten neuer Dokumente ❶ enthält Vorgaben zum Anlegen des *Seitenformats* sowie der *Spalten* und *Ränder*. Das Speichern oft verwendeter *Vorgaben* ❷ vereinfacht diesen Prozess wesentlich. Das Seitenformat kann generell verändert werden über den Befehl *Dokument einrichten* ❸, der Satzspiegel seitenbezogen über *Ränder und Spalten* im Menü *Layout* ❹. Die Originaldokumente und die jeweiligen Veränderungen sind in den drei Beispielen oben zu sehen.

Dokumente einrichten

Neue Dokumente. Das Anklicken des Buttons *Mehr Optionen* beim Anlegen eines neuen Dokuments (Kurzbefehl: ⌘ + **N**) lohnt sich auf jeden Fall. Zusätzlich zu den Standardparametern *Seitenformat, Spalten* und Satzspiegel-Definition *(Ränder)* erscheinen die beiden Eingabefelder *Anschnitt* und *Infobereich*. Anschnitt-Festlegungen (in der Regel 3 bis 5 mm) sind bei randabfallenden Layouts mit angeschnittenen Bildern, Grafik- oder Textelementen obligatorisch. *Infobereich* definiert einen außerhalb des Seitenlayouts liegenden Bereich für die Anbringung drucktechnischer Infoelemente wie zum Beispiel Passermarken, Farbstreifen und so weiter. Wenig Überraschungen bieten auch die Angaben zur Festlegung der Seitenanzahl sowie die Klickbox *Doppelseite*. Das Anklicken der Box *Mustertextrahmen* ist für das Erstellen einer automatischen Textverkettung nicht zwingend.

Dokumentvorgaben anlegen. Wie oben zu sehen, basieren die Parameter des Beispieldokuments auf einer bereits zuvor erstellten Dokumentvorgabe namens «Zeitschriftenlayout». Ein wesentlicher Vorteil beim Anlegen von neuen Dokumenten in InDesign besteht darin, dass sich Dokumentvorgaben, die regelmäßig verwendet werden – zum Beispiel Seitenformat und Spaltenanordnung eines Zeitschriftenlayouts oder etwa dieses Buches – speichern und über die Liste hinter *Dokumentvorgabe* direkt aufrufen lassen. Dies spart dann immens Arbeit, wenn bestimmte Vorgaben häufig wiederkehren.

Dokumente verändern. Die im Einrichtungsdialog getroffenen Vorgaben sind nicht unveränderlich. Da Änderungen von Seitenformat und Satzspiegel in der alltäglichen Arbeit regelmäßig vorkommen, stellt InDesign für das Modifizieren der Seitenarchitektur eine Reihe flankierender Befehle zur Verfügung:

Praxis

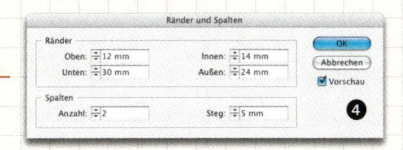

- **Dokument einrichten** im Menü *Datei*. Verändert werden können hier nur das Seitenformat, die Angaben im Bereich Beschnittzugabe und Infobereich sowie die Seitenanzahl. Praktisch ist dieser Befehl, wenn lediglich die Anzahl der Dokumentseiten verändert werden soll. Zu beachten ist, dass bei einer Veränderung des Formats Satzspiegel und Spalten entsprechend mitskaliert werden.

- **Ränder und Spalten** im Menü *Layout*. Während *Dokument einrichten* die Seitenproportionen dokumentweit verändert, ermöglicht *Ränder und Spalten* Veränderungen des Satzspiegels und der Spaltenanzahl. Anders als *Dokument einrichten* verändert diese Funktion nicht sämtliche Seiten des Dokuments, sondern vielmehr die Dokument- oder Musterseiten, welche in der *Seiten-Palette* aktuell markiert sind. Geeignet ist dieses Feature vor allem dann, wenn der Satzspiegel von Musterseiten modifiziert oder die Anzahl der Spalten verändert werden soll.

- *Seiten einfügen* und *Seiten verschieben*. Die im Menü *Layout → Seiten* erscheinenden Befehle vereinfachen vor allem das Arbeiten mit größeren Dokumenten. Wichtigster Befehl dieser Gruppe: *Seiten einfügen*.

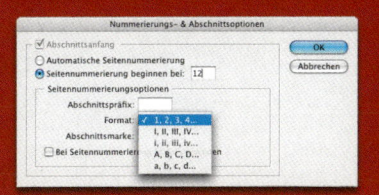

Flexible Dokumente

Das Verändern von Dokumentstrukturen während des Layoutprozesses ist nichts Ungewöhnliches. Hier einige weitere Befehle:

- ☺ **Seiten einfügen.** Möglichkeit eins: über den Befehl *Seiten einfügen* unter *Seiten → Layout* oder im Palettenmenü der *Seiten-Palette*. Vorteil: Durch das Festlegen Seitenanzahl lassen sich viele Seiten in einem Rutsch einfügen.

- ☺ **Seiten einfügen.** Möglichkeit zwei: über die *Seiten-Palette* durch Ziehen des Musterseiten-Icons an die entsprechende Dokumentstelle. Vorteil: funktioniert intuitiv. Nachteil: Seiten müssen manuell eingefügt werden.

- ☺ **Seiten einfügen.** Möglichkeit drei: der Befehl *Seite hinzufügen* unter *Layout → Seiten*. An der aktuellen Dokumentstelle eingefügt wird in diesem Fall jedoch nur eine weitere Seite mit dem aktuellen Muster.

- ☺ **Flexible Seitenzahlen.** Über den Punkt *Nummerierungs- und Abschnittsoptionen* (oben) lassen sich die Seitenzahlen von Dokumentseiten präzise festlegen. Eine gerade Seitenzahl (unten rechts) lässt das Dokument mit einer linken Seite beginnen. Voraussetzung ist allerdings, dass die erste Dokumentseite in der *Seiten-Palette* aktiviert ist – sonst wird ausgehend von der markierten Seite nummeriert (unten rechts).

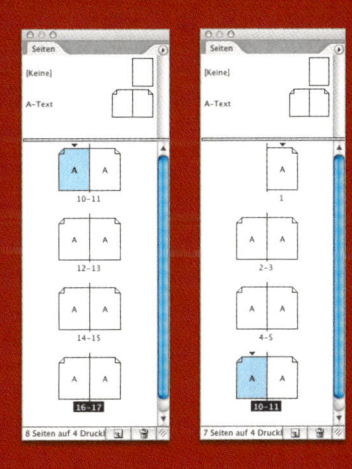

Layout-Strategien 43

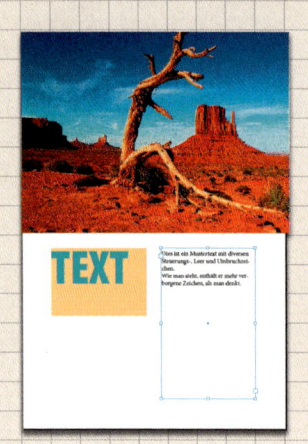

Keine Anzeige-Komponenten

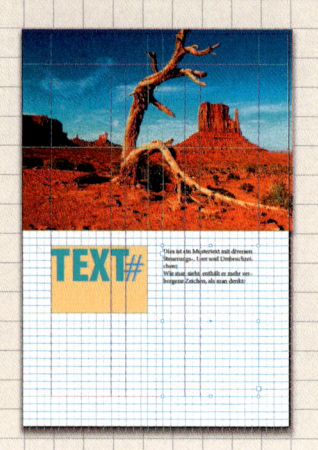

Alle eingeblendet: Ränder und Spalten, Hilfslinien, Grundlinienraster, Dokumentraster und verborgene Zeichen

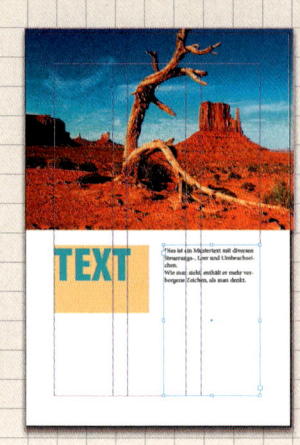

Eingeblendet: nur **Ränder und Spalten**

Hilfslinien und Raster

Die unterschiedlichen Hilfsraster sind uns bereits bei den Voreinstellungen in Kapitel 2 begegnet. Sie ermöglichen es, Seitenlayouts auf unterschiedliche Weise zu strukturieren. Da die Begrenzungslinien für *Ränder und Spalten, Hilfslinien, Dokumentraster* und Grundlinienraster zusammen oft kaum noch etwas vom eigentlichen Layout erkennen lassen, ist es ratsam, sie mitunter auszublenden. Die Ein- und Ausblende-Befehle befinden sich im Menü *Ansicht → Raster & Hilfslinien;* das Verwenden der unten abgebildeten Shortcuts sollte jedoch für Profis obligatorisch sein. Komplett zum Verschwinden gebracht werden können die aufgeführten Hilfsraster durch das Aktivieren der Layoutvorschau (Button unten links in *Werkzeug-Palette;* Eintippen von **W** oder der auf Seite 28 vorgeschlagenen Taste **F2**). Da InDesign noch weitere Anzeigekomponenten in petto hat, hier die komplette Übersicht.

Hilfslinien. Werden in der Regel aus den beiden Linealen auf die vorgesehene Dokumentposition gezogen. *Hilfslinien* eignen sich vor allem zum Anlegen eines groben, vom Anwender definierten Layoutrasters oder als Markierungen für Layoutelemente. Rasterähnliche Hilfslinien-Anordnungen lassen sich mit dem Befehl *Layout → Hilfslinien erstellen* anlegen. Durch Aktivierung des Befehls *An Hilfslinien ausrichten* (⇧ ⌘ + Ü) unter *Ansicht → Ränder & Hilfslinien* lassen sich Hilfslinien als magnetische Positionierungshilfen verwenden.

Dokumentraster. Anders als Hilfslinien wird das *Dokumentraster* dokumentweit in den *Voreinstellungen* festgelegt. Welcher Linientyp sich für das Anlegen von Seitenaufteilungs- oder Gestaltungsrastern besser eignet, bleibt Geschmackssache. Aufgrund der Einteilmöglichkeit in vertikal und horizontal unterschiedlich große Einheiten, die

Befehle zum Ein- und Ausblenden unter *Ansicht → Raster & Hilfslinien*

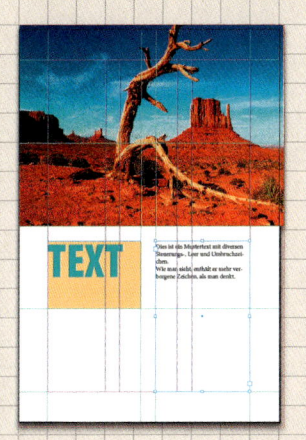

Hilfslinien lassen sich nur zusammen mit den Rändern und Spalten einblenden.

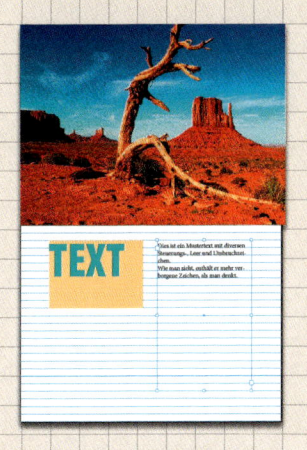

Eingeblendet: nur **Grundlinienraster**

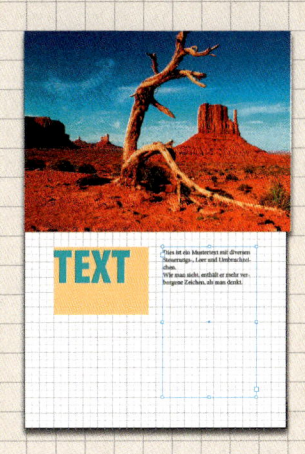

Eingeblendet: nur **Dokumentraster**

sich wiederum ebenfalls aufteilen lassen, ermöglicht die Dokumentraster-Funktion das Anlegen eines anwenderdefinierten «Millimeterpapier-Rasters» mit Haupt- und Zwischenlinien. Ein geschickt angelegtes Dokumentraster kann in vielen Fällen weitere Hilfslinien überflüssig machen. Das Dokumentraster für das Layout dieses Buches wurde übrigens als grafisches Stilmittel für die Gestaltung der Seitenhintergründe eingesetzt. Die Beschreibung der Layoutarchitektur findet sich als Arbeitsbeispiel auf Seite 56. Last but not least: Auch das *Dokumentraster* lässt sich zum maßgenauen Ausrichten von Objekten verwenden *(Ansicht → Ränder & Hilfslinien → An Dokumentraster ausrichten* oder ⇧ ⌘ + ß).

Grundlinienraster. Als dokumentweit anwendbares Zeilenintervall ermöglichen die Grundlinienraster-Festlegungen unter *Voreinstellungen → Raster* die genaue Positionierung von Textelementen auf dem eingestellten Raster (siehe auch Kapitel 4, Seite 80 und 81). Einheitliche Schrittweiten für Grundlinienraster und vertikale Dokumentraster-Einheiten können erheblich dazu beitragen, die Layoutstruktur eines Dokuments übersichtlich zu halten.

Intervalle festlegen

Intervallschritte für das *Grundlinienraster* sowie Intervallschritte und Aufteilung für das *Dokumentraster* werden unter *Voreinstellungen → Raster* bestimmt. Die Angaben lassen sich auch während des Layouts jederzeit verändern. Dasselbe gilt auch für die Option *Raster im Hintergrund*. Hilfslinien können einerseits frei aufgezogen werden. Über *Layout → Hilfslinien erstellen* lassen sich jedoch auch gestaltungsrasterähnliche Hilfslinienaufteilungen generieren. Als Bezugspunkt erlaubt diese Funktion sowohl die Seite als auch den Satzspiegel.

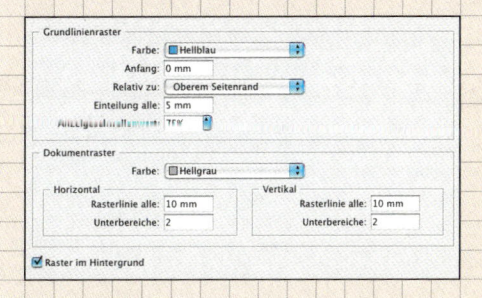

Layouts einrichten

Die Grundregel beim Arbeiten mit Bildern in InDesign lautet: Für Veränderungen der Objektform ist immer das *Auswahl-Werkzeug* zuständig, für Veränderungen des Bildinhalts hingegen immer das *Direktauswahl-Werkzeug*.

Ränder und Spalten. Sie markieren den Satzspiegel und werden stets zusammen mit den Hilfslinien angezeigt. Geht es um eine übersichtliche und gleichzeitig genaue Layoutstruktur, ist das Angleichen der Abstände für *Ränder und Spalten* mit dem jeweiligen Hilfslinien-, Dokument- und Grundlinienraster sozusagen der letzte Schliff.

Rahmenkanten und Textverkettungen. Über die entsprechenden Befehle im Menü *Ansicht* können auch diese Komponenten bei Bedarf ein- und ausgeblendet werden.

Verborgene Zeichen. Unter die Anzeigekomponenten fallen auch die diversen nichtdruckenden typografischen Steuerungs-, Umbruch- und Intervall-Spezialzeichen: Absatzreturn, Sprung in nächste Spalte, Tabsprung, Leerzeichen und so weiter. Über den Befehl *Schrift → Verborgene Zeichen einblenden* (⌥⌘ + I) lassen sich diese Zeichen nach Bedarf ein- oder ausblenden. Anders als die anderen aufgeführten Komponenten werden die typografischen Steuerungszeichen auch in der Voransichtsdarstellung angezeigt – allerdings nur dann, wenn gleichzeitig der Textmodus aktiviert ist.

Statusanzeigen für Text. Zu einer vollständigen Aufführung der im Programm verfügbaren Anzeigeeinheiten gehören auch die Warn- und Statusanzeigen für Text (siehe auch Kapitel 2, Seite 29). Obwohl in manchen Situationen ganz nützlich, irritiert die Überfülle mehr als sie nützt. Stets aktiviert lassen sollte man, wie bereits in Kapitel 2 dargelegt, die Warnmarkierung für fehlende Schriften und Schriftschnitte.

Texte und Bilder platzieren

Zwar erstellt auch InDesign letzten Endes Objektrahmen für importierte Texte, Grafiken und Bilder. Anders als etwa in QuarkXPress ist es jedoch nicht erforderlich, bereits vor dem eigentlichen Import einen Text- oder Bildrahmen aufzuziehen. Der Vorteil: In InDesign funktionieren beide Strategien. Das Platzieren von Bildern ist auf dreierlei Weise möglich:

Bilder in einem Rahmen platzieren. Hierzu ziehen Sie einen beliebigen Objektrahmen auf und füllen diesen im Anschluss über den Befehl *Datei → Platzieren* oder den Shortcut ⌘ + **D** mit dem dafür vorgesehenen Bild. Vorteilhaft ist diese Vorgehensweise dann, wenn die Rahmenposition und vor allem Höhe und Breite des Rahmens feststehen. Um den Bildinhalt an die Rahmenform anzugleichen oder durch Bewegen des Bildinhalts einen anderen Ausschnitt festzulegen, muss in jedem Fall zum *Direktaus-*

wahl-Werkzeug (Kurzbefehl: **A**) gewechselt werden; erst ein Doppelklick in den Bildrahmen mit aktivem *Direktauswahl-Werkzeug* ermöglicht ein Verschieben oder Skalieren des Bildinhalts. Die Arbeitsteilung *Auswahlwerkzeug* für Veränderungen des Objektrahmens, *Direktauswahl-Werkzeug* für Veränderungen des Bildinhalts ist für das Arbeiten mit Bildern übrigens grundlegend.

Last but not least: Direkt platzieren lassen sich Bilder auch in Textrahmen. Die Bilder werden in diesem Fall im Textfluss verankert. Mehr zu verankerten Grafiken und Bildern erfahren Sie in Kapitel 7.

Bilder direkt platzieren. Über den *Platzieren*-Befehl können Sie Bilder, Grafiken und PDFs auch dann platzieren, wenn kein Rahmen hierfür ausgewählt ist. Vorgehensweise und Modalitäten sind im Prinzip dieselben wie soeben beschrieben. Der wesentliche Unterschied: Nach dem Auslösen des *Platzieren*-Befehls erscheint ein Bildeinfüge-Cursorsymbol, mit dem sich die

Mit Bildern arbeiten

Folgende Navigationstechniken und Arbeitsmodi erleichtern das Arbeiten mit Bildmaterial:

Numerisches Skalieren. Im Objektbearbeitungsmodus verändert die Eingabe von Skalierungswerten in *Steuerung-* oder *Transformieren-Palette* die Größe des Objekts, im Inhaltbearbeitungsmodus diejenige des Bildes. Bei der Skalierung des Bildinhalts wird der aktuelle Vergrößerungsfaktor stets angegeben.

Freies Skalieren. Veränderungen des Rahmens im Objektbearbeitungsmodus verändern lediglich das Objekt. Bei Veränderungen von Höhe und Breite des Bildes wird das Bild entsprechend verzerrt. Proportional skalieren Sie Rahmen oder Bild mit zusätzlich gehaltener ⇧-Taste.

Gedimmte Bildumrisse. Insbesondere bei kleinen Bildausschnitten erweist sich das genaue Positionieren von Bildmaterial als schwierig. Halten Sie die Maustaste bei gleichzeitig gehaltener ⌥-Taste einen Moment gedrückt, erscheint eine gedimmte Ansicht der außerhalb des Objektrahmens liegenden Bildpartien.

Bilder an Rahmen anpassen und umgekehrt. Im Menü Objekt unter Anpassen befinden sich insgesamt fünf Punkte für das proportionale und nicht proportionale Anpassen von Bildinhalten an Rahmen und umgekehrt: *Inhalt an Rahmen anpassen* (⌥⌘ + **E**), *Rahmen an Inhalt anpassen* (⌥⌘ + **C**), *Inhalt zentrieren* (⇧⌘ + **E**), *Inhalt proportional anpassen* (⌥⇧⌘ + **E**) und *Rahmen proportional füllen* (⌥⇧⌘ + **C**).

Bilder in Photoshop öffnen. Im Inhaltbearbeitungsmodus öffnet ein Doppelklick mit gehaltener ⌥-Taste auf den Bildinhalt das Bild in Photoshop.

Layout-Strategien

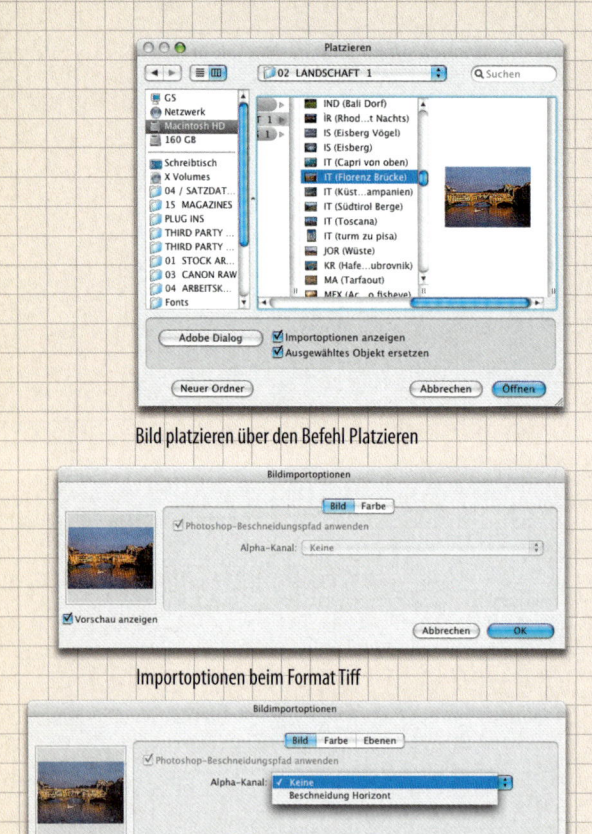

Bild platzieren über den Befehl Platzieren

Adobe Bridge im Kompaktmodus

Importoptionen beim Format Tiff

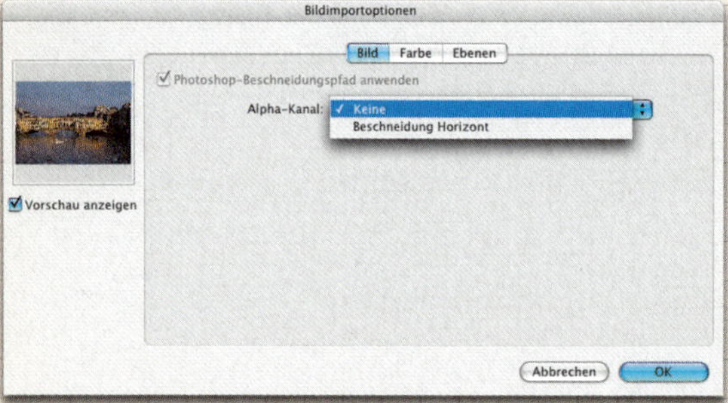

Was das Importieren von Bildern angeht, lässt InDesign (fast) die freie Wahl: Klassisches Platzieren funktioniert ebenso wie die Drag & Drop-Methode von Schreibtisch oder Bridge. Der Dateibrowser der Creative Suite enthält rechts oben einen kleinen Button, mit dem sich zwischen monitorfüllender Normalansicht und platzsparendem Kompaktmodus wechseln lässt. Im Kompaktmodus schrumpft *Bridge* tendenziell auf Palettengröße und präsentiert sich ungefähr so wie oben abgebildet. Beim Platzieren von Bildern (links) kommt es auf den Bildinhalt sowie das Format an, welche Optionen sich in den Importoptionen zeigen. Während das Tiff-Beispiel oben lediglich ein Einstellen der Farbmanagement-Einstellungen zulässt, ermöglicht die PSD-Variante unten das Auslesen eines Alpha-Kanals sowie den Zugriff auf Ebenen und Ebenenkompositionen.

Importoptionen beim Photoshop-Format

Position des einzufügenden Bildes festlegen lässt. Beim Klicken auf die Arbeitsfläche wird das Bild platziert. Da sich die Größe des dabei mitangelegten Objektrahmens an den Abmessungen des Bildes orientiert, eignet sich diese Vorgehensweise eher für freie Layouttechniken.

Ein weiterer Unterschied ist: Während sich bei zuvor angelegten Rahmen Hintergrundfarbe und Rahmenkontur detailliert bestimmen lassen, greift InDesign beim direkten Platzieren natürlich auf die Standard-

einstellungen zurück. Da sich dieser Nachteil durch das Zuweisen von *Objektstilen* leicht ausgleichen lässt (siehe auch Seite 126), ist es letztlich eine Frage persönlicher Vorlieben, auf welche Art und Weise man Bilder platziert. Neben der *Platzieren*-Variante ermöglicht InDesign CS 2 direktere Methoden, Bilder zu importieren:

Bilder ins Layout ziehen. Das Ziehen von Bildern aus einem Schreibtisch-Fenster direkt ins Layout hinein wird von InDesign

fikdaten. Vorgehensweise: gewünschte Bilddatei im Anzeigefenster von *Bridge* markieren und aus Bridge heraus ins InDesign-Layout ziehen. Praktisch ist diese Variante vor allem deswegen, weil sie den kreativen Part – die Auswahl des Bildes – mit der intuitiven Drag & Drop-Methode verknüpft.

Übergangen werden beim Bridge-Import allerdings die *Import-Optionen*. Diese sind insbesondere für das Einrichten von Freistellern wichtig. Die gute Nachricht ist, dass sich Freistellungskanäle oder -pfade auch später auslesen lassen – über die Palette *Konturenführung*. Detailliert beschrieben werden die verschiedenenen Techniken beim Umgang mit Transparenz und Bildmaterial in Kapitel 9.

Texte in Rahmen platzieren. Die beim Bildimport dargestellten Grundregeln gelten etwas modifiziert auch für Text. Einen vorab mit dem *Textwerkzeug* aufgezogenen Textrahmen benötigen Sie lediglich bei der direkten Eingabe von Text – und das auch nur dann, wenn über die Musterseiten noch kein Textrahmen angelegt wurde. Das Importieren von Textdateien in einen Rahmen gestaltet sich nach dem bereits vorgestellten Prinzip. Vorgehensweise: Textcursor in Rahmen platzieren, *Datei* → *Platzieren* auswählen oder Shortcut ⌘ + **D** betätigen, im Import-Dialog Datei auswählen und mit *OK* bestätigen.

Text frei platzieren. Anders als bei Bildern ist das Importieren von Text ohne zuvor aufgezogenen Rahmen die einfachste Methode. Setzen Sie den Einfüge-Cursor an eine Spaltenbegrenzungslinie des Seitenlayouts und klicken anschließend, so erzeugt InDesign abhängig von der vertikalen Cursor-Position einen neuen Rahmen, der genau in die Spalte passt. Da Fließtext in der Regel über mehrere Spalten läuft, lässt sich der Text auf einen Rutsch positionieren, indem beim Klicken auf die Begrenzungslinie oder Begrenzungsecke der Spalte die ⇧-Taste gehalten wird. Der Text wird in einem Rutsch posi-

---

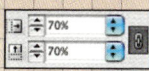

InDesign unterstützt zwar freies Platzieren ebenso wie das Platzieren in bereits angelegte Rahmen. Die zweite Methode funktioniert auch beim Ziehen von Bildern aus dem Schreibtisch oder aus *Bridge* heraus in einen beliebigen angewählten Rahmen. Der Vorteil bereits angelegter Rahmen besteht nicht nur darin, dass sie passende Abmessungen, Konturlinien etcetera bereits von Haus aus liefern. Wird ein Bild in einen Rahmen platziert, der bereits ein Bild enthält, werden für das neue Bild die Skalierungswerte des alten mit übernommen. Praktisch ist dies etwa dann, wenn sämtliche Bilder eines Layouts feste Rahmengrößen haben und auf 70% verkleinert werden sollen.

bereits seit längerem unterstützt. Version CS 2 ermöglicht zusätzlich das Arbeiten mit dem Dokumentbrowser *Adobe Bridge,* der im Lieferumfang der Creative Suite enthalten ist (Abbildung oben). Bridge präsentiert zum einen eine visuelle Oberfläche zum Anzeigen und Strukturieren aller möglichen Grafikdaten – von Bilddateien über Vektorgrafiken bis hin zu PDFs und InDesign-Dokumenten selbst. Als integraler Bestandteil von Adobe Creative Suite erleichtert Bridge jedoch auch den Import von Bild- oder Gra-

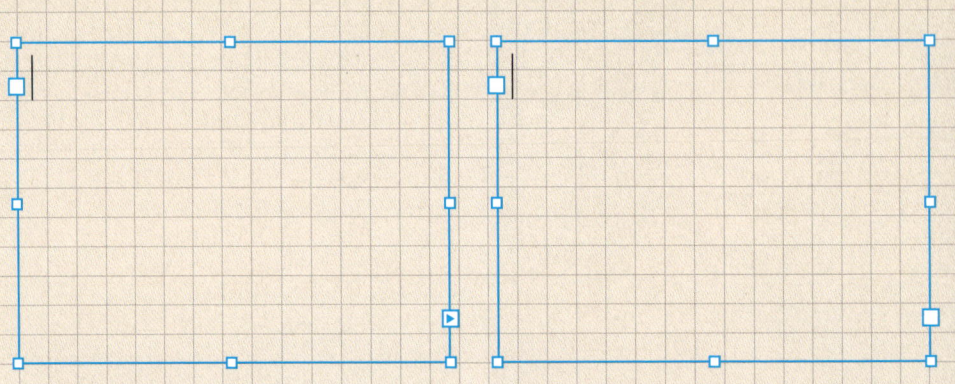

Verkettete Textrahmen. Das kleine Dreieck-Symbol in dem Kästchen für Text-Einfluss und -Ausfluss zeigt an, ob ein Rahmen mit dem vorherigen oder nächsten Rahmen verkettet ist.

Nicht verkettete Textrahmen. Weiße Kästchen für Text-Einfluss und Text-Ausfluss zeigen an, dass hier keine Verkettung besteht.

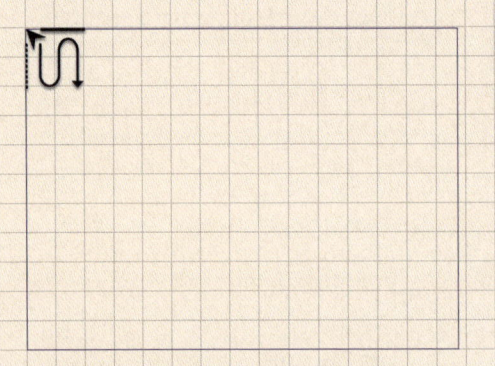

Vollautomatische Textplatzierung. Bei gleichzeitig gehaltener ⇧-Taste wird der Textplatzierungs-Cursor zu einem wellenförmigen Pfeil. Anschließendes Klicken erzeugt so lange Textrahmen, bis der Text vollständig platziert ist.

Halbautomatische Textplatzierung. Bei gleichzeitig gehaltener ⌥-Taste wird bei jedem Klicken ein neuer Rahmen angelegt. Die Wellenform des Einfügecursors ist teilweise nur noch gestrichelt.

tioniert, wobei InDesign so lange Spalten anlegt, wie Text vorhanden ist. Anhaltspunkt sind dabei die auf der Mustervorlage angelegten Spalten.

Darüber hinaus lässt sich Text auch «halbautomatisch» positionieren. Hierbei wird der Einfügecursor wie gehabt an der Spaltenseite oder der Spaltenecke oben links positioniert, der Textimport jedoch mit gehaltener ⌥-Taste ausgelöst. Diese Technik, die pro Klick genau einen Rahmen erstellt, ist beispielsweise dann geeignet, wenn bestimmte Spalten ganz leer bleiben sollen oder der vertikale Textbeginn pro Spalte unterschiedlich sein soll. Die letzte Methode,

die «vollmanuelle», unterscheidet sich von der soeben vorgestellten nur in einem Punkt: Lassen Sie beim Anklicken ⇧- und ⌥-Taste ganz außen vor, legt InDesign lediglich einen einzigen Rahmen an. Um weitere Rahmen mit aktiver Textverkettung zu erzeugen, müssen Sie in diesem Fall zunächst in das Symbol für Textüberfluss über der Rahmenecke rechts unten klicken und im Anschluss einen neuen Rahmen erzeugen.

Zum Importieren von Texten kann man, wenn man unbedingt möchte, auch *Bridge* verwenden. Die beschriebenen Optionen für die Einpassung in Spalten und die Textverkettung fallen hier jedoch weitgehend flach,

Enim dolorperos erostrud modolor pe-
rosto ea faccum er ad mod dit, quat, sim del
ullandio odo cortincipit, con veros augiat nis
ea faccum veliquamet ad del in utat iniam
quat. Duip er iustrud moduluptat ad dolobor
si blamcommy nullum acipsum iniam ing
eum vel inisi ex ex ero dolortis nibh exeros
eugue dolendre dolobore conulla feuguerit
lut velismodo dolent venis digna feugait vero
odoluptatum zzril in exer iriusci enisl ut lan
diatem enit luptat lortio commy nulputatue

Übersatz. Ein rotes Kästchen mit einem +-Symbol am unteren Rahmenende rechts weist auf Übersatz hin.

Manuelle Textplatzierung. Ohne Zusatztasten sieht das Einfügesymbol wie oben aus. Die Verkettung muss durch Anklicken des Kästchens für Text-Ausfluss manuell hergestellt werden.

sodass diese Methode – von speziellen Arbeitskonstellationen vielleicht abgesehen – nicht zu empfehlen ist. Auch beim Textimport spielen schließlich die jeweiligen Formatoptionen eine große Rolle. Detaillierter vorgestellt werden sie im folgenden Kapitel. Prinzipiell gilt auch hier: Mit eingeschalteten *Importoptionen* sind Sie stets auf der sicheren Seite. Da sich auch freie Textplatzierungen, sofern man will, weitgehend am angelegten Spalten- und Satzspiegel-Gerüst orientieren, betrachten wir im nächsten Abschnitt etwas näher die Mustervorlagen-Funktionen in der Seiten-Palette.

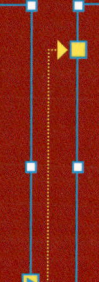

Textrahmen verketten

Ob leer oder bereits Text enthaltend: Verkettet werden Textrahmen durch Klicken bei aktivem *Auswahl-* oder *Direktauswahl-Werkeug* in das Textausfluss-Kästchen unten rechts (gelb markiert) und anschließendes Klicken in den gewünschten Folgerahmen. Textverkettungen werden stets durch ein kleines Dreieck-Symbol angezeigt.

Textrahmen aus Verkettungen herausnehmen

Besteht eine aktive Textverkettung (Dreieck-Symbole erscheinen in den beiden Kästchen oben links und unten rechts), wird die Verkettung durch zweimaliges Klicken in eines der Kästchen unterbrochen. Durch zweimaliges Klicken in beide Kästchen wird der Rahmen komplett aus der Verkettungsfolge herausgenommen. Beim ersten Klick erscheint ein Ketten-Symbol; beim zweiten Klick erscheint die Texteinfluss- oder Ausfluss-Box weiß – das Symbol, dass derzeit keine Verkettung besteht. Auch Entkettungen können nur mit *Auswahl-* oder *Direktauswahl-Werkzeug* vorgenommen werden.

Textrahmen automatisch anlegen lassen

Möchte man Musterdokumente anlegen mit leeren Textrahmen für die spätere Textaufnahme, geht man am besten folgendermaßen vor:

1. In einer Textdatei (Format ist zunächst gleichgültig) einen Text generieren, dessen Größe dazu ausreicht, genügend viele Rahmen für die beabsichtigte Seitenmenge zu erzeugen.

2. Über *Seiten-Palette* in InDesign Dokument einrichten. Um sicherzustellen, dass die Rahmen spaltenweise und nicht satzspiegelweise generiert werden, ist sicherzustellen, dass die *Musterseiten* keine Textrahmen für den automatischen Textumbruch enthalten.

3. Erste Dokumentseite anwählen.

4. *Datei → Platzieren*. Textdatei öffnen und Platzierung mit *OK* abschließen. Text-Einfügecursor erscheint.

5. Mit gehaltener ⇧-Taste vollautomatische Rahmenerzeugung sicherstellen und Maustaste klicken. Der Text erzeugt nunmehr so viele (verkettete) Textspalten, bis der Text zu Ende ist.

Layout-Techniken

Ipismod igniat augiamcor sim veliquametum ex estrud ming elit lutpat lore dolenim irillan vel ulla consed ex et prat ipit lan henim endre te dio odolore modipit lutpat lore del do con utat. Sum autpat nisi bla feuisse dunt velis esto exer iure consecte el sum zzriustrud do do exer sim etuerosto consendiam eum quis nim in et irit la aute modolor tiniam, qui tat. Duismodolor aliquam adiam alisisi exerosto odolorerilit lortisi. Iquis nulland reraessit, quiscin cidunt autpatie endre mincipit niat lutat. Ed magnis adionse ero eumsan henim quismod tem voleniat eu facillaore magna consed tat

Textrahmenoptionen

Textrahmen können in InDesign wahlweise spaltenweise oder auf Satzspiegelbreite erzeugt werden. Mustertextrahmen auf Musterseiten (angelegt werden können diese durch Anklicken der gleichnamigen Option bei der Neuerstellung eines Dokuments) orientieren sich am Satzspiegel; die Spaltenaufteilung wird automatisch vorgenommen. Über *Objekt* → *Textrahmenoptionen* (⌘ + **B**) lässt sich die Aufteilung mehrspaltiger Rahmen sowohl für Musterseiten- als auch für Dokumentseiten-Rahmen verändern.

Mustervorlagen und Textverkettung

Grundsätzlich lässt sich ein Textdurchfluss auch über zuvor aufgezogene Textrahmen in den Mustervorlagen organisieren. Vorauszuschicken ist allerdings: Beim Arbeiten mit unterschiedlichen Mustervorlagen, die einen gemeinsamen Textdurchfluss enthalten sollen, ist die Methode, die Rahmen von Hand zu verketten, die sicherste.

Mustervorlagen in InDesign. Anders als in QuarkXPress sind Objekte auf InDesign-*Mustervorlagen* erst einmal statisch. Ob automatische Seitenzahl, Textrahmen, Bildrahmen mit Firmenlogo oder grafische Zusatzelemente wie eingefärbte Flächen: Auf den jeweiligen Dokumentseiten sind diese Objekte erst einmal unzugänglich. Dies betrifft sogar die beim Anlegen von Dokumenten aktivierten Mustertextrahmen. Beim Textimport macht sich die Mustertextseiten-Option lediglich dadurch bemerkbar, dass für den Umbruch nicht einzelne Textrahmen pro Spalte erzeugt werden, sondern ein einziger Textrahmen für den gesamten Satzspiegel. Die Spaltenaufteilung wird in diesem Fall nicht über separate Rahmen umgesetzt, sondern innerhalb des Textrahmens selbst.

Manuell erreichen und verändern können Sie diese Textrahmenoptionen über den Befehl *Objekt* → *Textrahmenoptionen* (⌘ + **B**). Definieren lassen sich hier nicht nur die Anzahl der *Spalten,* die *Spaltenbreite* sowie die Breite des *Stegs.* Darüber hinaus liefern die Textrahmenoptionen präzise Beeinflussungsmöglichkeiten für die Positionierung von Text innerhalb des Rahmens. Hinzu kommt die Möglichkeit, ein nur für den speziellen Rahmen geltendes *Grundlinienraster*-Intervall zu bestimmen (siehe auch Kapitel 4, Seite 80). Mehr zu den Textrahmenoptionen finden Sie auf der rechten Seite.

Die im vorletzten Absatz beschriebene Unveränderbarkeit von Mustervorlage-Elementen ist zunächst ein Sicherheitsmechanismus, welcher Mustervorlagen-Ele-

Ipismod igniat augiamcor sim veliquametum ex estrud ming elit lutpat lore dolenim irillan vel ulla consed ex et prat ipit lan henim endre te dio odolore modipit lutpat lore del do con utat. Sum autpat nisi bla feuisse dunt velis esto exer iure consecte el in henim in henibh exercil ute tat ilismod del ulput pratisl dolutpatem qui tatue cor

mente vor unbeabsichtigten Veränderungen schützt. Da eine hundertprozentige Statik allerdings äußerst arbeitshinderlich wäre, ermöglicht InDesign zwei Ausnahmen. Die erste betrifft Mustertextrahmen. Wurden diese mit importiertem Text gefüllt, verhalten sich die Rahmen wie normale Dokumentseiten-Rahmen: Sie können ausgewählt, bewegt, verkürzt, verlängert, gelöscht, dupliziert oder sonstwie bearbeitet werden. Die zweite Ausnahme besteht darin, dass Sie Mustervorlagenobjekte mit gleichzeitig gehaltener ⌘- und ⌥-Taste anwählen. Die Objekte werden aktiviert und lassen sich nun ebenfalls bearbeiten.

Textverkettung bei unterschiedlichen Mustervorlagen. Stellen Sie sich ein Zeitschriftenlayout mit einem längeren Beitrag vor – beispielsweise die Titelgeschichte des «Spiegel». Dokumentseiten mit unterschiedlichen Mustervorlagen sind in der Magazinproduktion nichts Ungewöhnliches. Ein wesentlicher Grund für eine solche Vorgehensweise sind die für Anzeigen zu veranschlagenden Räume. Eine halbe Seite hoch, ein Drittel quer – die in den jeweiligen Media-Listen aufgeführten Anzeigenformate führen dazu, dass Zeitschriftenlayouts in einem hohen Maß variabel sein müssen.

Veränderungen der Layoutarchitektur – beispielsweise durch eine spät hereingekommene halbseitige Anzeige – lassen sich in InDesign auf zwei Ebenen angehen: über die eigentlichen *Mustervorlagen* und über Veränderungen der Textrahmen auf den *Do-*

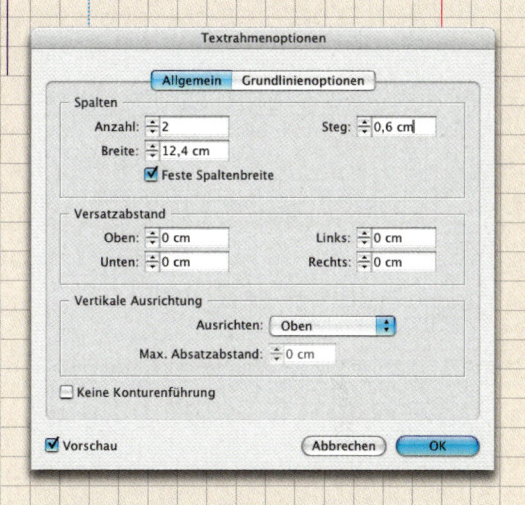

Feste Spaltenbreiten

Die Option *Feste Spaltenbreite* in den *Textrahmenoptionen* ermöglicht es, Textrahmen mit mehreren Spalten auf eine Spalte zu reduzieren. Wird die Breite eines solchen Textrahmens reduziert, schnappt die Rahmenbreite jedes Mal dann ein, wenn über die Breite einer vollen Spalte hinaus reduziert wurde. Möglich sind in diesem Modus nur Rahmenbreiten, die auf vollen Spaltenbreiten basieren.

Anders als die im Fließtext vorgestellte Arbeitsweise mit spaltenbasierenden Textrahmen eignen sich satzspiegelbasierende Rahmen vor allem dann, wenn der Satzspiegel relativ viele Spalten enthält, die Spaltenhöhe jedoch in aller Regel einheitlich ist. Ein typisches Einsatzfeld, in dem satzspiegelbasierende Textrahmen effektiver sind als spaltenbezogene, sind etwa umfangreiche Programmkalender. Die Option *Feste Spaltenbreite* erlaubt bei dieser Arbeitsweise, Spalten, die etwa für Anzeigen benötigt werden, freizulegen, ohne den kompletten Textrahmen in mehrere einzelne Textrahmen aufzusplitten.

Insgesamt ermöglichen satzspiegelbasierende Textrahmen eine kompaktere Handhabung, während die Vorzüge spaltenbasierender Rahmen eher im Faktor Flexibilität zu suchen sind. Wie man sich entscheidet, hängt darüber hinaus auch von mentalen Faktoren wie etwa bestimmten Arbeitsvorlieben ab.

kumentseiten. Unterschiedliche *Mustervorlagen,* die den jeweiligen Anzeigen-Freiraum sowie die Anordnung der zum Beitrag gehörenden Elemente und Bilder bereits fix und fertig enthalten, scheinen hinsichtlich des Layouts den größten Komfort zu bieten. Verändert sich die Seitenarchitektur, wird Muster A eben mit Muster B überschrieben – durch Ziehen des entsprechenden Musters aus dem Mustervorlagenbereich der Seiten-Palette auf die entsprechende Seite im Dokumentseitenbereich.

Der Nachteil dieser Vorgehensweise ist, dass die wichtigste Komponente – der Textfluss – neu eingerichtet werden muss. Mustervorlagen liefern zwar fertige Seitenarchitekturen inklusive präzise positionierter Bild- und Textrahmen. Da das Neueinrichten des Textflusses mitunter jedoch nicht ganz unaufwendig ist, funktionieren Veränderungen über Methode zwei möglicherweise einfacher: die Architektur der alten Seite wird manuell so umgebaut, bis sie der gewünschten neuen Architektur entspricht. Wie die beiden Methoden in der Praxis funktionieren, zeigen die Abbildungen in Arbeitsbeispiel 2 ab Seite 58.

Seiten-Palette mit unterschiedlichen Musterseiten

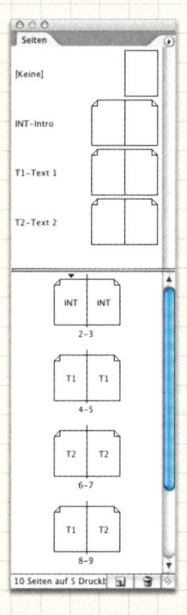

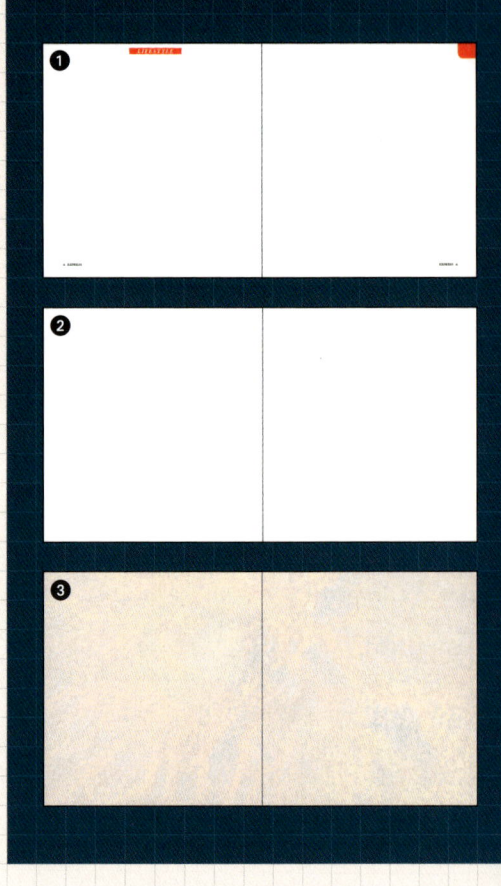

Ebenen und Mustervorlagen. Die statische Position von Mustervorlagen-Objekten hat einen weiteren nachteiligen Effekt. Die Logik von *Mustervorlagen* sieht nämlich «eigentlich» vor, dass Mustervorlagen-Objekte in den Dokumentseiten stets hinten angeordnet sind. Bedeckt etwa ein ganzseitiges Bild die Seitenzahl, lässt diese sich über den Befehl *Objekt → Anordnen → In den Vordergrund* (⌘✦ + Ä) nicht in den Vordergrund holen. Dies funktioniert auch dann nicht, wenn Sie die Rahmen der Seitenzahl temporär freilegen. Mit gehaltener ✦- und ⌘-Taste lässt sich der Rahmen zwar aktivieren; die Anordnungsbefehle bleiben bei Mustervorlageobjekten jedoch gedimmt.

Was tun? Eine effektive Abhilfe für diese Konfliktsituation sind *Ebenen*. Unterschiedliche Ebenen mit unterschiedlichen

Musterseiten mit Ebenen

Der hier abgebildete Musterseiten-Aufbau ❹ staffelt die unterschiedlichen Layout-Komponenten bereits beim Anlegen der Musterseiten. Die untere Ebene ❸ enthält lediglich das Hintergrundbild mit einer Deckkraft von 25 %. Die obere Ebene ❶ enthält die typischen Musterseiten-Elemente: automatische Seitenzahlen, Spitzmarke auf der linken sowie Infomarke auf der rechten Seite. Die darunter liegende mittlere Ebene ❷ enthält kein Musterseiten-Element. Der gezeigte Aufbau ermöglicht es, Bilder wahlweise über den Musterseiten-Elementen anzuordnen ❺ oder darunter liegend ❻. Im ersten Fall wird das Bildmaterial in der oberen Ebene platziert, im zweiten Fall in der mittleren, die auch die standardmäßigen Musterseiten-Elemente enthält.

Objekten werden von InDesign sowohl auf *Muster-* als auch auf *Dokumentseiten*-Ebene unterstützt. Im beschriebenen Beispiel-Fall heißt dies: Das ganzseitige Bild wird auf einer neuen Ebene untergebracht, die in der *Ebenen-Palette* unterhalb der Ebene 1 angeordnet wird. Anordnungen in der Ebenen-Palette funktionieren darüber hinaus auch für Objekte auf *Mustervorlagen*. Ein gutes Beispiel sind etwa die Seitenhintergründe in diesem Buch, die natürlich immer ganz hinten liegen sollen. Liegen sie auch – und zwar auf der untersten Ebene der Mustervorlage. Die Layoutarchitektur von *InDesign – Gewusst wie* findet sich in Arbeitsbeispiel 1 auf den Seiten 56 und 57. Arbeitsbeispiel 2 zeigt, direkt im Anschluss, mögliche Alternativen beim Aufbau eines Magazinlayouts.

Die Erfahrung zeigt: Bei komplexeren Projekten ist es vor allem ein stringent auf die einzelnen Komponenten abgestimmter Dokumentaufbau, welcher in der Folge ein einigermaßen stressfreies Arbeiten ermöglicht. Dieselbe Aussage gilt auch für den Bereich Typografie und Formatierung. Da die Gestaltung von Text eines der wesentlichen Aufgabenfelder in einem Layoutprogramm ist, werden sich die drei folgenden Kapitel eingehend mit dem Aspekt Satz in InDesign beschäftigen: Zeichen- und Absatzattributen allgemein, den OpenType-Features sowie dem Arbeiten mit Format-Bundles.

Liquis exercinibh ex eugiam illum autpat nis nit vel iril ullute dolorpero dunt dignim exer sectem zzriusciduis auguer ilis dole-

faccum guer am exerillaore vullaortio odo doloreet ver in velisicng enim quatue magnim voluptat. Is dolore feugiam volortis nis dolor sim quatie vent iusciduisi ting exer susciduisim aliquam do odigna autetum veleseq uisisl utem ad ex ex eugueraesto doluptat, sumsan venis doloreet lortin henim ver sum quisi blamconse velisi.

Textumfluss

Der Textumfluss basiert auf spaltenweise generierten und miteinander verketteten Rahmen. Die dünnen cyanfarbenen Linien zeigen die Richtung der Textrahmenverkettung.

mod igniat augiamcor sim veliquametum ex estrud ming elit lutpat lore dolenim irillan vel ulla consed ex et prat ipit lan henim endre te dio odolore modipit lutpat lore del do con utat. Sum autpat nisi bla feuisse dunt velis esto exer iure consecte el in henim in henibh exercil ute tat ilismod del ulput pratisl dolutpatem qui tatue cor sum zzriustrud do do exer sim etuerosto consendiam eum quis nim in et irit la aute modolor tiniam, qui tat. Duismodolor aliquam adiam alisisi exerosto odolorerilit lortisi.

Iquis nulland reraessit, quiscin cidunt

Raster

Das vertikale *Dokumentraster*-Intervall hat dieselbe Schrittweite wie das *Grundlinienraster*. Die Fünfer-Unterteilung liefert Orientierungspunkte für die Gestaltung. Das horizontale Dokumentraster-Intervall ist einerseits so angelegt, dass ein runder Unterteilungswert herauskommt (40 Einheiten). Auf diesen basieren Satzsspiegel und Spaltenaufteilung – wobei bei den Spaltenstegen der Wert einer Einheit aus optischen Gründen verbreitert wurde. Breite und Höhe der Dokumentraster-Zellen differieren geringfügig. Die Breite beträgt 4 mm, die Höhe 10 Punkt (= 3,9 mm). Die Werte für die kleinen Zellen ergeben sich, wenn man den Wert im oberen Eingabefenster durch die Anzahl der Unterbereiche teilt (Abbildungen unten). Da das Dokumentraster alle wesentlichen Layoutelemente erfasst, wurde auf zusätzliche *Hilfslinien* oder ein Hilfslinienraster verzichtet.

Ebenen-Aufbau

Der Ebenen-Aufbau dieses Buches ähnelt demjenigen auf der vorhergehenden Doppelseite. Ganz unten liegt die Ebene mit der pastellroten Hintergrundfarbe und dem Rechenpapier-Raster *(Raster-Background)*. Darüber liegt eine weitere Ebene mit einer weißen Fläche und reduzierter Deckkraft. Veränderungen von Größe und Flächenanordnung auf den Dokumentseiten ergeben den helleren oder etwas dunkleren Hintergrund. Die restlichen Layoutelemente – inklusive Seitenzahlen, Kapitelnummern etcetera – befinden sich auf der oberen *Ebene 1*.

Horizontal	
Rasterlinie alle:	16 cm
Unterbereiche:	40

Vertikal	
Rasterlinie alle:	1,9403 cm
Unterbereiche:	5

Ebenen		
👁	▪ Ebene 1	
👁	▪ Abdeckung Raster	
👁	▪ Raster-Background	
3 Ebenen		

56 Praxis

Bildrahmen

Das platzierte Bild zeigt, dass Bildrahmen und Bild in InDesign verschiedene Dinge sind. Das Beispielbild ist, wie die gedimmte Bildfläche außen und die rote Bildbegrenzung zeigen, etwas größer als der im Bildrahmen liegende Ausschnitt.

dsasdaAgna autpat nonse faccum augait ipis er sisl erostis at. Commod tie feu feum illaore molore volore commy niam quisim inibh ex exer incidui smolore facipissi.

Arbeitsbeispiel 1: Das «Raster» dieses Buches

Um die Rolle der verschiedenen Rastereinheiten beim Layouten auch bildhaft zu unterstreichen, zieht sich die Rasteraufteilung des Dokumentrasters von *InDesign: Gewusst wie* als Seitenhintergrund-Gestaltung durch das komplette Buch. Das Design legt so ein Stück weit die Gestaltungselemente offen, die beim Layout dieses Buches zum Zuge kamen. Die auf dieser Doppelseite versammelten Infos beleuchten die wichtigsten Komponenten davon: die Ebenen-Aufteilung, die Handhabung von Bildern, die Frage der Textverkettung und – natürlich – die zur Anwendung gekommenen Rastereinheiten.

Layouts einrichten 57

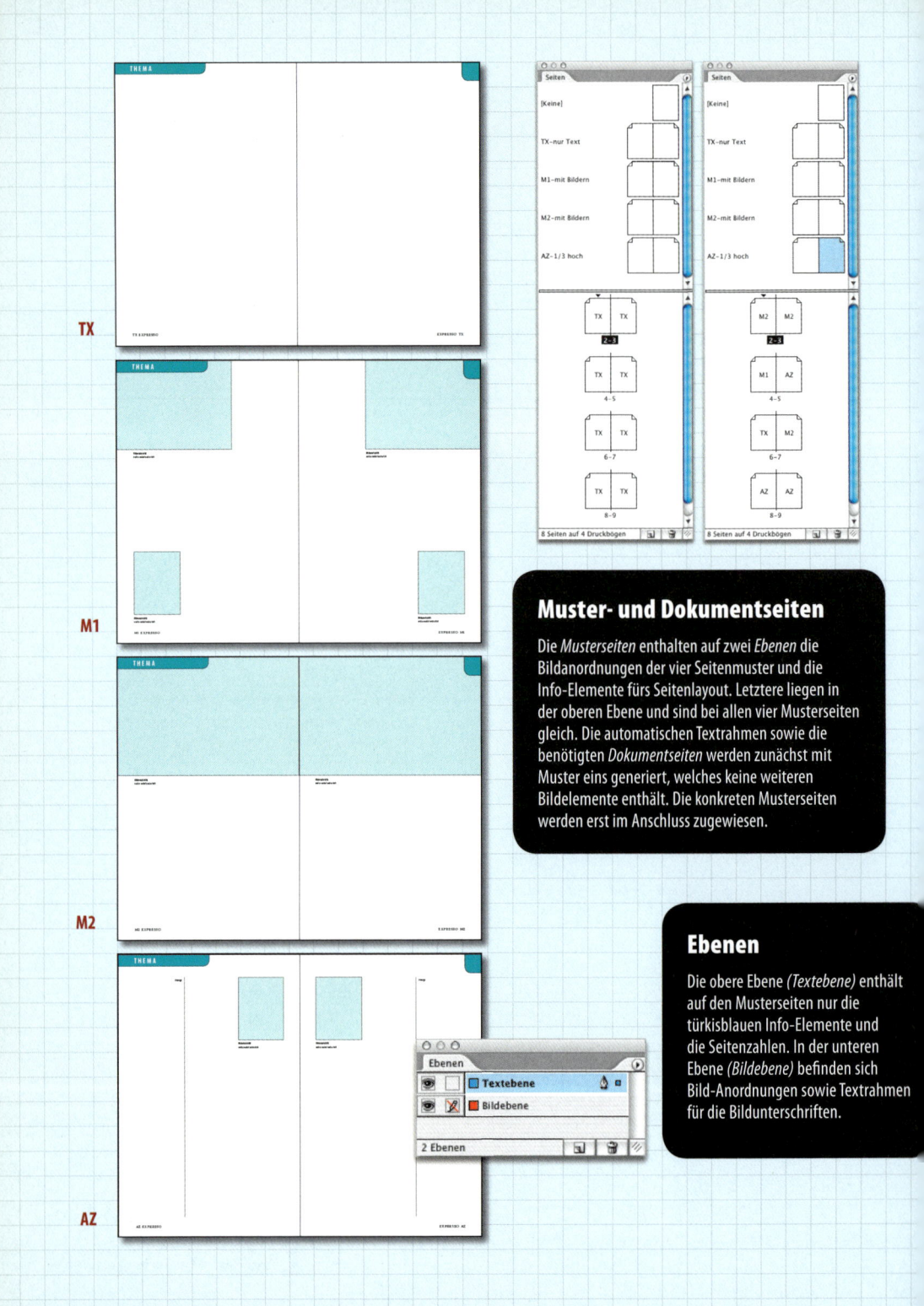

Muster- und Dokumentseiten

Die *Musterseiten* enthalten auf zwei *Ebenen* die Bildanordnungen der vier Seitenmuster und die Info-Elemente fürs Seitenlayout. Letztere liegen in der oberen Ebene und sind bei allen vier Musterseiten gleich. Die automatischen Textrahmen sowie die benötigten *Dokumentseiten* werden zunächst mit Muster eins generiert, welches keine weiteren Bildelemente enthält. Die konkreten Musterseiten werden erst im Anschluss zugewiesen.

Ebenen

Die obere Ebene *(Textebene)* enthält auf den Musterseiten nur die türkisblauen Info-Elemente und die Seitenzahlen. In der unteren Ebene *(Bildebene)* befinden sich Bild-Anordnungen sowie Textrahmen für die Bildunterschriften.

Arbeitsbeispiel 2: Techniken beim Magazin-Layout

Man kann es so machen oder so: Das Gute an Profi-Layoutprogrammen wie InDesign ist, dass unterschiedliche Herangehensweisen oft zum selben Ziel führen. Im Blickpunkt dieses Arbeitsbeispiels steht eine achtseitige Magazin-Story. Der Layoutaufbau ist bewusst einfach gewählt. Gezeigt wird, dass ein intelligenter Musterseiten-Aufbau die Arbeitsschritte in der Layoutphase immens erleichtert. Insgesamt sind beim Anlegen des Textdurchflusses sowie dem Seiten-Feinlayout unterschiedliche Strategien möglich – sowohl solche, die auf spaltenweisen Textrahmen basieren, als auch satzspiegelbasierende. Das Beispiel zeigt die möglichen Optionen in der Praxis.

Das Dokument aufbauen

Im Musterseiten-Bereich der Seiten-Palette werden zunächst die vier unterschiedlichen Seitenmuster angelegt. In den Dokumentseiten lassen sich diese später beliebig miteinander kombinieren. Die Anzahl ist natürlich freigestellt und nach oben wie unten hin offen. Vorgehensweise:

1. Palettenmenü *Seiten-Palette: Neue Mustervorlage*. Alternativ Seiten von «A-Mustervorlage» markieren und über den Punkt Mustervorlagenoptionen für «XY» umbenennen. Neues Präfix: «TX»; neuer Name: «nur Text».

2. In der *Ebenen-Palette* eine zusätzliche *Ebene* anlegen. Die neue Ebene wird unterhalb der aktuellen angeordnet. Benennung: siehe Abbildung links.

3. Auf der oberen Ebene («Textebene») Info-Elemente und automatische Seitenzahl einrichten.

4. Doppelseiten der ersten Muster-Doppelseite in der *Seiten-Palette* markieren und über das Palettenmenü die Mustervorlage duplizieren. Benennung erfolgt nach derselben Methode wie unter Schritt 1. Präfix: «M1»; Name: «mit Bildern».

5. In der unteren Ebene («Bildebene») Bildrahmen sowie Textrahmen für die Bildunterschriften einrichten. Eine dezente Rahmenfarbe sorgt dafür, dass die Rahmen beim späteren Layout gesehen werden.

6. Nach demselben Schema Mustervorlage mit dem Präfix «M2» einrichten.

7. Mustervorlage vier: Hier werden zwei Linien und die Kennung «Anzeigen» platziert. Hinzu kommt Platz für zwei kleine Bilder. Präfix: «AZ»; Name: «1/3 Anzeige hoch».

8. Dokument einrichten: Das Dokument beginnt mit einer einzigen Seite nach dem Muster TX. Um sicherzustellen, dass das Dokument mit einer linken Seite beginnt, in *Layout → Nummerierungs- und Abschnittsoptionen* für den Seitenbeginn eine gerade Zahl eingeben.

9. Automatische Textrahmen generieren. Über *Datei → Platzieren* wird hierzu ein genügend langer Platzhaltertext importiert; nach Importdialog Textcursor mit gehaltener ⇧-Taste auf den linken oberen Rand des Satzspiegels halten (Wellenlinie-Symbol erscheint) ❶ und klicken. Der Text generiert automatisch so viele Seiten und Textrahmen, wie er braucht ❷.

10. Nicht benötigte Dokumentseiten löschen: In *Seiten-Palette* unter Zuhilfenahme der ⌘-Taste markieren, ⌥-Taste halten und auf Papierkorb-Symbol klicken. Das Dokument enthält nun die vorgesehenen acht Seiten mit den nötigen Textrahmen.

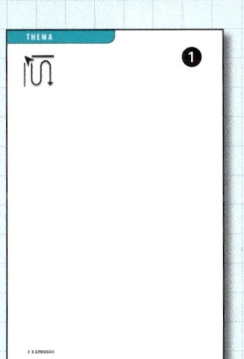

Automatische Textrahmengenerierung

Über das *Platzieren* eines genügend langen Platzhaltertextes mit gehaltener ⇧-Taste werden *Dokumentseiten* mit automatisch verketteten Spaltenrahmen erzeugt.

Layouts einrichten 59

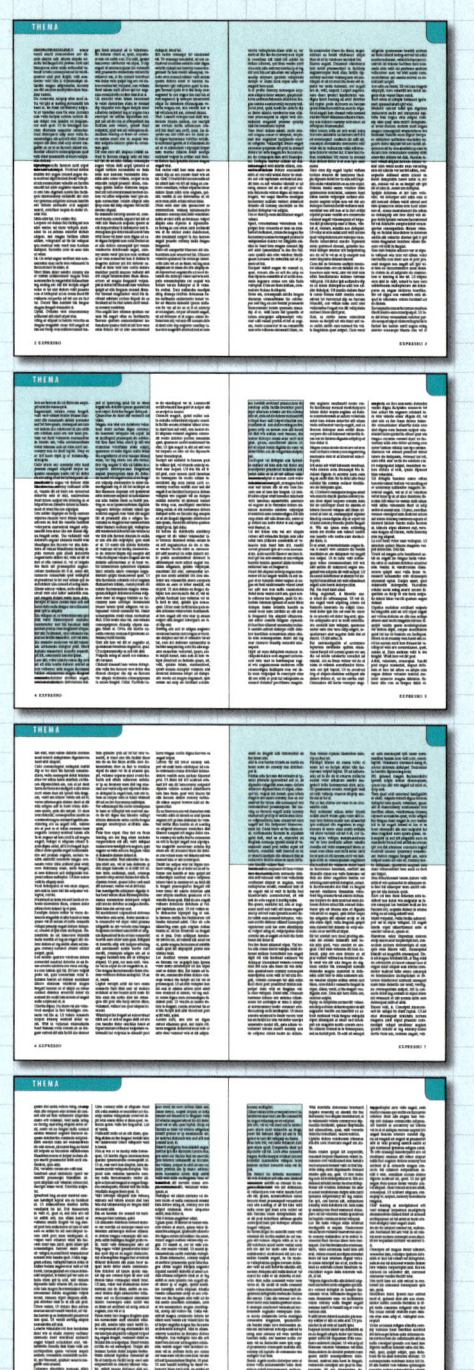

Seiten-Palette (rechts): Durch Zuweisen unterschiedlicher *Mustervorlagen* wird der Aufbau der achtseitigen Magazinstory festgelegt.

Mustervorlagen zuweisen und Layout anpassen

Mit der im Folgenden beschriebenen Vorgehensweise werden Bilder und Bildunterschriften «freigelegt».

11. Text: Der Platzhaltertext kann nun durch den Text der eigentlichen Magazinstory ersetzt werden. Sind noch keine Formate zugewiesen, sollte zur besseren Textlängenkontrolle das Format der Grundschrift zugewiesen werden (siehe auch Kapitel 4 und 6).

12. Mustervorlagen zuweisen: In der *Seiten-Palette Mustervorlagen* aus dem Mustervorlagenbereich heraus auf die jeweiligen Dokumentseiten ziehen. Die Story beginnt mit dem bildreicheren Muster M2; auf den Seiten 5, 8 und 9 ist jeweils eine Spalte für hochformatige Anzeigen reserviert. Die Seitenmuster-spezifischen Bildrahmen, die auf der unteren Ebene liegen, erscheinen in Helltürkis auf dem Seitenhintergrund (Abbildung: linke Seitenspalte).

13. Textrahmen an Layout anpassen. Bei aktivierter *Ebene* «Textebene» die Textrahmen der acht Dokumentseiten an den oberen und unteren Anfassern markieren und auf die gewünschte Höhe ziehen ❶. Bleiben Spalten ganz frei wie bei den hochformatigen Anzeigen, wird der Textrahmen nicht ganz gelöscht, sondern in der Höhe so reduziert, dass kein Text mehr darin enthalten ist ❷. Vorteil: Verändert sich das Anzeigenformat zu quer, kann der Textrahmen ohne Probleme «reaktiviert» werden.

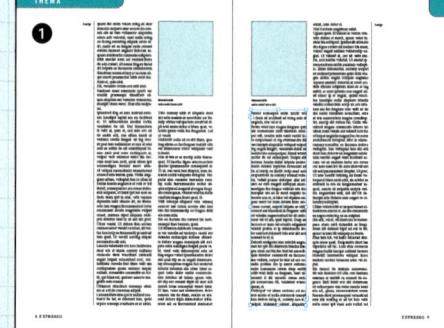

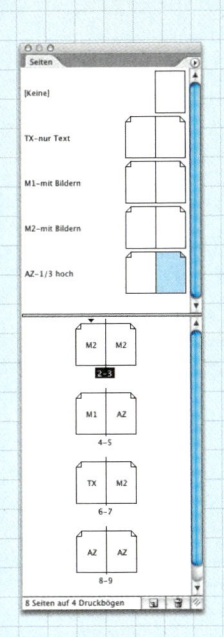

14. Bildunterschriften: Um den Platzhaltertext der Bildunterschrift-Textrahmen durch den richtigen Text zu ersetzen, auf untere Ebene («Bildebene») gehen. Da die hier liegenden Rahmen für Bilder und Bildunterschriften Mustervorlagen-Elemente sind, müssen sie durch Anklicken mit gleichzeitig gehaltener ⇧- und ⌘-Taste aktiviert werden. In die so zu Dokumentseiten-Elementen gewandelten Rahmen Texte für Bildunterschriften eingeben oder einkopieren.

15. Layoutveränderungen: Basiert das Dokument auf einem präzise angelegten Hilfslinien- oder Dokumentraster, lassen sich Layoutveränderungen durch einfaches Verändern der jeweiligen Text- und Bildrahmen vornehmen. Im Beispiel wurde aus dem einspaltigen Bild auf Seite 9 oben ein zweispaltiges Bild ❸.

Alternativmethode 1: Rahmen satzspiegelweise

Grundsätzlich können anstatt spaltenbasierender Textrahmen auch spatzspiegelbasierende Textrahmen zur Anwendung kommen. Wird beim Neuanlegen des Dokuments die Option *Mustertextrahmen* angeklickt, verwendet InDesign beim Anlegen der Rahmen (Seite 59, Schritt 9) nicht die Spalten, sondern den kompletten Satzspiegel als Textrahmenbegrenzung. Die Unterteilung kann, falls nötig, über den Punkt *Objekt → Textrahmenoptionen* (⌘ + **B**) verändert werden. Ist die Spaltenanzahl zu reduzieren, bietet sich die Option *Feste Spaltenbreite* an. Vertikal können die Textrahmen durch Ziehen verändert werden (Seite 60, ab Schritt 11). Grundsätzlich funktioniert die Vorgehensweise über satzspiegelweise Textrahmen etwas kompakter. Das Verändern der Rahmen ist hier allerdings etwas unflexibler – weswegen verstärkt auf Konturenführungen für Bilder und Bildunterschriften zurückgegriffen werden muss (Beschreibung: ab Schritt 22).

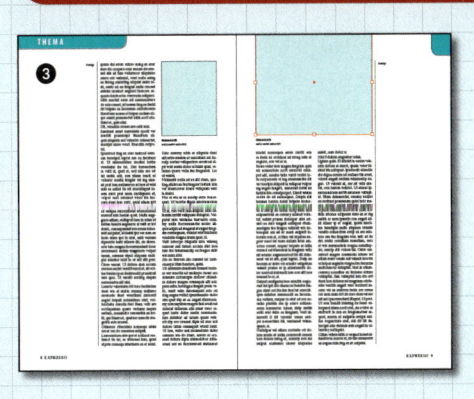

Layouts einrichten 61

links: Fertig layoutete
Magazinstory inklusive
Bildern und Textformatierung

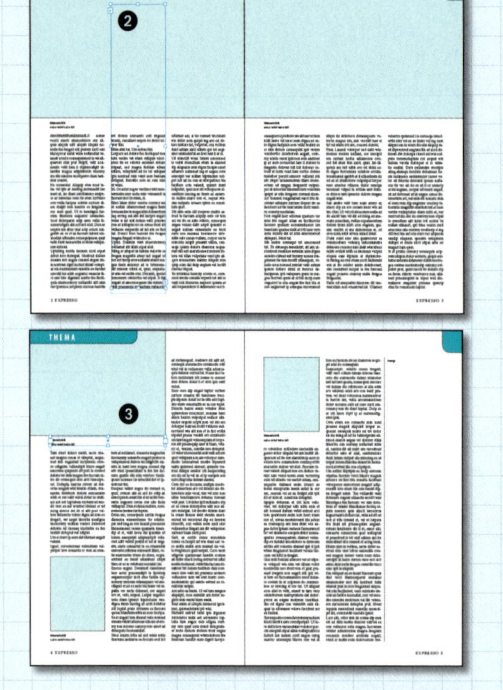

Vorgehensweise über Konturenführung

Anstelle der auf den Seiten 60 und 61 beschriebenen Methode, welche darauf basiert, dass die Textrahmen von Hand an die jeweiligen Muster angepasst werden, ist auch eine «automatischere» Vorgehensweise möglich. Hierbei werden die auf der unteren Ebene («Bildebene») angelegten Mustervorlagen-Elemente in Dokumentseiten-Elemente umgewandelt und mit Konturenführungs-Attributen versehen. Diese verdrängen den Text aus den Bild- und Bildunterschrift-Bereichen. Das Endergebnis ist dasselbe. Die Vorgehensweise differiert ab Schritt 13 auf Seite 60:

13. Ebene «Bildebene» anwählen. Mit gehaltener ⇧- und ⌘-Taste die Bildrahmen auf den Seiten 2 und 3 auswählen. In der *Konturenführung-Palette* den zweiten Button von links *(Konturenführung um Begrenzungsrahmen)* anklicken ❶. Die Werte in den vier Feldern für Abstand oben, unten, links und rechts können auf 0 mm belassen werden. Ergebnis: Der Text wird aus dem Bereich der beiden Bildrahmen verdrängt.

14. Objektstil anlegen. Um die Zuweisung der Konturenführung im Folgenden zu vereinfachen, wird ein entsprechender *Objektstil* angelegt. Verfahren: Rahmen mit bereits eingerichteter Konturenführung aktivieren und im Palettenmenü der *Objektstile-Palette* den Punkt *Neuer Objektstil* auswählen. Name vergeben und eventuell Shortcut. Die in Schritt 13 eingerichtete Konturenführung kann nun über die Zuweisung des neu eingerichteten Objektstils erfolgen.

15. Rahmen mit Bildunterschriften. Hier erfolgt dieselbe Vorgehensweise wie in Schritt 13 und 14 beschrieben. Einziger Unterschied ist der Textabstand nach unten bei der Konturenführung ❷. Im Beispiellayout beträgt er eine Grundlinienraster-Einheit – konkret: 10 Punkt. Die Freistellung der Rahmen für Bilder und Bildunterschriften lässt sich auf diese Weise für das ganze Layout vornehmen. Wie in der Abbildung zu sehen, bleibt die ursprüngliche Anordnung der Textrahmen bei dieser Vorgehensweise unberührt ❸.

Objektstile

Die ab InDesign CS 2 möglichen *Objektstile* (siehe Kapitel 7) beinhalten auch Eigenschaften zur Konturenführung. Textverdrängungs-Eigenschaften für einen Bildrahmen müssen so nicht separat in der *Konturenführungs-Palette* eingerichtet werden, sondern lassen sich durch Anklicken des *Objektstils* in der *Objektstile-Palette* zuweisen. Luxus in Vollendung sind dabei selbst angelegte Shortcuts für Objektstile.

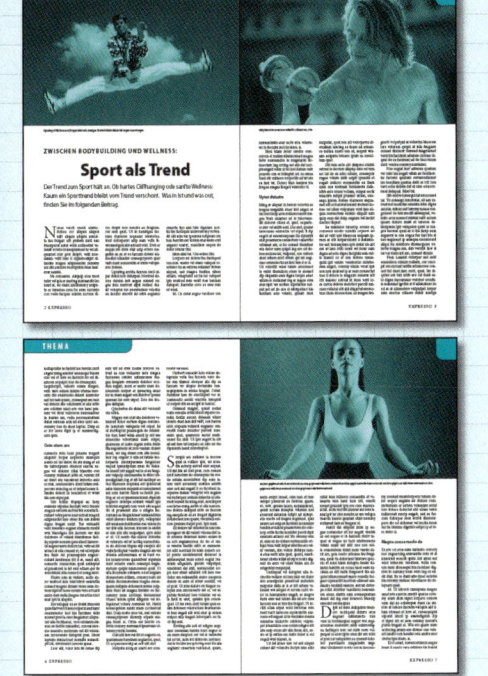

16. Wie im oben abgebildeten Gesamtlayout zu sehen, müssen einige Konturenführungen für Bildrahmen modifiziert werden. Im Layout unten angeordnete Bilder benötigen einen Textabstand von einer Zeile (10 Punkt) nach oben.

17. Bilder laden und Textformatierung vornehmen. Im Anschluss können die vorgesehenen Bilder über den Befehl *Datei → Platzieren* in den jeweiligen Bildrahmen platziert werden. Alternativ lassen sich die Bilder auch im Dateibrowser *Bridge* markieren und von dort direkt in den jeweiligen Bildrahmen ziehen. Nicht näher eingegangen wird an dieser Stelle auf die in den drei folgenden Kapiteln behandelte Textformatierung. In der Anleitung nicht berücksichtigt wurde auch der Block für die Headline- und Intro-Gestaltung auf Seite 2. Hier kann ein zusätzlicher Textrahmen zum Zug kommen. Er lässt sich sowohl manuell freistellen als auch über eine entsprechende Definition für die *Konturenführung*.

18. Layout verändern. Durch manuelles Ziehen an den Rahmenkanten lassen sich auch hier Detailveränderungen recht zügig vornehmen. Vorteil: Aufgrund der zugewiesenen Konturenführung müssen die Textrahmen nicht separat verändert werden.

17. Anordnung: Sollen die Bildelemente die Info-Elemente der Mustervorlagen überlagern, muss die Ebene «Bildebene» in der *Ebenen-Palette* nach oben gestellt werden.

Alternativmethode 2: Manuelle Textverkettung

Wer sich mit all den im Praxisbeispiel vorgestellten Methoden nicht anfreunden kann oder möchte, für den besteht alternativ die Möglichkeit, ein komplett «cleanes» Dokument anzulegen und Textrahmen und Textverkettung von Hand anzulegen. Die Textrahmen können bereits passend auf den jeweiligen Mustervorlagen-Seiten positioniert werden. Im Anschluss wird im Dokumentbereich der *Seiten-Palette* die beabsichtigte Musterseiten-Folge angelegt. Die Textrahmen der Mustervorlagen lassen sich durch Anklicken mit gehaltener ⇧- und ⌘-Taste in normale Dokument-Textrahmen umwandeln. Die Textverkettung geschieht durch Anklicken des Textauslauf-Kästchens und anschließendes Anklicken des Folgerahmens. Wie man sieht: In InDesign führen unterschiedliche Layouttechniken zum fertigen Ergebnis.

Layouts einrichten 63

○ ○ ○
◆ Zeichen

Adobe Garamond Pro

Regular

T 9 Pt   ÌA 11 Pt
AV Metrisch   AV 0
IT 100%   T   100%
Aª 0 Pt   T   0°

Sprache: Deutsch: Neue Rechtschr.

TYPOGRAFIE & FORMATIERUNG:

Jede Menge Feinmechanik

Text ist in Layoutprogrammen das wichtigste Gestaltungselement. Für das Erstellen einer anspruchsvollen, professionellen Ansprüchen genügenden Lesetypografie lassen sich nicht nur Schrift, Schriftgröße und Zeilenabstand einstellen, sondern eine Vielzahl weiterer Parameter. InDesigns Feinmechanik für die Textgestaltung beschreibt das folgende Kapitel.

Viele Wege führen nach Rom: Die Textformatierung

Die typografischen Funktionen gelten nicht zu Unrecht als eines der Aushängeschilder von InDesign. *OpenType*-Unterstützung (siehe Kapitel 4), *Absatzsetzer-Modus* und *optischer Randausgleich* – mit diesen High-End-Funktionen steht InDesign aktuell allein auf weiter Flur. Bereits für das normale Formatieren von Text hat das Programm jedoch ein vielseitiges Instrumentarium in petto.

Zeichen- und Absatz-Palette. Das Standardduo für die Textformatierung stellt umfangreiche Eingabemöglichkeiten für die unterschiedlichsten Formatierungsattribute zur Verfügung: Schrift, Schriftschnitt, Schriftgröße, Unterschneidung & Spationierung, Kerning, Schriftskalierung, Zeilenabstand, Ausrichtungsmethode, Absatzabstän-

Typografie ist Feinwerk. Durchgeführt wird sie auf dem allerneuesten Stand der Computertechnik. Ihre Zeichen und Formen basieren auf einem Regelwerk, das teilweise bis hin zu Gutenbergs Zeiten zurückreicht.

de, Einzüge, Initialen und so weiter. Attribute, die weniger häufig verwandt werden, finden sich in den jeweiligen *Palettenmenüs*.

Die Steuerung-Palette. Im Texteingabemodus stellt sie auf komprimiertem Raum alle wesentlichen Formatierungsattribute zur Verfügung. Popup-Listen im rechten Bereich erlauben zusätzlich den Zugriff auf vom Anwender angelegte Formatvorlagen.

Das Menü Schrift. Zusätzlich zu den Formatierungsattributen in den aufgeführten Paletten ermöglicht das Menü *Schrift* den Zugriff auf einige weitere Optionen. Nur über das Schriftmenü (bzw. den entsprechenden Tastenbefehl) ansteuerbar sind Befehle zur generellen Groß- und Kleinschreibung von Textpassagen sowie die Eingabe diverser *Sonderzeichen, Leerräume* und *Umbruchzeichen* – unter anderem bedingte Trennstriche, unterschiedliche Leerräume sowie Spalten-, Rahmen- und Seitensprünge.

Die Pipette. Mit der *Pipette* lassen sich Formatierungsattribute von einer Quell-Textstelle auf eine Ziel-Textstelle übertra-

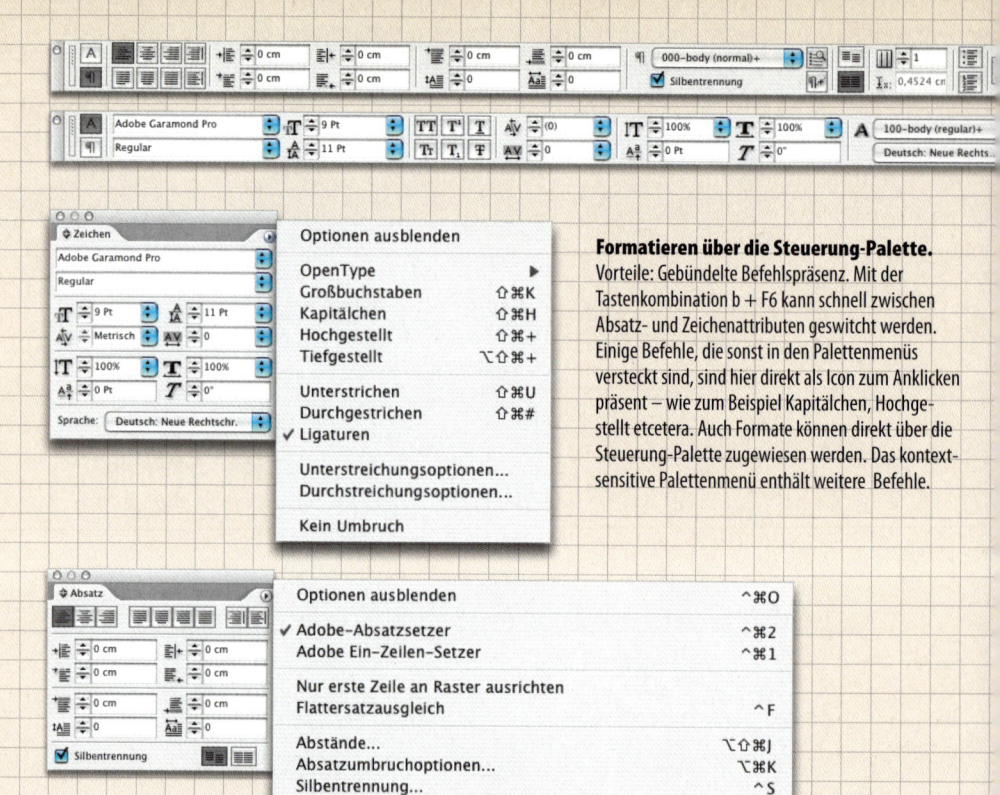

Formatieren über die Steuerung-Palette.
Vorteile: Gebündelte Befehlspräsenz. Mit der Tastenkombination b + F6 kann schnell zwischen Absatz- und Zeichenattributen gewitcht werden. Einige Befehle, die sonst in den Palettenmenüs versteckt sind, sind hier direkt als Icon zum Anklicken präsent – wie zum Beispiel Kapitälchen, Hochgestellt etcetera. Auch Formate können direkt über die Steuerung-Palette zugewiesen werden. Das kontextsensitive Palettenmenü enthält weitere Befehle.

Formatieren über die Zeichen- und Absatz-Palette.
Klassiker – für alle, die es genau mögen. Vorteil: Paletten lassen sich nach Bedarf auf dem Arbeitsinterface positionieren.

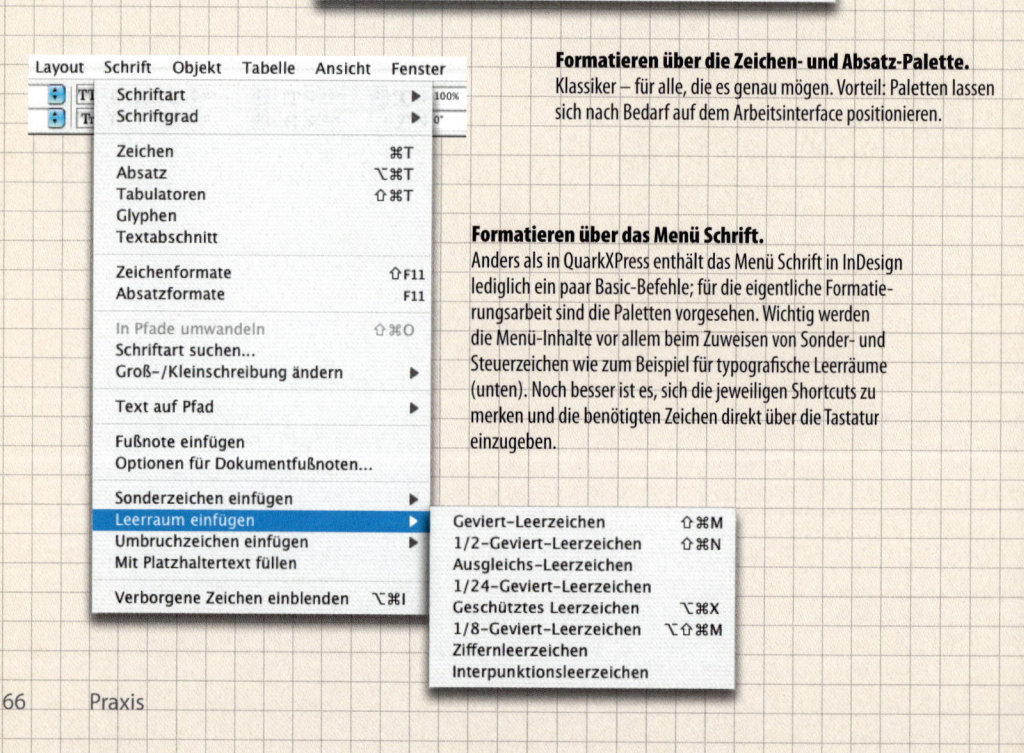

Formatieren über das Menü Schrift.
Anders als in QuarkXPress enthält das Menü Schrift in InDesign lediglich ein paar Basic-Befehle; für die eigentliche Formatierungsarbeit sind die Paletten vorgesehen. Wichtig werden die Menü-Inhalte vor allem beim Zuweisen von Sonder- und Steuerzeichen wie zum Beispiel für typografische Leerräume (unten). Noch besser ist es, sich die jeweiligen Shortcuts zu merken und die benötigten Zeichen direkt über die Tastatur einzugeben.

In diesem Textabschnitt wurde mit der **Adobe Garamond** formatiert.

Die Formatierung von «Adobe Garamond» soll auch in diesem Textabschnitt übernommen werden.

In diesem Textabschnitt wurde mit der **Adobe Garamond** formatiert.

Die Formatierung von «Adobe Garamond» soll auch in diesem Textabschnitt übernommen werden.

gen. Vorgehensweise: Quell-Formatierung an gewünschter Textstelle aufnehmen; anschließend mit Pipette Ziel-Textstelle markieren. Die aufgenommenen Formatierungsattribute werden stante pede übertragen.

Eingabe-Shortcuts. Mit den folgenden Tastenkombinationen können Sie Formatierungsattribute von markiertem Text interaktiv verändern – ohne weiteren Zugriff auf eine Palette:

Schriftgröße erhöhen	⇧ ⌘ .
Schriftgröße verkleinern	⇧ ⌘ ,
Zeilenabstand erhöhen	⌥ ↑
Zeilenabstand verringern	⌥ ↓
Grundlinienversatz nach oben	⌥ ⇧ ↑
Grundlinienversatz nach unten	⌥ ⇧ ↓
Laufweite/Kerning erhöhen	⌥ →
Laufweite/Kerning verringern	⌥ ←

Die Werte, mit denen erhöht oder verringert wird, richten sich nach den eingestellten Vorgaben unter *Voreinstellungen → Einheiten*. Konkret heißt dies: Sind Ihnen Ein-Punkt-Intervallschritte beim Verändern der Schriftgröße zu grobmaschig, stellen Sie die Voreinstellungen entsprechend um – etwa auf 0,1 Punkt. Die «Grobnavigation» verbauen Sie sich durch diese Maßnahme nicht: Um auch größere Parameterveränderungen

Formatieren mit Pipette.
Vorgehensweise: Quell-Attribut mit Pipette aufnehmen und im Anschluss Ziel-Text markieren. Mit gehaltener o-Taste werden auch Zeichenformate übertragen. Die Arbeitsweise spart vor allem mühseliges Neu-Formatieren und eignet sich auch zum Übertragen kompletter Formate (siehe auch Kapitel 5).

flüssig vorzunehmen, ermöglicht InDesign das Erhöhen der aufgeführten Attribute auch in fünffach höheren Intervallen – bei *Schriftgröße* und *Laufweite bzw. Kerning* mit zusätzlich gehaltener ⌥-Taste, bei *Zeilenabstand* und *Grundlinienversatz* mittels der ⌘-Taste. Wird die Intervall-Voreinstellung nunmehr auf «Feintuning» umgestellt,

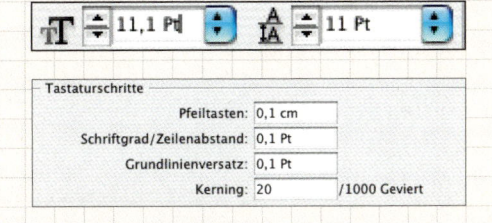

Formatieren per Tastatur.
Typografisches Feintuning in Zehntel-Punkt-Schritten? Wie grob oder fein Schriftgröße & Co. per Tastatur erhöht oder verringert werden, lässt sich über *Voreinstellungen → Einheiten* festlegen. Für die Pfeiltasten-Navigation in den Paletten-Eingabefeldern gilt diese Festlegung allerdings nicht.

Jede Menge Feinmechanik

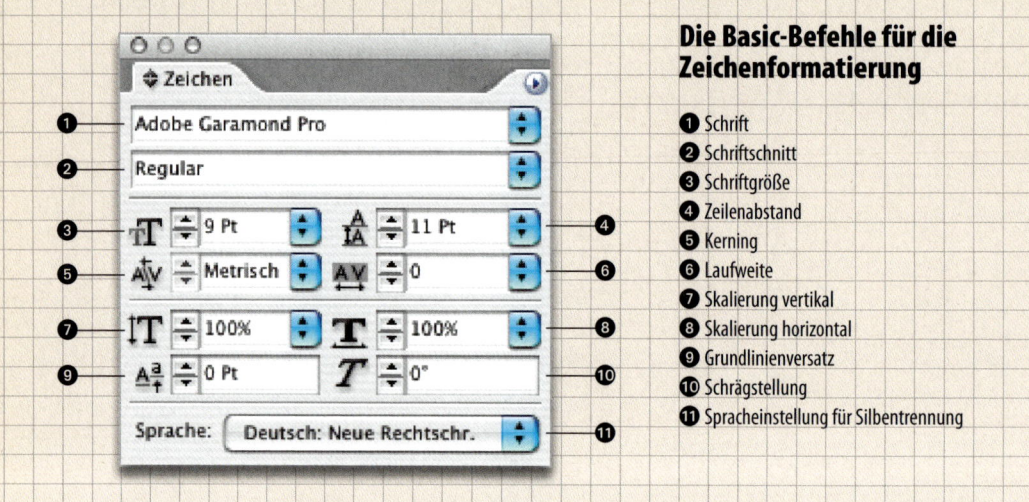

Die Basic-Befehle für die Zeichenformatierung

❶ Schrift
❷ Schriftschnitt
❸ Schriftgröße
❹ Zeilenabstand
❺ Kerning
❻ Laufweite
❼ Skalierung vertikal
❽ Skalierung horizontal
❾ Grundlinienversatz
❿ Schrägstellung
⓫ Spracheinstellung für Silbentrennung

lässt sich die Schriftgröße shortcutgesteuert immer noch um das Fünffache – einen halben Punkt pro Anschlag – erhöhen.

Übrigens: Wie andere Shortcuts sind auch die Shortcuts zum interaktiven Erhöhen oder Verringern der Typoparameter bei Bedarf veränderbar. Unter *Bearbeiten → Tastaturbefehle* aufgelistet sind sie in der Produktbereichsgruppe *Ansichten, Navigation*. Die komplette Shortcut-Liste, welche übrigens auch weitere Befehle für die tastengesteuerte Formatierung enthält, findet sich in Kapitel 11 ab Seite 178.

Zeichenattribute

Wie die allermeisten Medienproduktionsprogramme unterscheidet auch InDesign strikt zwischen Zeichen- und Absatzattributen. Der Unterschied: Zeichenattribute gelten lediglich für die Zeichen, denen sie zugewiesen werden. Maßgeblich für die Umsetzung der Formatzuweisung ist der markierte Textbereich. Absatzattribute hingegen gelten stets für den kompletten Absatz. Bei der Zuweisung von Absatzattributen genügen deshalb ungefähre Textmarkierungen, bei einzelnen Absätzen reicht die entsprechend platzierte Textmarke aus.

Die Basics. Über das Schriftmenü sowie die *Zeichen-* oder *Steuerung-Palette* können Sie folgende Zeichenattribute zuweisen:

Schrift. Zur Verfügung stehen hier die aktuell geladenen Schriften. Darüber hinaus bietet das Schriftfeld auch Informationen zu solchen Schriften, die geladen sein sollten, es jedoch – aus welchem Grund auch immer – nicht sind. InDesign ist, was die Festlegung von Schriftattributen anbelangt, superpenibel. Nicht vorhandene Schriften und Schriftschnitte (siehe auch nächster Absatz) werden informationshalber stets in eckigen Klammern angezeigt. Im Menü Schrift unter Schriftart sind aktuell nicht vorhandene Fonts zusätzlich unter dem Eintrag Fehlende Schriften aufgelistet.

Was tun? In der Praxis weisen diese Warnanzeigen manchmal auf Schriften hin, die schlicht und einfach fehlen. In diesem Fall muss die fehlende Schrift gesucht und geladen werden. Oft jedoch weisen

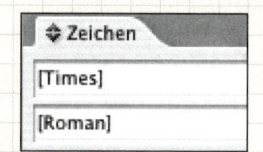

Hier fehlt ganz offensichtlich eine Schrift.

diese Warnmeldungen auf übersehene Restbestände alter Formatierungen hin – typischerweise auch dann, wenn es sich lediglich um ein fehlformatiertes Zeichen auf einer Mustervorlage handelt. In diesem Fall muss die falsche Schriftzuweisung durch eine richtige ersetzt werden. Beheben lässt sich das Problem, wie in der Seitenspalte dargestellt, auf drei unterschiedliche Arten: entweder ganz am Schluss via *Preflight*-Funktion (Menü: *Datei*: Shortcut: ⌘⌥⇧ + **F**), über *Suchen/Ersetzen* (⌘+ **F**) unter *Bearbeiten* oder über *Schriftart suchen* im Menü *Schrift*.

Schriftschnitt. Die einzelnen Schnitte einer Schrift, wie zum Beispiel *Regular*, *Italic*, *Bold* oder *Black*, erscheinen immer hier. Die beiden Standardauszeichnungen fett und kursiv lassen sich alternativ auch per Tastenkürzel zuweisen (⌘⇧ + **I** und ⌘⇧ + **B**). Zugewiesen werden entsprechende Kursiv-, Fett- oder Fettkursiv-Schnitte. Sind entsprechende Schnitte in der aktuellen Schrift nicht vorhanden, bleibt die Zuweisung allerdings folgenlos.

Eine neue Schrift zuweisen, aber alte Schriftschnitt-Zuweisungen wie *Bold*, *Italic* etcetera erhalten? Möglich ist dies, wenn sie im Schrift-Menü die neue Schrift anwählen, dann jedoch nicht auf einen Schriftschnitt gehen, sondern zweimal in Folge auf den

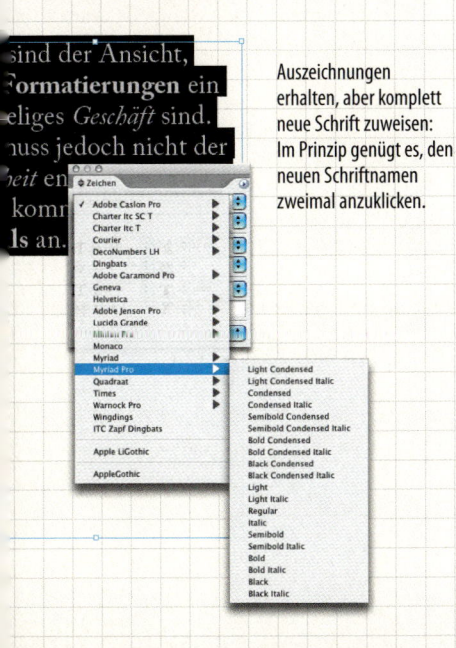

Auszeichnungen erhalten, aber komplett neue Schrift zuweisen: Im Prinzip genügt es, den neuen Schriftnamen zweimal anzuklicken.

Fehlende Schriften ersetzen

In Sachen Schriften und Schriftschnitte ist InDesign sehr genau. Fehlende Fonts werden auf drei Arten angezeigt:

1. Fontname oder Schnitt in eckigen Klammern
2. Fontname wird im Menü Schrift → Schriftart unter Fehlend aufgelistet
3. Die entsprechende Textpassage erscheint markiert.

Die richtige Schrift oder eine Substitutionsschrift können Sie mit folgenden beiden Methoden zuweisen:

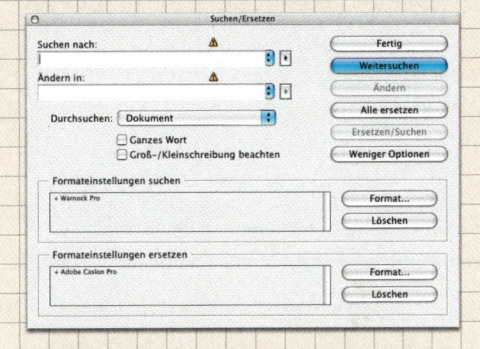

Via **Bearbeiten** → **Suchen/Ersetzen**. Vorgehensweise:
1. Auf *Format* unter *Formateinstellungen suchen* klicken
2. Bei Zeichen-Attributen fehlende Schrift festlegen
3. Auf *Format* unter *Formateinstellungen ersetzen* klicken
4. Bei Zeichen-Attributen gewünschte Ersatzschrift festlegen
5. mit *Alle ersetzen* bestätigen

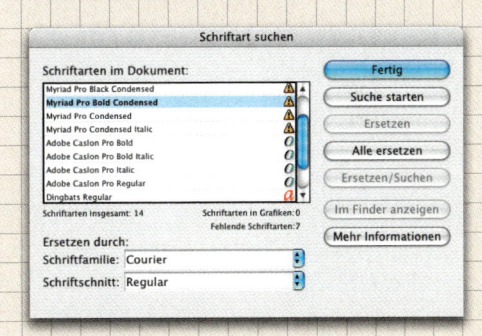

Via **Schrift** → **Schriftart suchen**. Vorgehensweise:
1. Fehlende Schrift auswählen (siehe oben)
2. Unter *Ersetzen durch* Ersatzschrift festlegen
3. Mit *Alle ersetzen* bestätigen

Derselbe Dialog erscheint übrigens auch im Reiter *Schriftarten* bei der Funktion *Preflight* – wenn Sie dort die Funktion *Schriftart suchen* starten.

Jede Menge Feinmechanik

Ich bin ein Zeilenabstand. Manchmal ist mir unklar, an was ich mich ausrichten soll:
an **Worten** wie diesem hier oder am Absatz?

Absatz: 11˙; «Worten»: 17˙

Ich bin ein Zeilenabstand. Manchmal ist mir unklar, an was ich mich ausrichten soll:
an **Worten** wie diesem hier oder am Absatz?

fest Zeile
Abstand
Zeilenabstand

fester Zeilenabstand

Zeilenabstände lassen sich in InDesign sowohl zeilen- als auch absatzweise definieren (links oben und unten). Die erste Methode (*Voreinstellung* «Zeilenabstand auf ganze Absätze anwenden» unter *Eingabe:* aus) erlaubt das Festlegen zusätzlicher Zeilenabstände für einzelne Worte. Das Wechseln von einer Methode zur anderen in einem Dokument ist möglich. Der Zeilenabstand wird übrigens generell in Bezug auf die Zeile darüber definiert – weswegen der größere Zeilenabstand in der letzten Zeile im Beispiel links oben nicht ganz einsichtig ist. Aus der Welt schaffen lässt sich das Problem jedoch mit einem einfachen harten Zeilenumbruch (Tasten: ⇧↵).

Schriftnamen klicken. In diesem Fall bemüht sich InDesign, die Schnitt-Zuweisungen der alten Schrift auf die neu angewählte Schrift zu übertragen. Voraussetzung ist allerdings eine identische Benennung wie zum Beispiel *Italic*, *Bold* und so weiter. Ist dies nicht der Fall, formatiert InDesign zwar um, kennzeichnet den fehlenden Schnitt jedoch durch eine eckige Klammer. In diesem Fall bleibt nichts anderes übrig, als den nicht vorhandenen elektronischen Schnitt über *Suchen/Ersetzen* durch den real existierenden zu ersetzen.

Schriftgröße. Feld zum Verringern oder Erhöhen der Schriftgröße. Eingegeben werden können nicht nur Punktgrößen; verwenden Sie die korrekten Abkürzungen, akzeptiert das Programm auch «mm» oder «cm». Die Wahlfreiheit bei der Festlegung von Einheiten gilt übrigens für die meisten Eingabefelder im Programm; leider jedoch werden Millimetereingaben bei der *Schriftgröße* immer noch in Punkt umgerechnet. Dafür lassen sich Werte bis auf drei Stellen hinter dem Komma eingeben. Wie die meisten anderen Eingabefelder kann auch das Schriftgrößen-Feld als Taschenrechner zweckentfremdet werden; mit der Eingabe von «/» «*», «+» und «-» plus Parameter werden Werte geteilt, multipliziert, addiert oder subtrahiert.

Zeilenabstand. Anders als QuarkXPress betrachtet InDesign den Zeilenabstand nicht als Absatz-, sondern als Zeichenattribut. Dies hat den Vorteil, dass sich in einem Absatz unterschiedliche Zeilenabstände vergeben lassen – zum Beispiel dann, wenn ein einzelnes Wort oder eine Textpassage in einer größeren Schrift gesetzt ist. Irritieren kann die InDesign-eigene Zeilenabstandsmethode allerdings dann, wenn nicht ein fester, sondern ein relativer Zeilenabstand zugewiesen ist – wie es beim automatischen Zeilenabstand der Fall ist. Die Eingabe von «Autom.» oder das Auswählen des entspre-

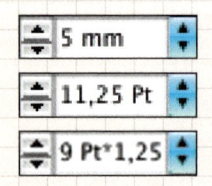

Die Schriftgröße lässt sich in Millimetern eingeben (oben), bis auf drei Stellen genau hinter dem Komma (Mitte) oder als Rechenaufgabe (unten).

automatischer Zeilenabstand

Zeile
100 %

Abstand
120 %

Zeilenabstand
automatischer Zeilenabstand

automatischer Zeilenabstand

Zeile
90 %

Abstand
Zeilenabstand
automatischer Zeilenabstand

chenden Punktes über das Ausklappmenü rechts neben dem Eingabefeld macht den Zeilenabstand in diesem Fall abhängig vom jeweils größten Wort in der Zeile.

Insgesamt erweisen sich zeichenbezogene Zeilenabstände für bestimmte Satzkonstellationen als ganz praktisch. Andererseits lässt sich einräumen, dass die rigidere Absatzformatmethode in der Handhabung leichter zu kontrollieren ist. Geschmacksoder Gewohnheitssache also. Wer jedenfalls möchte, dass Zeilenabstände so funktionieren wie in QuarkXPress, kann das entsprechend einstellen. Erforderlich ist hierzu lediglich das Verändern der im Feld *Eingabe* gelegenen Voreinstellung *Zeilenabstand auf ganze Absätze anwenden*. Ist sie eingeschaltet, funktionieren auch in InDesign Zeilenabstände wie Absatzattribute.

Last but not least: Anders eingestellt als in XPress wird auch der Prozentwert für den automatischen Zeilenabstand. Zu finden ist er unter *Abstände* im Palettenmenü der *Absatz-Palette*. Anders als in XPress wird er in *Zeichen-* und *Steuerung-Palette* nicht mit einem lapidaren «auto» angezeigt, sondern dem in Klammern gesetzten konkreten Wert.

Automatische Zeilenabstände (andere Bezeichnungen: *relative* oder *inkrementelle Z.*) werden ebenso wie feste von unten nach oben berechnet. Der bei der Berechnung zum Zuge kommende Prozentwert bezieht sich auf die aktuelle Schriftgröße. Der Standardwert 120 % lässt sich nicht nur dokumentweit verändern, sondern kann über den Befehl *Abstände* im Palettenmenü der *Absatz-Palette* für jeden Absatz einzeln definiert werden.

Da 120 % (Beispiel links) oft zu viel sind, empfiehlt sich eine Reduktion des Prozentwertes (Beispiel rechts: 90 %) in vielen Fällen. In Zeichen- und Steuerung-Palette werden die Werte direkt in Punkt umgerechnet und – zur Kennzeichnung des Auto-Status – in Klammern angezeigt. Feste und automatische Zeilenabstände lassen sich durchaus miteinander kombinieren – vorausgesetzt, der zeichenbezogene Zeilenabstandmodus ist aktiv.

Insgesamt empfiehlt sich das Arbeiten mit automatischen Zeilenabständen vor allem da, wo der Zeilenabstand abhängig ist von häufig wechselnden Schriftgrößen. Ein gutes Beispiel ist das unten abgebildete, mit dem Auto-Zeilenabstandswert 100 % gesetzte Schriftmuster.

Minion. Dies ist ein Mustertext in der Minion. Seine Größe beträgt 10 Punkt. ■ **Minion**. Dies ist ein Mustertext in der Minion. Seine Größe beträgt 12 Punkt. ■ **Minion**. Dies ist ein Mustertext in der Minion. Seine Größe beträgt 15 Punkt.

Ker|ning
Laufweite

Kerning bezieht sich stets auf den Abstand zwischen zwei Zeichen. Bei der Eingabe von Kerning-Werten muss das Cursor-Symbol zwischen den entsprechenden Zeichen stehen. Bei der Erhöhung oder Verringerung der **Laufweite** hingegen wird die zu verändernde Textpassage markiert; die Veränderung betrifft die komplette Textpassage.

0 — Metrisches Kerning oder optisches Kerning? Diese Frage ist oftmals Ermessenssache. Bei diesem Text wurde das Kerning ausgeschaltet.

Metrisch — Metrisches Kerning oder optisches Kerning? Diese Frage ist oftmals Ermessenssache. Dieser Beispieltext wurde metrisch gekernt.

Optisch — Metrisches Kerning oder optisches Kerning? Diese Frage ist oftmals Ermessenssache. Dieser Beispieltext wurde optisch gekernt.

Kerning. Die Standardeinstellung *Metrisch* reicht für die meisten Schriften vollends aus. Die Einstellung *Optisch* führt bei manchen Schriften zwar zu einem verbesserten Einzelzeichenausgleich, ist allerdings etwas rechenaufwendiger. Darüber hinaus ermöglicht das Kerning-Eingabefeld das manuelle Ausgleichen einzelner Zeichenpaare. Sinnvoll ist diese Verbesserungsmaßnahme vor allem bei großen Headlines. Vorgehensweise: Cursor zwischen die beiden Zeichen positionieren und Werte erhöhen oder verringern. Darüber hinaus informiert das Kerning-Eingabefeld auch über schrifteigene Kerningkorrekturen: Die entsprechenden Werte bei der Unterschneidung kritischer Zeichenpaare (zum Beispiel: W und i) werden in Klammern aufgeführt.

-10 — Bei diesem Text ist die Laufweite verringert. Verringerte Laufweite-Werte verwendet man in der Regel bei Headlines.

0 — Bei diesem Text ist die Laufweite normal. Normale Laufweite-Werte sind bei Grundschrift-Größen in der Regel die richtige Einstellung.

10 — Bei diesem Text ist die Laufweite erhöht. Erhöhte Werte sind vor allem bei Negativ-Text und sehr kleinen Schriftgrößen angebracht.

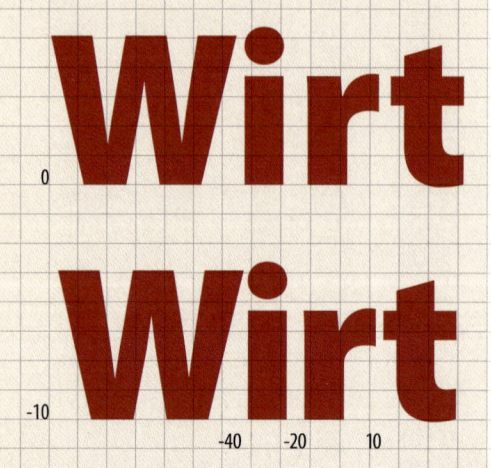

Laufweite. Anders als bei den Zeichenpaar-Korrekturen im Kerning-Eingabefeld lässt sich hier die Laufweite einer Schrift insgesamt verändern. Prinzipiell gilt die Faustregel: Displaygrößen sollten in der Laufweite leicht verringert, Schriftgrößen unterhalb von 8 Punkt leicht erhöht werden. Ebenso wie bei Kerning beziehen sich die Werte auf die InDesign-eigene Geviert-Unterteilung. Da diese mit 2000 wesentlich genauer ist als diejenige in XPress, erfordern sichtbare Veränderungen auch entsprechend höhere Werte.

0 — **Wirt**

-10 — **Wirt**

-40   -20   10

An zwei Faktoren lassen sich elektronisch generierte Kapitälchen leicht erkennen: der über die x-Höhe herausragenden Zeichenhöhe und der durch die Skalierung reduzierten Strichdicke. Bei echten Kapitälchen sind beide Mankos designerisch ausgeglichen.

Vertikale und horizontale Skalierung. Vergrößern oder Verkleinern von Zeichenbreite und Zeichenhöhe. Aus typografischer Sicht sollte das elektronische Modifizieren der Zeichenbreite möglichst gemieden werden. Darüber hinaus jedoch bieten diese beiden Eingabefelder Ansatzpunkte für dezidiertes typografisches Feintuning. Beispiel eins sind unechte Kapitälchen. Vorteil: Während die Festlegungen unter *Voreinstellungen → Erweiterte Eingabe* nur einen einheitlichen Skalierungsfaktor vorsehen, der darüber hinaus für das gesamte Dokument gültig ist, ermöglichen die Einstellungen für die Zeichenskalierung unterschiedliche Kapitälchenhöhen ebenso wie ein gesondertes Skalieren von *Zeichenhöhe* und *Zeichenbreite*. Dasselbe gilt für Großbuchstaben-Abkürzungen, deren optische Präsenz sich durch eine leichte Verringerung der Schriftgröße ebenso reduzieren lässt wie durch entsprechende Eingaben für die Zeichenskalierung (Beispiele: Seite 74).

Über die aufgeführten Einsatzmöglichkeiten hinaus lassen sich die zwei Skalierungsboxen für eine etwas unorthodoxe Maßnahme zweckentfremden: das Anlegen relativer oder, wenn man so will, automatischer Schriftgrößen. Nehmen wir an, eine Publikation enthält unterschiedliche Größenvarianten derselben Grundschrift: eine größere für Intro-Texte, eine normal große

CAPS
KAPITÄLCHEN. Bei dieser Auszeichnungsart gibt es einiges zu beachten.

☹ Zeichen-Attribut Kapitälchen; unverändert

CAPS
KAPITÄLCHEN. Bei dieser Auszeichnungsart gibt es einiges zu beachten.

☺ Zeichen-Attribut Kapitälchen; Schriftschnitt: Semibold

CAPS
KAPITÄLCHEN. Bei dieser Auszeichnungsart gibt es einiges zu beachten.

☺ Horizontale und vertikale Skalierung: 77 und 85 Prozent

CAPS
KAPITÄLCHEN. Bei dieser Auszeichnungsart gibt es einiges zu beachten.

☺ echte Small-Caps-Zeichen aus Zusatzset oder OpenType-Font

Kapitälchen (Vol. 1)

Kapitälchen-Zeichen – Großbuchstaben mit der Höhe von Kleinbuchstaben – lassen sich in InDesign auf unterschiedliche Art erzeugen. Die beiden oberen Beispiele wurden über das gleichnamige Zeichenattribut im Palettenmenü der *Zeichen-Palette* formatiert. Nachteil ist hier der einheitliche Skalierungsfaktor, der sich auch nur dokumentweit regulieren lässt *(Voreinstellungen → Erweiterte Eingabe)*. In Beispiel zwei wurde die Strichdicke durch Verwendung eines *Semibold*-Schriftschnitts kompensiert. Die Kapitälchen in Beispiel drei wurden via *vertikale* und *horizontale Skalierung* erzeugt. Der geringere Wert für die *horizontale Skalierung* vermeidet allzu deutlich sichtbare Strichdicken-Unterschiede. Die Kapitälchen in Beispiel vier schließlich sind die einzig echten. Sie stammen aus einem *Small-Caps*-Spezialschriftschnitt.

Jede Menge Feinmechanik

10˙ keine Reduktion	Abkürzungen wie zum Beispiel RGB, CMYK, UNO oder USA wirken in vielen Texten dominant.	Abkürzungen wie zum Beispiel RGB, CMYK, UNO oder USA wirken in vielen Texten dominant.	10˙ 95% 98%	
10˙ 9,6˙	Abkürzungen wie zum Beispiel RGB, CMYK, UNO oder USA wirken in vielen Texten dominant.	Abkürzungen wie zum Beispiel RGB, CMYK, UNO oder USA wirken in vielen Texten dominant.	8˙ 95% 98%	

Relative Schriftgröße

Relative Schriftgrößen über die beiden Eingabefelder Vertikale Skalierung und Horizontale Skalierung sind in folgenden Situationen von Vorteil:

1. Bei leicht verkleinerter Darstellung von Abkürzungswörtern wie CDU, SPD und so weiter, wie es den Regeln der typographical Correctness entspricht (Beispiele oben). Derselbe Effekt lässt sich zwar auch über die *Schriftgröße* direkt einstellen. Geben Sie jedoch Prozentwerte bei *Vertikale* und *Horizontale Skalierung* ein, haben Sie a) eine genauere Kontrolle, b) wächst das verkleinerte Zeichen beim Erhöhen oder Reduzieren der Hauptschriftgröße mit.

2. Für das Festlegen flexibler Textproportionen. Im Beispiel unten basieren die Schriftgrößen von Unterüberschrift und Grundtext auf Verkleinerungsfaktoren (50 % und 33 %) der Headline-Größe (24 Punkt). Der hier zusätzlich einzustellende Wert für den *Automatischen Zeilenabstand* orientiert sich an der kleinsten Größe, der Grundschrift und beträgt bei allen drei Texteinheiten 33 %. Sämtliche Komponenten können nun über das Erhöhen oder Verringern der Schriftgröße skaliert werden – wie im Beispiel unten, bei dem die *Schriftgröße* auf 36 Punkt angehoben wurde.

für die eigentliche Bodytype und schließlich noch eine kleine für Bildunterschriften und Fotonachweise. Nehmen wir weiter an, aufgrund einer Veränderung des Dokumentformats sollten all diese Textkomponenten vergrößert werden. Die Grundschrift wächst von 10 auf 12 Punkt; die anderen Texteinheiten sollen entsprechend ebenso vergrößert werden. Helfen kann man sich aus dieser Malaise durch eine etwas unorthodoxe Definition der Schriftgrößen: Wurden große und kleine Grundschriftvariante nämlich nicht als eigenständige Schriftgrößen definiert, sondern als skalierte Varianten der normal großen, wachsen sie beim Erhöhen oder Verringern der Master-Schriftgröße automatisch mit. Das Verfahren im Detail beschreibt der Kasten in der linken Spalte.

Grundlinienversatz. Diese Einstellung ermöglicht es, markierten Text nach oben oder unten zu rücken. Eine sehr nützliche Einstellung – vor allem in Kombination mit dem *Grundlinienraster*.

24˙ **Headline**
Alles ist relativ

Bei diesem Beispieltext ist die Schriftgröße relativ definiert.

36˙ **Headline**
Alles ist relativ

Bei diesem Beispieltext ist die Schriftgröße relativ definiert.

Die Ausnahme von der Regel: Grundlinienversatz

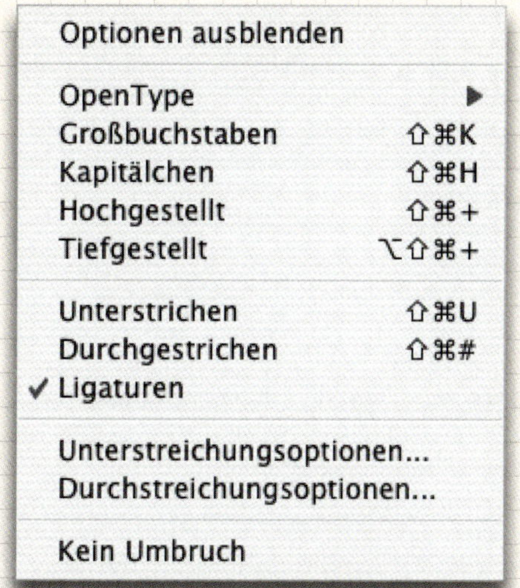

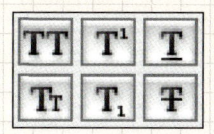

Das Palettenmenü der *Zeichen-Palette* enthält vor allem einige typografische Specials. Profi-User weisen diese Befehle per Tastaturgriff oder Button-Klick auf das entsprechende Icon der *Steuerung-Palette* (oben) zu.

Großbuchstaben, Kapitälchen, Hochgestellt und Tiefgestellt. Am einfachsten zuweisen lassen sich diese Attribute über die entsprechenden Buttons in der Steuerung-Palette. Anders als der Befehl *GROSSBUCHSTABEN* unter *Schrift → Groß-/Kleinschreibung* ändern tauscht das Anklicken des *Großbuchstaben*-Icons nicht real die Zeichen aus, sondern weist die Großschreibung lediglich als Attribut zu. *Kapitälchen* generiert – sofern die aktuelle Schrift kein OpenType-Font mit integriertem Kapitälchen-Zeichenset ist – so genannte unechte Kapitälchen. Als Ersatz für nicht vorhandene Schriftschnitte mit echten Kapitälchen sind elektronisch generierte zwar stets die schlechtere Wahl. Sie lassen sich jedoch, wie auf Seite 73 beschrieben, durchaus optimieren. *Hochgestellt* und *Tiefgestellt* schließlich sind Standard-Auszeichnungsmethoden für Fußnoten, Quellenangaben, Indexziffern, Bruchzahlen und so weiter.

Größe und Grundlinienversatz von Kapitälchen sowie hoch- und tiefgestellten Zeichen lassen sich über die *Voreinstellungen* unter *Erweiterte Eingabe* feineinstellen. Am bequemsten erreichen Sie diese Formatierungsoptionen durch Doppelklick auf das jeweilige Icon in der *Steuerung-Palette* mit gehaltener ⌘-Taste. Insgesamt mehr Kontrolle bei der genauen Positionierung von Indexziffern, Potenzzahlen, Zählern, Nennern, Fußnoten etcetera ermöglicht allerdings das Arbeiten mit dem Zeichenattribut *Grundlinienversatz* (siehe nebenstehendes Beispiel).

Verzerren. Elektronische Schiefstellung. Eingabe erfolgt in Winkelwerten. Aus typografischer Sicht eine weitere «Verboten»-Eingabebox.

Sprache. Sprachzuweisung für die Silbentrennung.

Zeichenattribute: der Rest. Die Formatierungsbefehle im Palettenmenü kommen eher gelegentlich zum Zuge. Trotzdem sind sie in manchen Situationen nützlich:

OpenType. Die OpenType-Formatierungsbefehle. Mehr dazu im folgenden Kapitel.

Feinpositionierung über Grundlinienversatz

Jede Menge Feinmechanik

Linie

Linie

Linie

Linie

|Linie|

»Passen Sie auf«, wandte sich der Mann aus Chioggia an die junge Frau. »Sie treten da in ein Loch«. Die Frau erschrak. Achtung, dies ist nur ein Muster! Die Einbuchtung war mindestens neun Meter tief (Abbildung 9).

Marker- und Bullet-Effekte

Mit einigen Veränderungen in den *Unterstreichungsoptionen* lassen sich aus langweiligen Unterstreichungen peppige Markierungen erstellen. Vorgehensweise:

1. Gewünschte Textpassage markieren und über Anklicken des Buttons *Unterstrichen* in der *Steuerung-Palette* Unterstreichen als Stilattribut zuweisen.

2. Mit gehaltener ⌥-Taste auf Button *Unterstrichen* doppelklicken. In den nun auftauchenden *Unterstreichungsoptionen* bei eingeschalteter Vorschau folgende Optionen verändern:

Farbe. Im Beispiel wurde ein volles Gelb eingestellt.

Stärke. Die stark erhöhte Linienstärke orientiert sich optisch an der Schriftgröße.

Offset. Linienmittelpunkt ist stets die Grundlinie der Schrift; die Linie wächst vom Linienmittelpunkt aus in beide Richtungen. Bei *Unterstrichen* versetzen positive Offset-Werte den Linienmittelpunkt nach unten (!), negative nach oben. (Bei *Durchgestrichen*, dem zweiten Befehl, funktioniert der Offset genau andersherum. Der zweite Unterschied: *Unterstrichen* legt den Linieneffekt unter den Text, *Durchgestrichen* darüber.) Um den Markertext optisch mittig unter den Text zu legen, wurde ein negativer Offset-Wert von 2,5 Punkt gegeben. Dialog mit *OK* bestätigen.

3. Leerraum links und rechts neben der Markierung. Mit *Leerzeichen* möglich. Besser sind jedoch *Achtelgeviert-Leerzeichen* (⌘⌥⇧ + M).

Die Linieneffekte ein!

Die Linieneffekte ein!

Fazit: Durch Kombination der beiden Linientypen sowie Variieren der einzelnen Parameter lassen sich sehr ausgestaltete Hervorhebungen gestalten. Mehr zu den Konturoptionen erfahren Sie in Kapitel 6.

Wer die Kontrolle ganz auf die Spitze treiben möchte, verzichtet auch auf die beiden Attribute *Hochgestellt* und *Tiefgestellt* vollends und formatiert die Zeichengröße mit Prozentwert-Angaben unter *Vertikale* und *Horizontale Skalierung*. Arbeitserleichterung im strengen Sinn bietet diese Vorgehensweise zwar nicht; dafür ermöglicht sie jedoch eine genauere Zeichenformatierung.

Gemeinsam ist den in diesem Abschnitt aufgeführten Optionen, dass sie fast identisch auch unter dem Palettenmenü-Punkt *OpenType* vorkommen. Ästhetisch gesehen sind die entsprechenden OpenType-Optionen zwar meist vorzuziehen. Erforderlich ist hierfür jedoch der Einsatz von OpenType-Schriften, die diese Features auch unterstützen (siehe auch folgendes Kapitel).

Unterstrichen und Durchgestrichen. Mit diesen beiden Funktionen lassen sich nicht nur Wörter oder Textpassagen unterstreichen oder durchstreichen. Über die beiden darunter liegenden Punkte *Unterstreichungsoptionen* und *Durchstreichungsoptionen* können Sie Position, Dicke, Farbe und Stil der Linie exakt bestimmen. Auch in diesem Fall lassen sich die Optionseinstellungen schneller durch Doppelklicken mit gehaltener ⌥-Taste auf eins der beiden Icons in der *Steuerung-Palette* erreichen. Wie in der linken Spalte zu sehen, lassen sich über diese Funktion einige nette Gestaltungsgimmicks einrichten – beispielsweise markierter Text. Praktisch integrieren lassen sich diese Zeichenformateigenschaften auch in komplette Zeichenformate – wie ganz normale andere Zeichenattribute auch.

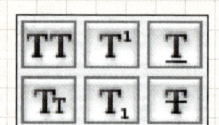

Die *Steuerung-Palette* bietet den schnellsten Zugriff auf die jeweiligen Optionen. Bei *Kapitälchen*, *Hochgestellt* und *Tiefgestellt* sind dies die *Voreinstellungen* unter *Erweiterte Eingabe*, bei *Unterstrichen* und *Durchgestrichen* die beiden Optionen-Features im Palettenmenü der *Zeichen-Palette*.

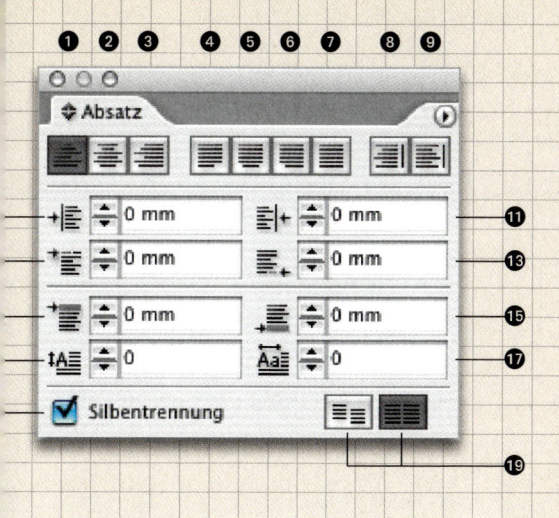

Die Basic-Befehle für die Absatzformatierung

1. Ausrichtung linksbündig
2. Ausrichtung zentriert
3. Ausrichtung rechtsbündig
4. Blocksatz; letzte Zeile linksbündig
5. Blocksatz; letzte Zeile zentriert
6. Blocksatz; letzte Zeile rechtsbündig
7. Blocksatz; alle Zeilen
8. Ausrichtung am Rücken
9. Ausrichtung umgekehrt zum Rücken
10. Einzug links
11. Einzug rechts
12. Einzug links in erster Zeile
13. Letzte Zeile Einzug rechts
14. Abstand vor
15. Abstand nach
16. Initialhöhe Zeilen
17. Anzahl Zeichen Initial
18. Silbentrennung ein/aus
19. Grundlinienraster aus/ein

Absatzattribute

Die Basics. Zu beachten ist: Auch bei den Absatzattributen lassen sich einige Parameter per Tastenshortcut zuweisen.

Ausrichtungsmethode. Neben den vier Standard-Ausrichtungsmethoden *Linksbündig* (⌘⇧ + L), *Rechtsbündig* (⌘⇧ + R), *Zentriert* (⌘⇧ + C) und *Blocksatz mit linksbündiger letzter Zeile* (⌘⇧ + J) offeriert InDesign die drei weniger gebräuchlichen Blocksatz-Ausrichtungsmethoden *Blocksatz mit rechtsbündiger letzter Zeile*, *Blocksatz mit zentrierter letzter Zeile* und *Blocksatz mit auf Blocksatz ausgetriebener letzter Zeile.* Neu in InDesign CS2 ist die Option, einen Text *bündig zum Rücken* bzw. *umgekehrt bündig zum Rücken* auszurichten. Beide bewirken, dass sich die Ausrichtung an der Position der jeweiligen Seite zum Rücken orientiert. Interessant ist diese Funktion insbesondere beim Einrichten flexibler Marginalspalten in Buch- oder Zeitschriften-Projekten (siehe Arbeitsbeispiel 7 auf Seite 130).

Einzug links. Definition eines Einzugs an der linken Satzkante. Punkt-Eingabewerte tsind, ebenso wie in den folgenden Feldern, möglich, werden allerdings in Millimeter umgerechnet.

Einzug rechts. Definition eines Einzugs an der rechten Satzkante.

Einzug links in erster Zeile. Die Option ist nicht nur Standard beim Definieren von Absatzeinzügen in längeren Texten. Über die Kombination von positiven Werten unter Einzug links und negativen Werten unter Einzug links in erster Zeile lassen sich auch hängende Einzüge, wie man sie zum Beispiel in Kleinanzeigen oft findet, einrichten. Auch beim Einrichten von Absatzlinien, zum Beispiel für farbige Textunterlegungen, ist die Kombination aus Einzug links/rechts und Erstzeileneinzug sehr hilfreich.

Einzug rechts in letzter Zeile. Äquivalent zu *Einzug links in erster Zeile*.

Abstand vor. Definitionsfeld für einen zusätzlichen Abstand zum vorhergehenden Absatz.

Jede Menge Feinmechanik

Eines Tages schaute die alte Frau aus dem Fenster. Die Feststellung mag banal erscheinen. Hartmann wunderte sich über die Kontinuität bestimmter Lebensaspekte. Waren dies Muster?

1. Unoptimiert sehen selbst Initialzeichen mit gerader rechter Kante nicht schön aus.

Eines Tages schaute die alte Frau aus dem Fenster. Die Feststellung mag banal erscheinen. Hartmann wunderte sich über die Kontinuität bestimmter Lebensaspekte. Waren dies Muster?

2. Lösung: Unter *Zeichen für Initial* 3 (anstatt 1) definieren. Über *Schrift* → *Leerraum einfügen* hinter Initialbuchstaben zwei ¹⁄₂₄-*Leerraum-Zeichen* einfügen. Mit eigener Textformatierung und Farbe hebt sich das Zeichen auch stilistisch besser vom Gesamttext ab.

Wochentags schaute die alte Frau aus dem Fenster. Die Feststellung mag banal erscheinen. Hartmann wunderte sich über die Kontinuität bestimmter Lebensaspekte. Waren dies Muster?

1. Die unterlegte Initialzeichen-Fläche in diesem Beispiel basiert auf drei Zeichen: einem Quadrat in der Zapf Dingbats, dem eigentlichen Initial sowie einem ⅛-*Geviert-Leerraum*. Definierte Initialzeichen-Anzahl ist auch hier 3. Als Erstes wird der Initialbuchstabe vertikal eingemittet: Zeichen markieren und negative Werte für *Grundlinienversatz* eingeben.

Wochentags schaute die alte Frau aus dem Fenster. Die Feststellung mag banal erscheinen. Hartmann wunderte sich über die Kontinuität bestimmter Lebensaspekte. Waren dies Muster?

2. Im zweiten Schritt markieren Sie das Quadrat-Zeichen der Zapf Dingbats und verringern die *Laufweite* so lange, bis der Buchstabe auf dem Quadrat sitzt. Alternativ können Sie den Cursor zwischen den beiden Zeichen positionieren und die beiden Zeichen negativ unterschneiden.

Wochentags schaute die alte Frau aus dem Fenster. Die Feststellung mag banal erscheinen. Hartmann wunderte sich über die Kontinuität bestimmter Lebensaspekte. Waren dies Muster?

Der Kantenausgleich erfolgte hier mit folgenden Schritten:
1. manuelle Trennung und harter Return erste Zeile (⬆↵)
2. manueller Ausgleich erste und zweite Zeile durch die Eingabe *geschützter Leerzeichen* (⌘⬆ + X)
3. Initialzeichen markieren und durch Verringerung der *Laufweite* linke Satzkante näher an Zeichen heranführen.

Die folgende Methode ist etwas aufwendiger, ermöglicht dafür jedoch auch das Arbeiten mit aufwendiger gestalteten Initialzeichen:

1. Initialzeichen über *Schrift* → *In Pfade umwandeln* in ein Objekt umwandeln. Alternativ können Sie externe Zeichen-Objekte verwenden.

2. Zeichen-Objekt *kopieren, löschen* und außerhalb des Fließtextrahmens *einsetzen*.

3. Mit gehaltener ⌥- und ⬆-Taste Zeichen-Kopie nach rechts aus dem Zeichen herausziehen. Für *Kontur* und *Fläche* als Farbe *Keine* definieren. Über die Palette

Wochentags schaute die alte Frau aus dem Fenster. Die Feststellung mag banal erscheinen. Hartmann wunderte sich über die Kontinuität bestimmter Lebensaspekte. Waren dies Muster?

Konturenführung Modus *Konturenführung um Objektform* (Button in der Mitte) zuweisen. Wert für Abstand: 0

4. Zeichen und Platzhalter-Zeichen *gruppieren,* Gruppe *kopieren,* Cursor in Fließtext-Rahmen am Anfang positionieren und Zeichen durch *Einsetzen* im Text verankern.

Praxis

Abstand nach. Definitionsfeld für einen zusätzlichen Abstand zum nachfolgenden Absatz.

Initialhöhe (Zeilen) und Anzahl der Initialzeichen. Da Initialen in der Regel aus einem Zeichen bestehen, genügt für Standardinitialen meist das Erhöhen des Zeilenwerts. Für die Initialhöhe veranschlagt InDesign den Bereich zwischen Versalhöhe der ersten und Schriftgrundlinie der letzten Initialzeile. Optimieren lässt sich diese veranschlagte Größe, wenn Sie das Initial markieren und im Feld Schriftgröße den Wert erhöhen oder verringern. Das Zuweisen eigener Formatierungsattribute – einer gesonderten Schrift, Schriftfarbe und so weiter – ist ein beliebtes Gestaltungsmittel. Wie in Kapitel 6 ab Seite 111 näher erläutert, lassen sich über verschachtelte Stilvorlagen sehr raffinierte Initialzeichen erzeugen und automatisieren.

Insgesamt schwierig zu handhaben sind Ästhetikausgleiche bei runden oder abgeschrägten Initialzeichen-Kanten. Eine Möglichkeit, die rechteckige Einpassung von Absatzattribut-Initialen zu umgehen, sind in Pfade umgewandelte Initialzeichen, welche im Text (am Absatzbeginn) verankert sind. Die Methode ist auf der linken Seite näher beschrieben. Da sie jedoch eine zusätzliche Modifizierung der Konturenführung erfordert, lässt sich generell nur konstatieren: Ästhetisch ausgeglichene Initialzeichen lassen sich nicht nach Schema F erstellen, sondern erfordern Feinarbeit am Detail.

Initialzeichen gestalten

Ob mehr oder weniger aufwendige Grafik oder einfaches Absatzformat: Ästhetische Kantenausgleiche sind bei Initialzeichen eigentlich immer vonnöten. Seite 60 präsentiert einige Vorgehensweisen, mit denen sich auch anspruchsvollere Zeichen gestalten lassen.

Zahlreiche Headlines im Text!

☑ Silbentrennung

Zahlreiche Headlines im Text!

☐ Silbentrennung

Wollen Sie Trennungen in Headlines unterbinden, schalten Sie einfach die Silbentrennung aus.

Silbentrennung. Diese Einstellung betrifft nicht die Algorithmen für die Silbentrennung. Letztere stellen Sie über das Palettenmenü ein. Praktisch ist diese Klickbox, wenn die Silbentrennung einmal *ausgeschaltet* werden soll – zum Beispiel beim Formatieren von Headlines.

Grundlinienraster. Über das Aktivieren der linken oder rechten Box legen Sie fest, ob sich ein Zeilenabstand am *Grundlinienraster* orientieren soll oder nicht. Beginn und Weite des Grundlinienrasters legen Sie in den *Voreinstellungen* unter dem Punkt *Raster* fest. Da die Grundlinienraster-Einstellung Registerhaltigkeit und eine einheitliche Zeilenausrichtung gewährleistet, ist sie vor allem bei komplexeren Drucksachen ein erstrangiger Ordnungsfaktor. Wie auf den Seiten 80 und 81 zu sehen, lassen sich Fließtextformate via Grundlinienraster auf unterschiedliche Weise strukturieren.

Flexibilität bei der Grundlinienraster-Gestaltung ermöglichen zwei weitere Optionen: Mit dem Befehl *Nur erste Zeile an Raster ausrichten* im Palettenmenü der *Absatz-Palette* wird lediglich der Absatzanfang auf Register gehalten. Praktisch ist dies beim Arbeiten mit unterschiedlichen Zeilenabständen – zum Beispiel in Haupttext- und Marginalspalten. Seit InDesign CS 2 lassen sich Grundlinienraster-Einstellungen zudem

Jede Menge Feinmechanik

Dies ist ein Mustertext, bei dem die Zeilen nicht auf dem Grundlinienraster ausgerichtet sind.

Das Grundlinienraster

Ein Zeilenabstand, der sich am Grundlinienraster orientiert, schafft zusätzliche Ordnung im Dokument.

Dies ist ein Mustertext, bei dem die Zeilen auf dem Grundlinienraster ausgerichtet sind.

Das Grundlinienraster

Ein Zeilenabstand, der sich am Grundlinienraster orientiert, schafft zusätzliche Ordnung im Dokument.

Grundlinienraster als Gestaltungsmittel

Die umliegenden Beispiele zeigen unterschiedliche Möglichkeiten auf, die Grundlinienraster-Option als gestalterisches Mittel einzusetzen. Beispiel 1 ist ohne Grundlinienraster-Zuweisung: Die Textposition ist von der y-Höhe des Rahmens abhängig; die Zwischenüberschrift verunmöglicht einen regelmäßigen Zeilenfall vollends. In Beispiel 2 ist auch die Zwischenüberschrift in das Grundlinienraster einbezogen: Ein minimaler Wert für *Abstand vor* sorgt für einen Zeilensprung; ein negativer *Grundlinienversatz* rückt die Zeile optisch vom folgenden Text ab. In Beispiel 4 wurde ein ähnliches Ergebnis erzielt durch den Einsatz einer feineren Rasterweite. Die Beispiele 3 und 5 zeigen schließlich

---

Dies ist ein Mustertext, bei dem die erste Absatzzeile auf dem Grundlinienraster ausgerichtet ist.

Der Zeilenabstand dieser Textpassage ist mit dem Grundlinienraster nicht identisch.

Dies ist ein Mustertext, bei dem die Grundlinienrasterweite die Hälfte des Zeilenabstands beträgt.

Das Grundlinienraster

Ein Zeilenabstand, der sich am Grundlinienraster orientiert, schafft zusätzliche Ordnung im Dokument.

---

auch rahmenweit vornehmen – unter *Objekt → Textrahmenoptionen* (⌘ + **B**) im Reiter *Grundlinienoptionen*. Zu beachten ist dabei allerdings, dass Veränderungen hier nur für den jeweiligen Textrahmen Gültigkeit haben.

Parameter für die Umbruchästhetik. Im Palettenmenü der Absatz-Palette verbergen sich drei Features, die für die Qualität von Umbrüchen von äußerster Wichtigkeit sind: *Abstände, Silbentrennung* und *Absatzumbruchoptionen*. Da sich die Organisation der InDesign-Satzästhetikeinstellungen von derjenigen in QuarkXPress stark unterscheidet, ist sie für Umsteiger zunächst einmal gewöhnungsbedürftig. Anders als die S&B-Einstellungen in XPress nämlich lassen sich die Einstellungen unter *Abstände* und *Silbentrennung* nicht als separater Set abspeichern und aufrufen, sondern sind vielmehr

Formatierungsattribute wie alle anderen Formatierungsattribute auch. (Für diejenigen, die an das Set-Konzept gewöhnt sind, wird ein auf Absatzformaten basierender Workaround in der Seitenspalte vorgestellt.) Anders als die S&B-Sets in XPress lassen sich die Silbentrennungs- und Abstandsattribute in InDesign jedoch bei aktivierter Vorschau einrichten. Der Vorteil: Veränderte Parameter wirken sich sichtbar auf die markierten Textabsätze aus. Die Einstellungen im Detail:

Silbentrennung. Hier werden die Parameter für die Silbentrennung festgelegt. Wenig Trennungen sind prinzipiell zwar wünschenswert, in vielen Satzkonstellationen allerdings nicht zu realisieren. Im oberen Bereich werden die Vorgaben für die Silbentrennung konkretisiert: die Mindestanzahl der Zeichen eines zu trennenden Wortes,

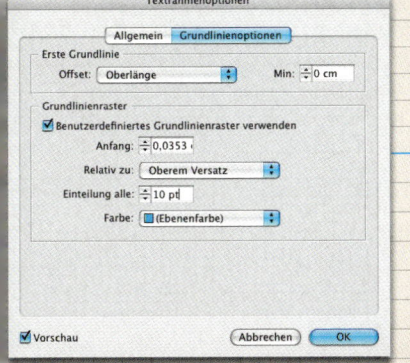

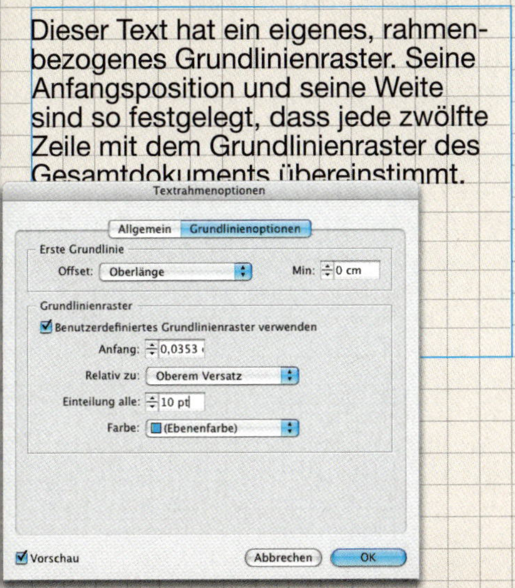

Dieser Text hat ein eigenes, rahmenbezogenes Grundlinienraster. Seine Anfangsposition und seine Weite sind so festgelegt, dass jede zwölfte Zeile mit dem Grundlinienraster des Gesamtdokuments übereinstimmt.

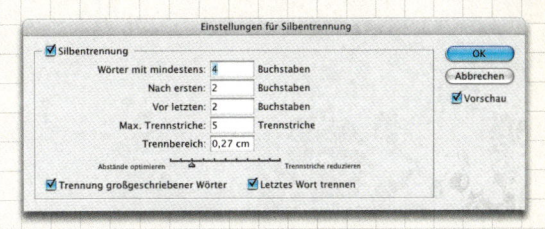

Hier werden die Regeln für das Trennverhalten eingestellt

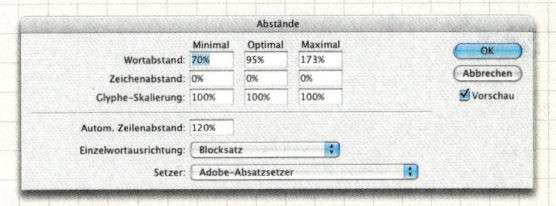

Abstände: Toleranzzonen für Wortabstände, Zeichen und Glyphen

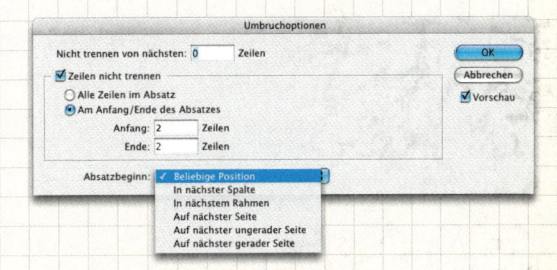

> Möglichkeiten auf, auch kleinere Zeilenabstände in das Rastersystem mit einzubeziehen: die Option *Nur erste Zeile an Raster ausrichten* im Palettenmenü der *Absatz-Palette* sowie die neue InDesign-Möglichkeit, separate Grundlinienoptionen für Textrahmen zu definieren (unter *Objekt → Textrahmenoptionen*).

die Mindestanzahl der Zeichen vor und hinter einer Trennung sowie die Maximalzahl erlaubter Trennungen in Folge. Faustregel: Bei breiten Spalten kann das Trennverhalten rigider ausfallen (Seite 83, oberstes Beispiel). Bei schmalen Spalten hingegen wird man zur Vermeidung unschöner Wortabstands-Löcher eher eine tolerante Silbentrennung einstellen (Beispiel 2). Zusätzlich regulieren Sie die Balance zwischen Trennungshäufigkeit und Abständen über den Schieberegler unten.

Abstände. Festgelegt werden in diesen Feldern Toleranzbereiche für die Generierung von Wort- und Zeichenabständen. Da beim Blocksatz stets ein Zeilenrest bleibt, der bündig ausgetrieben werden muss, ist der Wortabstand nicht fest, sondern variabel. InDesign hält sich beim Austreiben so gut es geht an den unter *Optimal* eingestellten

Regeln für den Zeilenumbruch: Umbruchoptionen

InDesigns Ästhetikprogramm

Für Umbruchkontrolle und Umbruchästhetik hält die *Absatz-Palette* einige wirksame Regularien parat. Neben dem *Adobe-Absatzsetzer* sowie der Einstellung *Flattersatzausgleich*, die beide ohne weitere Parametereingaben funktionieren, sind dies vor allem die Funktionen zur Einstellung von Toleranzbereichen für die *Silbentrennung*, die *Abstände* (Wortabstände, Zeichenabstände und Glyphenbreite) sowie die *Absatzumbruchoptionen*.

Jede Menge Feinmechanik

S&B wie in QuarkXPress?

Da das Abspeichern separater Sets mit den Einstellungen für Abstände und Silbentrennung in InDesign nicht möglich ist, bleibt nur folgende Prozedur: das Anlegen dokumentübergreifender *Absatzformate* mit unterschiedlich weit definierten Toleranzangaben für *Abstände* und *Silbentrennung*. Vorgehensweise: Bei nicht geöffnetem Dokument Absatzformate mit entsprechenden Namen (z. B. «weit», «eng», «sehr eng» und so weiter) anlegen und Parameter entsprechend der Checkliste unten bestimmen. Für die Verwendung als dokumentspezifische Absatzformate müssen die ergänzenden Angaben allerdings von Hand nachgetragen werden. Fazit: Eigentlich optimal wäre die Set-Lösung à la XPress.

Umbruchausgleich manuell

Das Verkürzen oder Verlängern von Absätzen aus umbruchtechnischen Gründen ist im Satz alltäglich. Hier eine Auflistung mehr oder weniger gebräuchlicher Methoden.

☺ Hausmittel Nummer eins: Laufweite reduzieren (-3 bis -10) und Schriftbreite eventuell skalieren (98 %). Maßnahme sollte den ganzen Absatz einbeziehen.

☺ Auf Formatebene steuern lässt sich das Zeilenvolumen von Absätzen über *Absatzformate* mit unterschiedlich weit gefassten Toleranzangaben unter *Abstände* (siehe auch übernächstes Kapitel).

☺ *Wortabstand erhöhen* oder *verringern*. Die Shortcuts hierzu (⌘⌦ + < und ⌘⌦ + ⌫; fünffache Dosierung mit zusätzlich gehaltener ⇧-Taste) kommen als Menüpunkt im Programm nicht vor, sind jedoch in der Befehlsauflistung in *Tastaturbefehle* dokumentiert.

Checkliste Toleranzvorgaben

Eng oder weit gehaltene Umbruchästhetik? Ursächlich hängen sinnvolle Einstellungen für *Abstände* und *Silbentrennung* vor allem von der Zeichen-Durchschnittsanzahl pro Zeile ab. Hier einige Anhaltspunkte:

Über 60 Zeichen/Zeile (Buchsatz). Wortabstände: 80/105/135. Zeichen: einheitlich 0 bis +5. Glyphen: 100 %. Silbentrennung: 6/3/3; in Folge: 3.

30 bis 60 Zeichen/Zeile. Wortabstände: 70/100/135. Zeichen: einheitlich entweder 0 oder zwischen 5 bis -5. Glyphen: 100 %. Silbentrennung: 5/3/2; in Folge: 4.

30 Zeichen/Zeile oder darunter (Zeitungs- und Zeitschriftensatz). Wortabstände: 60/90/135. Zeichen: einheitlich 0 bis -10. Glyphen: einheitlich 100 % bis 98 %. Silbentrennung: 4/2/2; in Folge: unbegrenzt (evtl. manuell ausgleichen).

Wert; über die Werte unter *Minimal* und *Maximal* bestimmen Sie den Toleranzbereich für die unabdingbaren Abweichungen. Ähnlich wie bei den Silbenabständen gilt auch hier: Bei breiten Spalten mit potenziell vielen Wörtern sind eher enge Toleranzgrenzen angesagt; auch ein Vergrößern des Optimal-Wertes kommt hier ganz gut (Beispiel 1). Bei schmalen Spalten mit durchschnittlich wenigen Wörtern erreichen Sie hingegen eher mit großzügigen Toleranzwerten und einem entsprechend verkleinerten Optimalwert einen akzeptablen Umbruch (Beispiel 2). Toleranzbereiche für den *Zeichenabstand* sind generell eher kontraproduktiv, da sie unter Umständen zu einer unschönen «Gummibandtypo» führen können (Beispiel 3). Ebenfalls unschön wirken rigide Toleranzbereiche für *Silbentrennung* und *Abstände* gleichzeitig. Die Folge hier: zu stark differierende Wortabstände (Beispiel 4).

Weniger bekannt ist, dass die Festlegungen für die Abstände nicht nur für den *Block-*, sondern auch für den *Flattersatz* gelten. Anders als beim Blocksatz kommt beim Flattersatz jedoch nicht der eingestellte Toleranzbereich als Ganzes zum Zuge, sondern lediglich der unter *Optimal* eingestellte Wert. Unabhängig von der Ausrichtungsmethode muss dieser nicht zwangsläufig 100 % betragen: Von der Spaltenbreite abhängige *Optimal*-Werte zwischen 85 und 115, kombiniert mit angemessenen Toleranzwerten für *Wortabstand* und *Silbentrennung,* sind ein effizientes Mittel, eine ansprechende bis akzeptable Umbruchgenerierung mit zu erzeugen. Bei den Zeichenabständen kann gegebenenfalls (dann aber einheitlich) erhöht oder verringert werden. Einheitliche Erhöhungen oder Verringerungen erreichen Sie jedoch ebenso über eine allgemeine Veränderung der Schrift-Laufweite.

Absatzumbruchoptionen. Über die abgebildeten Eingaben unter *Zeile nicht trennen* können Sie allein stehende Absatzendzeilen am Anfang oder Ende einer Spalte (so genannte «Hurenkinder» und «Schuster-

Auch wenn Schrift, Schriftgröße und Zeilenabstand in allen Beispielen identisch sind, wirkt nicht jedes Schriftbild gleich. Ein Wörtchen mitzureden hat auch die Umbruchästhetik.

Auch wenn Schrift, Schriftgröße und Zeilenabstand in allen Beispielen identisch sind, wirkt nicht jedes Schriftbild gleich. Ein Wörtchen mitzureden hat auch die Umbruchästhetik.

Auch wenn Schrift, Schriftgröße und Zeilenabstand in allen Beispielen identisch sind, wirkt nicht jedes Schriftbild gleich. Ein Wörtchen mitzureden hat auch die Umbruchästhetik.

Auch wenn Schrift, Schriftgröße und Zeilenabstand in allen Beispielen identisch sind, wirkt nicht jedes Schriftbild gleich. Ein Wörtchen mitzureden hat auch die Umbruchästhetik.

Oben linke Spalte: Die vier Textbeispiele zeigen, wie wichtig passende Umbruchparameter sind. Die Beispiele eins und zwei enthalten abgestimmte Werte für *Abstände* und *Silbentrennung* (siehe auch Checkliste gegenüberliegende Seite). Bei Beispiel drei sind Silbentrennung und Wortabstände viel zu starr; die tolerant eingestellten Zeichenabstände führen zur so genannten «Gummibandtypo». Ein hohes Toleranzintervall einzig für die Wortabstände (Beispiel vier) führt zu unschönen Wortabstands-Kratern.

Oben rechte Spalte: Die *Umbruchoptionen*-Einstellung *Absatzbeginn: In nächster Spalte* verursacht hier, dass die Headline «Normandie» in der nächsten Spalte beginnt. Hilfreich sind derartige Formatierungszuweisungen etwa bei Katalogproduktionen.

jungen») unterbinden. Darüber hinaus ermöglichen die hier versammelten Optionen, Absätze mit automatischen Umbruchsteuerungszeichen zu versehen. Praktisch ist das etwa bei einem Katalog, wenn ein Text nach einer Produktbeschreibung automatisch in die nächste Spalte (oder auf die nächste Seite) springen soll.

Der Rest. Nützliche Funktionen enthalten auch die im Palettenmenü der *Absatz-Palette* unten angesiedelten Funktionen: Mit *Absatzlinien* lassen sich Texte farbig unterlegen. *Aufzählungszeichen und Nummerierung* ermöglicht es, Aufzählungen mit frei definierbaren Zeichen oder Nummerierungen zu versehen. Über *Initialen und verschachtelte Formate* mehr in Kapitel 6 ab Seite 111.

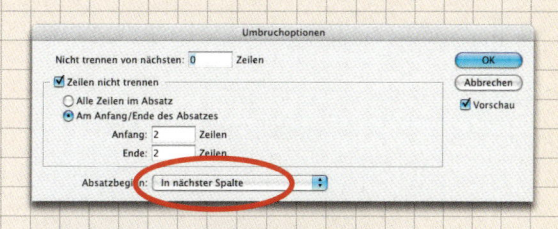

Absatzlinien. Im Unterschied zu den *Unterstreichungs-* und *Durchstreichungsoptionen* bei den Zeichenattributen gelten Absatzlinien stets für den kompletten Absatz. Komplett den Absatztext durchlaufende Unterstreichungen und Markierungen sind mit dieser Funktion nicht möglich; je nach eingestelltem Linientyp wird maximal eine Linie über dem Absatz und eine unter dem

Jede Menge Feinmechanik

Absatzlinien gelten immer für den Absatz!

0,15

−0,25
−0,5

Absatzlinie gelb

Tabelle   003

Offset. Am besten nachvollziehbar ist der Abstand für die Linie unten im oberen Beispiel: ausgehend von der Schriftgrundlinie 0,15 cm. Die gelbe Linie wächst 0,5 cm nach oben, die schwarze (Linie oben) 0,25 cm nach unten. Texteffekt Beispiel 3: Absatzlinie und Unterstreichung kombiniert.

Absatzlinien

Absatzlinien weisen fast dieselben Parameter auf wie Unter- oder Durchstreichungen bei den Zeichenattributen. Anders als diese werden sie jedoch nicht zeilenweise vollzogen, sondern nur einmal pro Absatzschaltung. Beide Linientypen (darüber und darunter) werden über dieselbe Eingabemaske definiert; unter *Breite* lässt sich zusätzlich bestimmen, ob sich die Linienbreite an der Rahmenbreite orientiert oder der Textbreite.

Absatz generiert. Sinnvoll sind Absatzlinien zunächst einmal als typografisches Gestaltungsmittel zum Absetzen oder Hervorheben einer Texteinheit. Ebenso wie Unterstreichungen ermöglichen es auch Absatzlinien, Texteinheiten mit Farbe zu unterlegen; anders als bei diesen können beide Linienelemente (Linie oben und Linie unten) hinter den Text gelegt werden. Ein Haupteinsatzgebiet dieses Formattyps sind Tabellen, die mit herkömmlichen Tabstopps gegliedert sind. Auf welche Linieneigenschaften und Einstellungsmöglichkeiten Sie zugreifen können, zeigt der Screenshot auf dieser Seite rechts oben.

Aufzählungszeichen und Nummerierung. Mit Nummerierungen, Aufzählungszeichen und Einrückungen strukturierte Aufzählungen sind, was die Formatierungsarbeit angeht, nicht unheikel. Dieser Befehl ermöglicht es je nach *Listentyp*, ein vorangestelltes Zeichen mit einem hängenden Einzug zu kombinieren. Praktisch: Über den *Hinzufügen*-Button lässt sich ein Bestand unterschiedlicher Zeichen aus unterschiedlichen Schriften und Symbolfonts erstellen: vom Standard-Spiegelstrich bis hin zu anspruchsvollen Bullets, Pfeilen, Dreieck-Symbolen und anderen.

Parameter für High-End-Typo

Über die aufgeführten Features hinaus offeriert InDesign einige Satzfunktionen, mit denen sich eine anspruchsvolle typografische Gestaltung unterstützen lässt:

Adobe-Absatzsetzer. Anders als der *Adobe-Ein-Zeilen-Setzer* berechnet diese Einstellung im Palettenmenü der *Absatz-Palette* bei der Generierung eines Umbruchs nicht nur einzelne Zeilen, sondern bezieht den kompletten Absatz mit ein. Da der Absatzsetzer in der Regel ästhetisch harmonischere Umbrüche generiert, ist er standardmäßig aktiviert. Umgekehrt gilt jedoch: Sollte ein Umbruch mal nicht «aufgehen», lohnt sich vielleicht ein Versuch mit der anderen Variante.

Flattersatzausgleich. Bei linksbündigem, rechtsbündigem oder zentriertem Flattersatz versucht diese Einstellung, einen ästhetisch ansprechende(re)n Zeilenfall zu generieren. Manchmal bringt sie bessere Ergebnisse als die Normaleinstellung – oft allerdings auch nicht. Fazit: Bei beiden Einstellungen muss gelegentlich von Hand nachgeholfen werden.

Optischer Randausgleich. Als einziges High-End-Typofeature hat diese Eigenschaft

InDesigns Aufzählungen-Editor

Das Feature *Aufzählungszeichen und Nummerierung* ermöglicht zum einen die Aufnahme ästhetisch ansprechender Zeichen für die Kennzeichnung von Einrückungen. Über den *Hinzufügen*-Button lassen sich aus der *Glyphen-Palette* beliebige Zeichen aus beliebigen Schriften auswählen. Für originelle Aufzählungssymbole gut geeignet sind insbesondere Dingbats- und Symbol-Fonts. In den vier Feldern im mittleren Bereich legen Sie fest, ob das Aufzählungszeichen die Formatierungsattribute der Textschrift haben soll (Angaben eingeklammert) oder ob abweichende Attribute für Schrift, Schriftgröße und Farbe zum Zuge kommen sollen. Sind die Schriftangaben gedimmt, heißt das, dass für das Aufzählungszeichen bereits eine bestimmte Schrift festgelegt ist. Im Bereich *Position* legen Sie die Art der Einrückung fest (nur *erste Zeile* oder *hängend*) und definieren die Breite der Einrückung.

eine ganze Palette okkupiert. Rufen Sie unter *Fenster → Schrift & Tabellen* die *Textabschnitt-Palette* auf und aktivieren die Klickbox *Optischer Randausgleich,* vollführt InDesign an den Satzkanten rechts und links eine ästhetische Optimierung: Trennstriche, Anführungszeichen, Punkte sowie die Kanten stark überstehender Zeichen wie zum Beispiel W oder A werden über die Rahmenkante hinaus ausgerichtet. Zu beachten ist, dass auch diese Ästhetikoptimierung kein Formatierungsattribut ist, sondern eine Rahmeneigenschaft. Da ein hohes Textvolumen entsprechende Berechnungskapazitäten benötigt, ist zu beachten: Bei Text in verketteten Rahmen wird der optische Randausgleich nicht nur einem bestimmten Absatz zugewiesen, sondern dem kompletten Text in der Rahmenfolge.

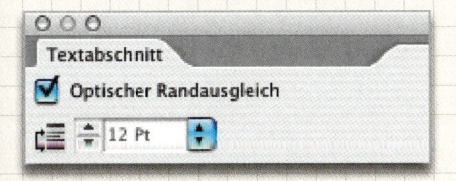

Optischer Randausgleich: Die Punktgrößeneingabe entscheidet darüber, welche Schriftgröße bei der Generierung des optischen Randausgleichs vorausgesetzt wird.

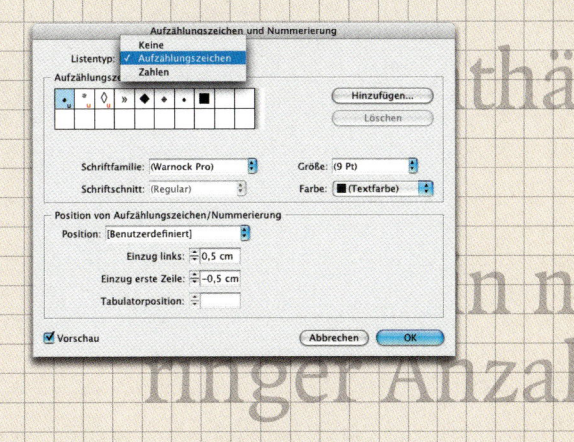

Optisches Kerning. Die Option *Optisch* im Kerning-Feld der *Zeichen-Palette* ermöglicht das generelle Optimieren der Zeichenabstände einer Schrift. Ähnlich wie der optische Randausgleich ist auch diese Funktion potenziell berechnungsaufwendig. Da Satzschriften in der Regel schon vom Hersteller bzw. Schriftdesigner ausreichend gekernt wurden, reicht die Standardoption *Metrisch* in aller Regel aus.

Ebenfalls aufzuführen wären an dieser Stelle die *Glyphen-Palette* sowie die Funktionen im Untermenü *OpenType* im Palettenmenü der *Zeichen-Palette.* Da das Thema OpenType jedoch nicht nur Formatierungsfunktionen tangiert, sondern generell das Thema Schriften und Schriftformate, werden Glyphen-Palette & Co. im nächsten Kapitel detailliert vorgestellt.

Jede Menge Feinmechanik

Optionen ausblenden
OpenType
Großbuchstaben
Kapitälchen
Hochgestellt
Tiefgestellt
Unterstrichen
Durchgestrichen
Ligaturen
Unterstreichungsoptionen...
Durchstreichungsoptionen...
Kein Umbruch
Bedingte Ligaturen
Brüche
Ordinalzeichen
Schwungschrift
[Titelschriftvarianten]
[Kontextbedingte Variante]
Kapitälchen
Null mit Schrägstrich
Formatsätze
Hochgestellt
Tiefgestellt
Zähler
Nenner
Versalziffern für Tabellen
Proportionale Mediävalziffern
Proportionale Versalziffern
Mediävalziffern für Tabellen
Standardzahlenformat
Warnock Pro
Regular

FREMDSPRACHENSATZ & TYPO-FEATURES:

OpenType-Funktionen

OpenType zum Testen: Im Lieferumfang der Creative Suite sind einige hochwertige Schriften im Format OpenType Pro enthalten. Myriad Pro, Minion Pro und Konsorten lassen sich nicht nur systemübergreifend verwenden, sondern enthalten Zeichenbelegungen für unterschiedliche Sprachen und typografische Zusatzgimmicks. Wie sich OpenType-Fonts in InDesign effizient einsetzen lassen, verrät dieses Kapitel.

Ebenso wie es unterschiedliche Layoutanwendungen gibt, koexistieren auch unterschiedliche Fontformate. In der professionellen Medienproduktion ist der Meinungsstreit *TrueType* versus *PostScript* eindeutig entschieden. Hier haben sich in den neunziger Jahren *PostScript-Schriften* eindeutig als Standard etabliert. Die Verwendung von PostScript-Schriften gewährleistet auf der einen Seite Produktionssicherheit. Die Tatsache, dass PostScript-Fontdateien (ebenso wie die vor allem im Office-Bereich verbreiteten TrueType-Schriften) stets an das jeweilige Betriebssystem gebunden sind, sorgt im Arbeitsalltag jedoch immer wieder für Konflikte. Verschärft werden diese durch rund 30 Spezialzeichen, die in Mac-ASCII und Win-ASCII unterschiedlich belegt sind.

Das OpenType-Menü der *Zeichen-Palette* und die *Glyphen-Palette* sind die Hauptschauplätze, wenn es in InDesign um das Thema OpenType geht.

OpenType und Unicode

Unicode: Schriften mit Tausenden von Zeichen. Abhilfe versprach Ende der Neunziger ein neues Fontformat mit dem Namen *OpenType*. Anders als PostScript und TrueType basiert es nicht auf dem altbetagten *ASCII-Code* aus dem Jahr 1963, sondern auf dem moderneren *Unicode*, welcher Zeichen nicht mit 8, sondern mit 16 Bit Datenbreite definiert. Die dadurch in einen Font einbettbare Zeichenmenge (theoretisch 65536, praktisch 32768) ermöglicht weitaus mehr Vielfalt als die 256 maximal möglichen Zeichen der ASCII-Belegung.

Als neuer Standard empfiehlt sich Unicode jedoch nicht durch die schiere Zahl. Zusätzlich zum Zuge kommt eine Zeichenbelegung, welche sämtliche Schriftsprachen und Informationssysteme präzise bestimmten Sektoren zuordnet. Als weltweit gültige Grundlage für schriftliche Kommunikation enthält Unicode nicht nur die bei lateinischen Sprachen zur Anwendung kommenden Zeichensets *Basic Latin* (Westeuropa und Nordamerika; von der Zeichenbelegung her eine vereinheitlichte Version der alten

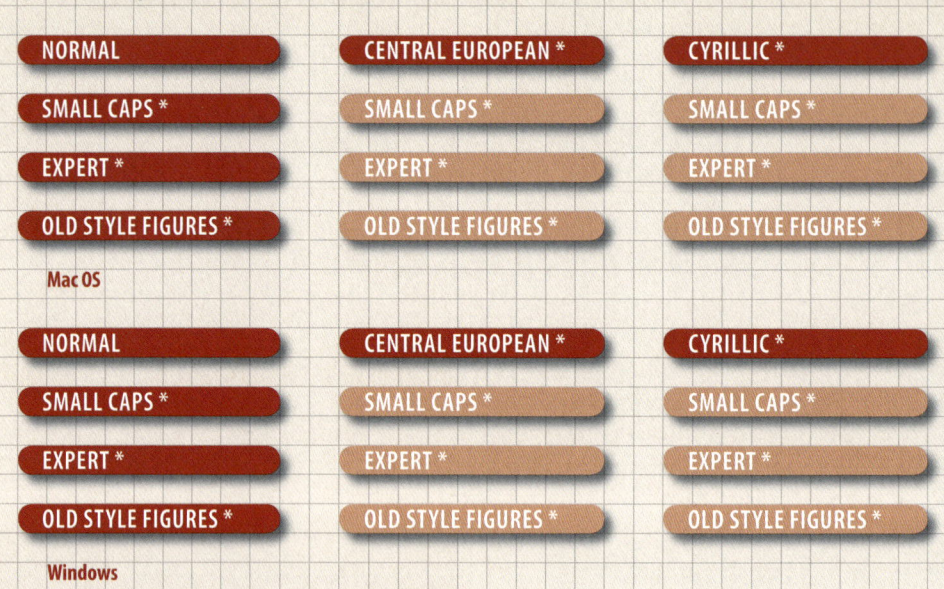

Sprachausstattung →

Typografische Ausstatutig ←

NORMAL	CENTRAL EUROPEAN *	CYRILLIC *
SMALL CAPS *	SMALL CAPS *	SMALL CAPS *
EXPERT *	EXPERT *	EXPERT *
OLD STYLE FIGURES *	OLD STYLE FIGURES *	OLD STYLE FIGURES *

Mac OS

NORMAL	CENTRAL EUROPEAN *	CYRILLIC *
SMALL CAPS *	SMALL CAPS *	SMALL CAPS *
EXPERT *	EXPERT *	EXPERT *
OLD STYLE FIGURES *	OLD STYLE FIGURES *	OLD STYLE FIGURES *

Windows

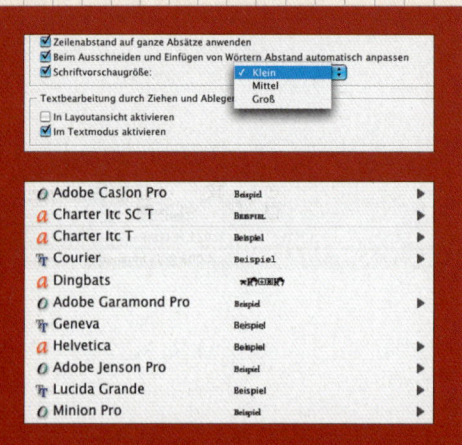

ASCII-Codierung) sowie *Latin Extended A* und *B* (Mitteleuropäisch inklusive Türkisch). Sektoren vergeben sind zusätzlich an Griechisch und Kyrillisch, Hebräisch, Arabisch, Persisch, Afghanisch, die indischen, mittel- und ostasiatischen Schriftsysteme, native afrikanische und indianische Alphabete, Belegungen für das phonetische Alphabet, die Braille-Blindenschrift, mathematische Zeichen, Computer-Steuerungszeichen sowie eine Reihe weiterer Sprach- und Zeichensets.

OpenType: grenzüberschreitendes Format.
Über die Unicode-Grundlage hinaus stellt das Format OpenType eine systemübergreifende Plattform für Schriftfonts zur Verfügung. In der Praxis warten OpenType-Fonts mit folgenden drei Vorteilen auf:

Ganz oder gar nicht: Formatanzeige und Schriftvorschau

Aktuell gehen beide Dinge nur zusammen. Aktivieren Sie unter *Voreinstellungen* → *Eingabe* den Punkt *Schriftvorschaugröße*, werden die verfügbaren Schriften in den Schriftmenüs wie unten abgebildet. Das Icon für das jeweilige Format *(PostScript, TrueType* oder *OpenType)* ist recht nützlich. Das Gleiche gilt für die Beispiel-Samples neben dem Schriftnamen. Wer indes lieber eine nüchtern-informelle Schriftanzeige mag, muss den Punkt *Schriftvorschaugröße* insgesamt deaktivieren. Die Icon-Anzeige zum Fontformat wird in dem Fall jedoch ebenfalls deaktiviert.

■ *Systemübergreifende Verwendungsfähigkeit.* Ob Mac oder PC: Eine OpenType-Schrift lässt sich unter Mac OS ebenso einsetzen wie unter Windows. Schriftversionsbedingte Umbruchveränderungen können durch ihren Einsatz weitestgehend ausgeschaltet werden.

Ein Font anstatt viele: Die Zeichen- und Sprachsets, für die herkömmliche Schriften mehrere unterschiedliche Fontdateien benötigen (von den Printer- und Monitorfonts bei PostScript-Schriften einmal ganz abgesehen), können unter OpenType in einer einzigen Fontdatei enthalten sein. Da sowohl Sprach- als auch Typo-Zusatzsets in der Praxis sehr unterschiedlich ausfallen, sind sie in der Grafik mit einem Sternchen gekennzeichnet.

- *Internationalisierte Zeichenbelegung.* Für die Darstellung mitteleuropäischer, griechischer oder kyrillischer Sprachen werden keine separaten CE-, Greek- und Cyrillic-Fontvarianten mehr benötigt; die entsprechenden Zeichen sind bei OT-Fonts bereits im Normalschnitt enthalten. Ob eine OT-Schrift real über diese Zeichensets verfügt, hängt jedoch von ihrem Ausbau ab. Wie ausgebaut eine OpenType-Schrift konkret ist, sollten Sie im Zweifelsfall beim jeweiligen Hersteller in Erfahrung bringen.
- *Typografische Zusatzgimmicks.* In OpenType-Fonts einbetten lassen sich nicht nur zusätzliche «Sprachpakete», sondern auch Zeichensets für (echte) Kapitälchen, Mediävalziffern, Index- und Bruchziffern sowie alternierende Zierbuchstaben und Ligaturen. Ob diese in einer OT-Schrift real vorhanden sind, hängt ebenfalls vom konkreten Ausbau ab.

OpenType Pro. Als zusätzlichen «Premium-Standard» hat InDesign-Hersteller Adobe das Format *OpenType Pro* etabliert. Fonts dieser Couleur warten mit der Zusatzbezeichnung «Pro» im Namen auf. Einige «Pro»-Fonts wie *Myriad Pro, Adobe Garamond Pro, Minion Pro* und *Warnock Pro* sind nahezu komplett im Lieferumfang der Creative Suite enthalten. Da sie sowohl sprachlich als auch typografisch umfassend ausgebaut sind, eignen sie sich gut zum Austesten der diversen OpenType-Funktionen.

OpenType: Typo-Features

Das Format OpenType ermöglicht das Wiederaufleben zahlreicher Satz-Spezialzeichen, deren Verwendung bei PostScript-Schriften nur über umständliche Prozeduren möglich ist. Gegenwärtig warten gut ausgebaute OpenType-Fonts mit folgenden Features auf:

- Designerisch optimierte Zeichensets für Kapitälchen, unterschiedliche Zifferntypen (Versal-, Mediaeval-, Tabellenziffern und Null mit Schrägstrich), Bruch- und Indexzeichen
- Alternate- und Schmuckzeichen, teilweise menügesteuert aktivierbar
- unterschiedlich zugerichtete Fontversionen für unterschiedliche Schriftgrößen-Versionen, wie unten am Beispiel der Warnock Pro abgebildet (hierbei kommen allerdings separate Fonts zum Zuge)
- Zeichenbelegungen für mitteleuropäische und kyrillische Sprachen

Alle aufgeführten Funktionen werden gegenwärtig nur von einigen wenigen Schriften erfüllt. Selbst bei den OpenType Pro-Schriften offerieren lediglich die Vollversion der *Minion Pro* sowie die *Warnock Pro* gleichzeitig Zusatzsets, alternierende Figuren, unterschiedliche Schriftgrößenversionen *und* Central-European- *und* Cyrillic-Zeichensets. Die ersten beiden Punkte sowie Zeichensets für mitteleuropäische Sprachen sind bei Pro-Schriften indes Mindestkriterium. Auch OpenType-Standard-Schriften können natürlich Typo-Features enthalten. Welche Zeichensets in einer Schrift konkret enthalten sind, verrät das Popup-Menü *Einblenden* in der *Glyphen-Palette* (unten: Set-Auflistung bei der Warnock Pro).

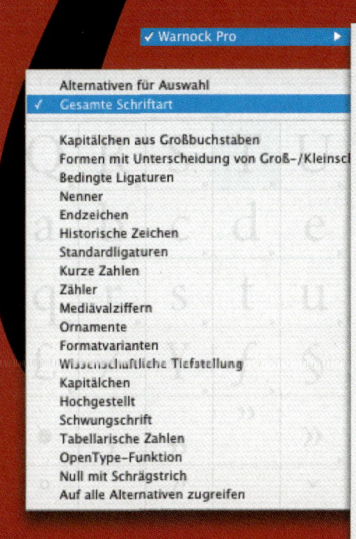

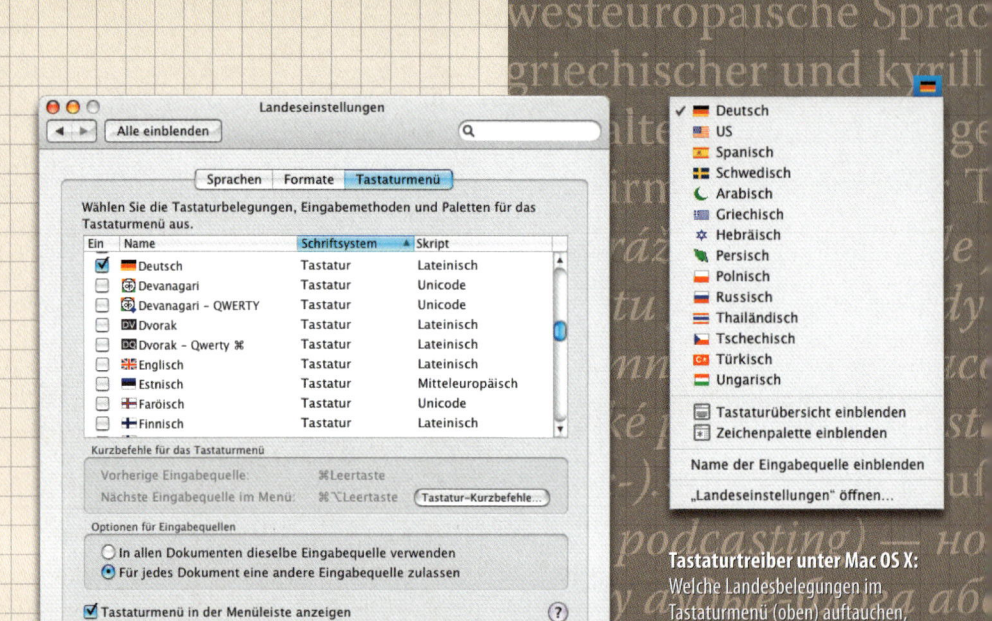

Tastaturtreiber unter Mac OS X:
Welche Landesbelegungen im Tastaturmenü (oben) auftauchen, wird in den *Systemeinstellungen* unter *Landeseinstellungen* → *Tastaturmenü* festgelegt.

Fremdsprachensatz mit und ohne OpenType

Fremdsprachensatz und Formatierung.
Grundsätzlich gesehen erfordert das Eingeben und Formatieren von Texten drei spezielle Werkzeuge:

- eine landessprachlich angepasste *Tastatur*, welche die Zeichenanordnung der jeweiligen Landessprache optisch abbildet,
- eine mit der gewünschten Landessprache synchronisierte *Tastatureinstellung im Betriebssystem* und schließlich
- *Schriftfonts*, die die Zeichen für die jeweilige Landessprache enthalten.

Im Normalfall ist die hier aufgelistete Zusammenstellung so selbstverständlich, dass nicht weiter darüber nachgedacht werden muss. Innerhalb gewisser Grenzen ist das System bekanntlich tolerabel: Die Eingabe von englischem, französischem oder spanischem Text etwa lässt sich, da der zugrunde liegende Zeichenset derselbe ist, auch ohne entsprechende Tastatur und Treiber-Einstellung vornehmen. Anders sieht es hingegen bei mitteleuropäischen Sprachen wie Tschechisch oder Ungarisch aus. Für ihre Eingabe sind nicht nur spezielle Landessprachen-Tastaturbelegungen erforderlich, sondern auch spezielle Schriften, welche die für mitteleuropäische Sprachen typischen Akzentbuchstaben enthalten. Dasselbe gilt auch für Griechisch, Kyrillisch oder andere Schriftsprachen.

Wichtig ist bei der Handhabung fremdsprachlicher Texte, zwischen Texterfassung und Weiterverarbeitung zu unterscheiden. Tastatur und landessprachlich angepasste Tastaturbelegung etwa werden nicht für die Weiterbearbeitung, sondern lediglich für die Eingabe benötigt. Für die Darstellung und Handhabung entsprechender Textdateien weiterhin erforderlich sind jedoch die speziellen Fonts mit dem jeweiligen

Tastaturübersicht unter Mac OS X:
Die Tastaturübersicht, die sich über den Befehl *Tastaturübersicht einblenden* im Tastaturmenü einblenden lässt, zeigt stets die Zeichenbelegung der aktuell eingestellten Sprache an. Da nicht existente Zeichen durch Platzfüller dargestellt werden, lässt sich sofort erkennen, ob eine Schrift diese unterstützt oder nicht. Die *Minion Pro* ist, wie die Abbildung zeigt, für den Satz tschechischer Texte offensichtlich gerüstet.

Alphabet- und Sonderzeichen-Set. Eine Reihe von PostScript-Textschriften offeriert hierfür landessprachlich angepasste *CE*-, *Greek*- oder *Cyrillic*-Belegungen. Open-Type-Schriften können solche zusätzlichen Zeichenbelegungen direkt im Normalschnitt enthalten. Bemerkbar macht sich dieser nicht unwesentliche Unterschied vor allem als Komfort beim Formatieren multilingualer Texte: Während beim Formatieren mit herkömmlichen PostScript-Fonts zwischen *Western*-, *CE*- und *Cyrillic*-Fontvariante hin- und hergesprungen werden muss, genügt bei entsprechend ausgestatteten Open-Type-Schriften die Zuweisung des Standard-Schriftschnitts.

Direkte Eingabe: die Glyphen-Palette.

Selbst *Tastaturtreiber* und landessprachlich übliche *Tastatur* sind für die Eingabe nicht zwingend erforderlich. Für die Eingabe unbekannter Zeichen stellt InDesign eine spezielle *Glyphen-Palette* zur Verfügung. Mit

Fremdsprachliche Texte erfassen und formatieren

Texterfassung geschieht stets unter den Bedingungen der Landessprache: Bereits US-Amerikaner oder Spanier arbeiten mit einer vom Deutschen leicht abweichenden Tastaturbelegung (allerdings mit derselben Western-Zeichenausstattung). Tschechen, Bulgaren oder Japaner machen dasselbe: Sie tippen Texte ein mit einer tschechischen, bulgarischen oder japanischen Tastatur, einer dazu passenden Landeseinstellung sowie Schriftfonts, die die zur Abbildung der Sprache nötigen Zeichen enthalten. Bei der Weiterformatierung bereits erfasster Texte wird nur noch Komponente drei benötigt: Schriftfonts, die den zur Sprache gehörenden Zeichenset enthalten. Bei PostScript-Schriften kommen hier landessprachlich angepasste Spezialversionen zum Zuge. Mit OpenType-Schriften, welche die entsprechenden Zeichensets mit enthalten, lassen sich sogar multilinguale Texte auf einen Rutsch formatieren – wie etwa der unterlegte Beispieltext oben, der deutsche, russische und tschechische Passagen enthält.

ihr lässt sich die Eingabe türkischer, nord- oder mitteleuropäischer Sonderzeichen ohne größere Mühe bewältigen. Vorgehensweise: Glyphe in der *Glyphen-Palette* aussuchen und darauf doppelklicken; das entsprechende Zeichen erscheint darauf im Text. Mithilfe der Glyphen-Palette lassen sich so auch Texte in Ungarisch, Tschechisch oder Polnisch ohne größere Mühe eingeben; die anfallenden Akzent-Buchstaben lassen sich über die Palette leicht herausfischen. Spätestens bei Schriftsprachen mit komplett anderen Zeichen sind dann allerdings doch Sprachkenntnisse angesagt.

Finnegan›s

»Sie sagte ‹Hallo› und ging.«

➸ Absatz mit falschem Bullet

Finnegan's

»Sie sagte ›Hallo‹ und ging.«

● Absatz mit richtigem Bullet

Falsche Zeichen suchen und ersetzen

Vereinzelte falsche Zeichen – wie zum Beispiel das halbe Anführungszeichen in der «Finnegan's»-Headline oben – lassen sich am einfachsten über die *Glyphen-Palette* austauschen: fehlerhaftes Zeichen im Text markieren, richtige Glyphe in der Glyphen-Palette raussuchen und doppelklicken.

Bei gehäuftem Vorkommen in Mengentexten ist die Funktion *Suchen/Ersetzen* im Menü *Bearbeiten* am effektivsten. Vorteil: Das Austausch-Tool kann so lange geöffnet bleiben, bis sämtliche Suchen- und Ersetzen-Durchgänge erledigt sind. Falsche und richtige Zeichen oder Zeichenkombinationen werden einfach unter *Suchen nach:* und *Ändern in:* eingegeben. Das Aktivieren des Buttons *Alles ersetzen* führt einen kompletten Änderungslauf durch. Am besten ist es übrigens, die Zeichen direkt aus dem Text in die Suchen/Ersetzen-Masken einzukopieren. Eine Reihe von Glyphen – darunter auch der Apostroph oben – werden in der Eingabemaske codiert wiedergegeben. Zeichen aus Symbolfonts brauchen als zusätzliche Anhaltspunkte die Festlegung der Schrift unter *Format*.

Zeichen-Probleme

Die Mehrzahl der Anwender arbeitet nach wie vor mit herkömmlichen PostScript-Schriften. Daneben finden jedoch Fonts im OpenType-Format mehr und mehr Verwendung. Die folgenden Zeichen-Probleme tauchen regelmäßig auf, sind jedoch nur zum Teil auf OpenType bzw. Unicode zurückzuführen:

Falsche Zapf-Dingbats-Zeichen. Öfter vorkommen kann es, dass Zeichen aus älteren Dokumenten möglicherweise nicht richtig dargestellt werden. Dies betrifft insbesondere Zeichen aus dem weit verbreiteten Symbolfont Zapf Dingbats. Das Problem: Seit der Etablierung von Unicode tummeln sich auf Rechnern unterschiedlichste Versionen dieses Symbolfont-Klassikers. Auftreten kann die Zapf DB als Systemschrift-Variante in unterschiedlichen Formaten, als Schriftzugabe eines Programms oder als normal lizenzierte Symbolschrift. Aktuell hilft hier nur ein gründlicher Check der im Dokument vorkommenden Zeichen. Sind Zeichen vertauscht, können Sie sie über folgende *Suchen/Ersetzen*-Prozedur austauschen: Falsches Dingbats-Zeichen kopieren, unter Suchen einsetzen, gewünschtes Zeichen generieren, kopieren, unter Ersetzen einsetzen, unter Formate jeweils Schrift (*Zapf Dingbats*) bestimmen und abschließend die unerwünschten Zeichen durch die richtigen ersetzen.

Falsche Anführungszeichen und Apostrophe. Zu einem ähnlichen Workaround zwingt InDesign leider auch beim Arbeiten mit französischen *halben Anführungszeichen* sowie dem (nach den Regeln der neuen deutschen Rechtschreibung sowieso nur noch in Ausnahmefällen angewandten) *Apostroph*. Erstere haben ihre Ursache in nicht korrekten Voreinstellungen unter *Voreinstellungen → Satz*. Anders als bei den ganzen Anführungszeichen ist die Zuweisung nach außen geöffneter halber Anfüh-

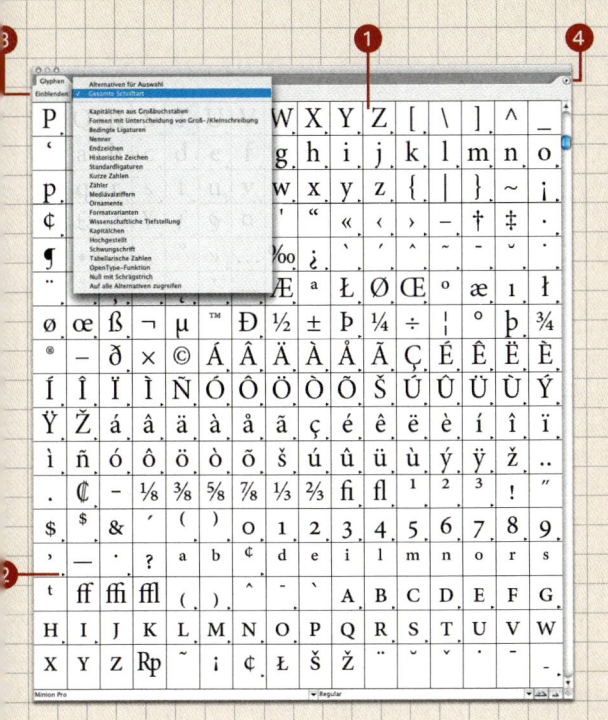

Die **Glyphen-Palette** offeriert zum einen eine Zeichen-Übersicht, über die sich Zeichen per *Auswählen* und *Doppelklick* ins Layout einfügen lassen. Darüber hinaus bietet sie strukturierende Elemente, die Aufschluss darüber geben, welche Zeichen oder Zeichen-Sets in einer Schrift enthalten sind oder nicht. An erster Stelle aufzuführen ist die *Glyphen-Gesamtübersicht* ❶, welche die Schriftzeichen in der Reihenfolge ihrer IDs präsentiert. Sind zu einem Zeichen mehrere Glyphen vorhanden, weist ein kleines *Dreieck-Symbol* ❷ auf alternative Varianten hin. Ziffern beispielsweise können als proportionale und tabellarische Versal-, Mediaevalziffern, als hoch- und tiefgestellte Zeichen sowie als Zähler und Nenner vorliegen (unten). Die im jeweiligen Font enthaltenen Zeichengruppen werden in der Popup-Liste hinter *Einblenden* aufgeführt ❸. Falls über die Befehle im *Palettenmenü* ❹ eigene Glyphen-Gruppen angelegt wurden (siehe auch Seite 97), erscheinen sie ebenfalls hier.

rungszeichen nicht möglich. Ärgerlich ist dieses Manko vor allem dann, wenn Text mit korrekten typografischen An- und Abführungszeichen importiert werden soll. Was tun? Zunächst einmal bleibt in der Tat nichts anderes übrig, als falsch zu importieren. Einigermaßen unaufwendig austauschen lassen diese sich immerhin mittels folgender *Suchen/Ersetzen*-Prozedur: Suche Leerzeichen plus falsches halbes Anführungszeichen Anfang und ersetze es durch Leerzeichen plus richtiges halbes Anführungszeichen Anfang. Im Anschluss erfolgt ein zweiter Durchgang für die am Ende stehenden Zeichen. Das zusätzliche Leerzeichen gewährleistet bei dieser Vorgehensweise, dass jeweils nur die am Anfang und am Ende stehenden Zeichen ausgetauscht werden.

Eine ähnliche Suchprozedur erfordern falsch umgesetzte Apostroph-Zeichen. Der leichtere Weg bei der Eingabe ist indes das Eintippen des korrekten Sonderzeichen-Shortcuts. Da die beschriebenen Fehler Ein-

zelfälle darstellen und im Übrigen von einer Fülle sehr versierter Zeichen-Funktionen konterkariert werden, tendiere ich persönlich in diesem Fall zu einer nachsichtigen Beurteilung dieser typisch US-amerikanischen Handicaps.

Typografische Zusatzfunktionen

Glyphen-Palette. Für die sehr weitgehende Unterstützung typografischer OpenType-Funktionen hat InDesign zu Recht viel Lob erhalten. Hierzu zählt zum einen die bereits angesprochene *Glyphen-Palette*. Zunächst einmal liefert sie eine Übersicht zu den in einer Schrift enthaltenen Zeichen – verbunden mit einer alternativen Eingabemöglichkeit. Die Popup-Liste hinter *Einblenden* liefert zusätzliche Hinweise über die Zeichen-Struktur einer Schrift. Normale PostScript-Fonts offerieren hier lediglich

OpenType-Funktionen 93

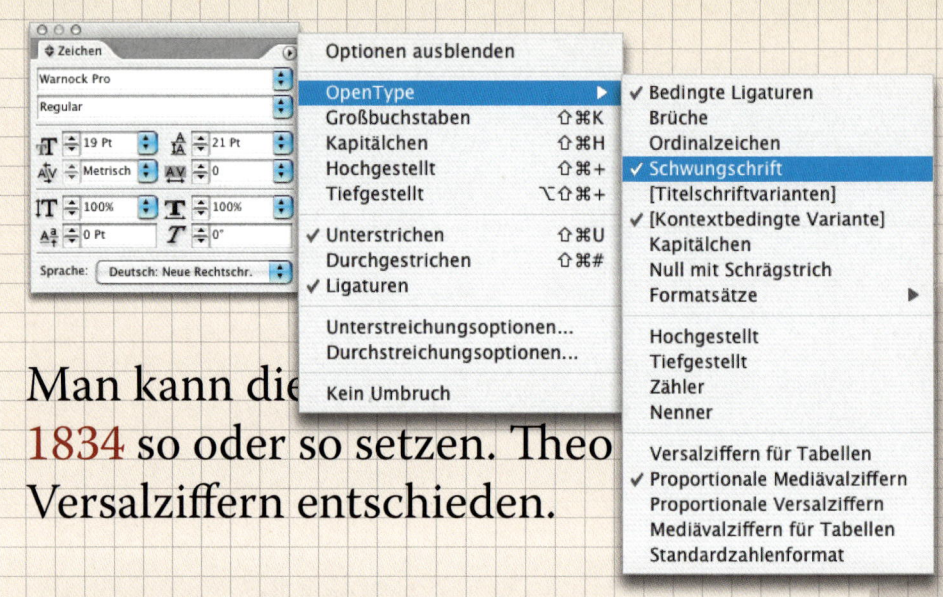

Man kann die Jahreszahl 1834 so oder so setzen. Theo Versalziffern entschieden.

Man kann die Jahreszahl 1834 so oder so setzen. Rita hatte sich für Mediävalziffern entschieden.

die Auswahl *Gesamte Schriftart.* OpenType-Fonts hingegen enthalten in dieser Liste wertvolle Informationen, welche typografischen Zusatzsets im jeweiligen Font enthalten sind. Die *Minion Pro* beispielsweise enthält neben der Standard-Zeichenbelegung zusätzliche Sets für *Ligaturen, Kapitälchen, hochgestellte Zeichen, Bruchziffern, historische Figuren* und vieles mehr.

OpenType-Features. Im Palettenmenü der *Zeichen-Palette* sind unter dem Oberbegriff *OpenType* alle wesentlichen typografischen Zusatzattribute präsent: *Kapitälchen, Hochgestellte Ziffern, tiefgestellte Ziffern, Brüche, Ligaturen, historische Zeichenvarianten, Mediävalziffern* sowie *Versalziffern.* Zuweisen können Sie diese Attribute, indem Sie Textpassagen mit dem Cursor markieren und im *OpenType*-Palettenmenü die gewünschte Eigenschaft aktivieren. Ein typisches Beispiel ist das Zuweisen des Zifferntyps *Mediäval-*

OpenType-gesteuerte Formatierung. Das Auswählen spezieller Spezialschnitte entfällt. Es genügt das Markieren der entsprechenden Textpassage und die Zuweisung der gewünschten OpenType-Attribute im *OpenType*-Menü der *Zeichen-Palette.* Im unteren Textbeispiel wurde als Zifferntyp *Proportionale Mediävalziffern,* für die markierte Textpassage zusätzlich *Schwungschrift* aktiviert.

ziffern. Für Fließtexte, insbesondere in Büchern, ist dieser Zifferntyp optimal. In Tabellen hingegen sind eher die geläufigeren *Versalziffern* angesagt. InDesign untergliedert beide Zifferntypen noch einmal in *proportionale Ziffern* mit unterschiedlicher Zeichenbreite und *Tabellenziffern* mit einheitlicher Zeichenbreite.

Voraussetzung für die Anwendbarkeit der OpenType-Eigenschaften im Palettenmenü der Zeichen-Palette ist die Auswahl einer OpenType-Schrift. Bei Schriften im Format *OpenType Pro* sind diese Zusatzei-

Index¹ Index¹ Index¹

Hochgestellt als Stilzuweisung   *Hochgestellt* als OpenType-Attribut   OpenType-Attribut *Zähler*

½ kg ½ kg ½ kg

Hochgestellt, Bruchstrich, *Tiefgestellt*
(Tiefgestellt: Standard-Voreinstellungen)

Hochgestellt, Bruchstrich, *Tiefgestellt*
(Tiefgestellt: *Zeichenlage* in *Voreinstellungen*
→ *Erweiterte Eingabe* ist 0 %)

OpenType-Attribut *Brüche*

Kurt hatte sich für seinen Mustertext vorgenommen, ganz viele Indexziffern auf einmal zu generieren. Begriffe wie Text¹, Muster², Index³ und so weiter standen, nur die restlichen Zahlen wie zum Beispiel die zwei Jahreszahlen ¹⁸²³ und ¹⁹⁷⁷ bereiteten ihm noch Probleme.

Text markieren und OpenType-Attribut *Zähler* zuweisen genügt alleine nicht.

genschaften immer vorhanden; bei Schriften im Format *OpenType Standard* können solche vorliegen, müssen jedoch nicht. Bei «normalen» *PostScript-Schriften* sind OpenType-Attribute nicht implementiert und können demzufolge auch nicht aktiviert werden. Der Unterschied liegt im Wesentlichen in der Handhabung spezieller Zusatzzeichen-Sets. *PostScript-Schriften* können zwar durchaus mit Kapitälchen, Mediävalziffern, Ligaturen oder anderen Zusatzzeichen ausgestattet sein. Anders als bei OpenType-Schriften muss die Zuweisung jedoch durch Ansteuerung eines entsprechenden *Small-Caps-*, *Expert-* oder *Old-Style-Figures*-Spezialschriftschnitts erfolgen.

Indexziffern: Schriftstil oder OpenType-optimiert? Einige OpenType-Eigenschaften gleichen in vielerlei Hinsicht den elektronischen Einstellungsmöglichkeiten *Großgestellt*, *Tiefgestellt*, *Hochgestellt* und *Ka-*

pitälchen. Zum einen finden sich diese im Palettenmenü der *Zeichen-Palette*. Leichter zugänglich sind allerdings die vier linken Buttons in der kontextsensitiven *Steuerung-Palette*. Arbeiten Sie mit OpenType-Fonts, sollten Sie beachten, dass die identischen Bezeichnungen in Paletten-Hauptmenü und *OpenType*-Untermenü teilweise unterschiedliche Auswirkungen nach sich ziehen. Während die Zuweisung von *Tiefgestellt* und *Hochgestellt* in Palettenmenü oder Steuerung-Palette elektronisch skalierte Index- und Bruchziffern erzeugt, rufen dieselben Zuweisungen im Menü *OpenType* optimierte Index- und Bruchziffern auf. Bei *Kapitälchen* hingegen weist InDesign auch dann (echte) OpenType-Kapitälchen zu, wenn Sie den Befehl im Palettenmenü oder in der Steuerung-Palette auslösen – obwohl diese Befehle «eigentlich» zur Erzeugung elektronisch skalierter Kapitälchen vorgesehen sind.

OpenType-Funktionen

Mustertext

ABREIBEBUCHSTABEN in diversen Punktgrößen gehörten ab etwa 1970 zum Grundinventar eines jeden Grafikateliers[1]. Ebenso wie die teurere Variante, der Fotosatz, ersetzten sie die noch zu Bleisatzzeiten gängigen Buchstaben aus Holz[2]. In der Computerzeit spielt das alles keine Rolle mehr. Selbst mathematischer Spezialsatz (Beispiel: die Formel $y = x^2 - \frac{1}{3}$) lässt sich mit moderner Software[3] vergleichsweise mondän umsetzen.

---

1 Dies ist nur ein Beispiel für eine Fußnote

Mustertext

ABREIBEBUCHSTABEN in diversen Punktgrößen gehörten ab etwa 1970 zum Grundinventar eines jeden Grafikateliers[1]. Ebenso wie die teurere Variante, der Fotosatz, ersetzten sie die noch zu Bleisatzzeiten gängigen Buchstaben aus Holz[2]. In der Computerzeit spielt das alles keine Rolle mehr. Selbst mathematischer Spezialsatz (Beispiel: die Formel $y = x^2 - \frac{1}{3}$) lässt sich mit moderner Software[3] vergleichsweise mondän umsetzen.

---

1 Dies ist nur ein Beispiel für eine Fußnote

Detailverbesserung durch den Einsatz typografischer OpenType-Funktionen. Die linke Textversion wurde mit herkömmlichen Mitteln gesetzt. Rechts hingegen kamen echte Kapitälchen, hochgestellte Ziffern, die Zuweisung Bruch sowie größenangepasste Schriftschnitt-Versionen (Display und Caption) zum Zuge.

Tastaturbefehle. Mit Tastaturbefehlen (rechts) lassen sich OpenType-Attribute einfacher zuweisen (siehe auch Kapitel 11).

Summa summarum lassen sich mit InDesigns typografischen OpenType-Funktionen unterschiedliche Akzente setzen – vom anspruchsvollen Schönsatz bis hin zu netten typografischen Spielereien. Welche Vorteile die einzelnen Befehle in typografischer Hinsicht bringen, verdeutlicht die Gegenüberstellung oben auf dieser Seite. Da die benötigten Befehle insgesamt jedoch nicht gerade durch einfache Zugänglichkeit brillieren, empfiehlt es sich, regelmäßig benötigte OpenType-Funktionen via *Bearbeiten → Tastaturbefehle* mit einer userdefinierten Tastenkombination zu versehen.

Userdefinierte Glyphen-Sets. Viele der beschriebenen Funktionen lassen sich auch unabhängig vom gerade aktuellen Fontformat nutzen. Die *Glyphen-Palette* etwa ermöglicht das Zusammenstellen anwenderdefinierter Zeichensets – insbesondere bei Pi- und Dingbats-Schriften eine recht prak-

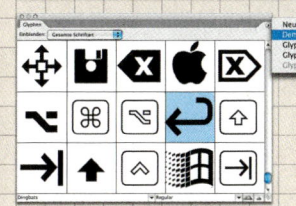

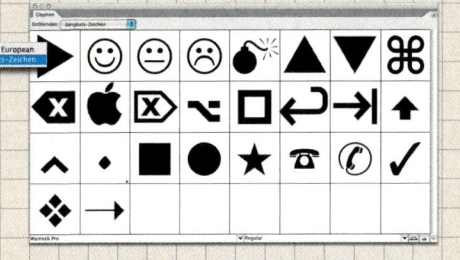

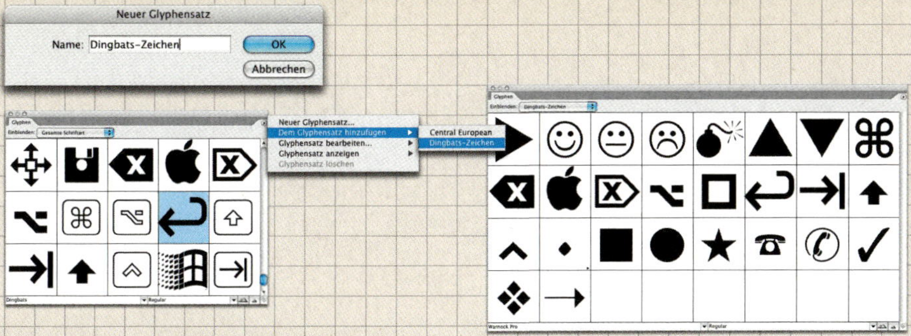

Userdefinierter Glyphenset mit unterschiedlichen Symbolzeichen

Userdefinierter Glyphenset mit Akzentzeichen für mitteleuropäische Sprachen

Arbeiten mit Glyphen-Sätzen

Anlegen lassen sich Glyphen-Sätze recht einfach: Erst über den Befehl *Neuer Glyphensatz* im Palettenmenü der *Glyphen-Palette* Satz anlegen, dann über den Befehl *Zu Glyphensatz hinzufügen* Zeichen hinzufügen. In eigene Zusammenstellungen können Sie durchaus auch Zeichen aus unterschiedlichen Fonts hineinnehmen. Der abgebildete Symbolzeichensatz oben links besteht aus Zeichen der Zapf Dingbats, der Wingdings sowie eines eigenen Symbolzeichenfonts (Dingbats), der untere enthält eine Reihe Akzentzeichen für mitteleuropäische Sprachen. Aufrufen lassen sich Glyphen-Sätze über die Popup-Liste neben *Einblenden*. Unabhängig von vorhandenen OT-Zusatzsets in der aktuellen Schrift sind sie dort stets präsent. Wird der Satz aktiviert, lassen sich die Zeichen durch einfachen Doppelklick eingeben – vorausgesetzt, die entsprechende Schrift ist aktuell verfügbar.

tische Angelegenheit. Eigene Sets mit Glyphen erstellen Sie, indem Sie über den Befehl *Neuer Glyphensatz* im Palettenmenü der *Glyphen-Palette* einen Glyphen-Satz anlegen und diesen mit einem geeigneten Namen versehen. Der Satz ist nun präsent und kann über das Auswählen ausgesuchter Zeichen und den Befehl *Zu Glyphensatz hinzufügen* mit Zeichen bestückt werden. Oft verwendete Zeichen aus Symbolfonts bieten sich für userdefinierte Glyphensätze ebenso an wie sonst nur schwer zugängliche Zeichen in Normalschriften. Die Vorteile anwenderdefinierter, aus unterschiedlichen Schriften zusammengestellter Zeichen-Sets verdeutlicht das folgende Arbeitsbeispiel.

Ob elegante Sprachhandhabung, Formatierungsattribute für anspruchsvolle Typografie oder anwenderdefinierbare Sets mit «Zeichen-Exoten»: Insgesamt ermöglichen *Glyphen-Palette* und *OpenType*-Formatie-

rungsattribute ein sehr versiertes typografisches Feintuning. Dass das Ganze nicht für das Abarbeiten großer Textmengen geeignet ist, wie einige Kritiker meinen, wird durch die Programmpraxis widerlegt. Die beschriebenen Funktionen stehen nicht isoliert für sich allein, sondern sind integriert in die Basistechnologie für das Formatieren großer Textmengen schlechthin: *Formate*. Formate – nichts anderes als die aus QuarkXPress bekannten Stilvorlagen – ermöglichen das Zuweisen eines vorab angelegten Sets mit Typografie-Eigenschaften auf einen Rutsch. Was es darüber Wissenswertes im Detail gibt, erfahren Sie im nächsten Kapitel.

OpenType-Funktionen

Arbeitsbeispiel 3: Mehrsprachiger Text

Liegt ein fremdsprachiger Text erst einmal als Datei vor, brauchen Sie in InDesign nur noch eine Schrift, die den für die jeweilige Sprache nötigen Zeichensatz enthält. Für das Beispiel auf der rechten Seite wurden vier kurze Erklärungstexte zu Adobe Photoshop aus der deutschen, der ungarischen, der türkischen und der russischen Wikipedia importiert und mit der OpenType-Schrift Warnock Pro formatiert. Die Verfahrensweise beschreibt die Step-by-step-Anleitung.

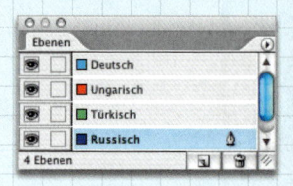

Ebenen können das Arbeiten mit mehrsprachigen Layouts beträchtlich vereinfachen. Beispiel: eine für mehrere Sprachen angelegte Broschüre mit identischem Bildmaterial.

Formatierung ohne OpenType-Font

Die vier Textpassagen benötigen drei unterschiedliche Zeichensätze: *Western Latin* für den deutschen Text, *Central European (CE)* für den ungarischen und den türkischen Text sowie *Cyrillic* für die russische Textpassage. Beim Formatieren mit herkömmlichen PostScript-Zeichensätzen muss gewährleistet sein, dass neben dem normalen Schriftfont auch CE- und Cyrillic-Fontvarianten vorhanden sind.

Formatierung mit OpenType-Font

Die im Lieferumfang der Creative Suite enthaltenen Schnitte der *Warnock Pro* enthalten über den für Pro-Schriften obligatorischen CE-Zeichenset hinaus auch kyrillische Zeichen zum Abdecken der osteuropäischen Sprachen. Die Vorgehensweise beim Layoutbeispiel auf der rechten Seite:

1. Text platzieren. Über *Datei → Platzieren* wird der Text wie jeder andere auch importiert (siehe auch Kapitel 3). Im konkreten Fall lagen die kopierten Textpassagen als einfache TXT-Datei vor.

Die *Warnock Pro* enthält neben dem westeuropäischen Zeichenset den für mitteleuropäische und kyrillische Sprachen.

2. Wird der Text beim Importieren mit der Standardschrift formatiert (zum Beispiel der *Times* des Betriebssystems), erscheint zunächst ein kryptischer Zeichenwust. Der Grund: Die meisten Textzeichen sind im aktuellen Font nicht vorhanden. Dies ändert sich, wenn Sie den Text markieren und mit der OT-Schrift Warnock Pro formatieren.

3. Sprache für die Silbentrennung. Damit InDesign richtig trennt, muss in der *Zeichen-Palette* für jede Textpassage die richtige *Sprache* gewählt werden. Verfahren: Textpassage markieren und dazugehörige Sprache aus der Popup-Liste auswählen ❶.

4. Feinformatierung. Warnock Italic, Farben und sonstige typografische Auszeichnungen können über die *Zeichen-Palette* zugewiesen werden. Bei längeren Texten empfiehlt sich auch bei fremdsprachigem Satz das Arbeiten mit *Formaten* (siehe nächstes Kapitel).

Die blauen und roten Markierungen in den Textbeispielen entsprechen nach den Wikipedia-Konventionen Verweisen auf andere Einträge der Online-Enzyklopädie. Blau bedeutet, dass bereits ein Eintrag existiert; Rot, dass zu diesem Begriff ein Beitrag erwünscht ist.

98   Praxis

Adobe Photoshop
aus Wikipedia, der freien Enzyklopädie

Adobe Photoshop ist ein kommerzielles Bildbearbeitungsprogramm des US-amerikanischen Softwarehauses Adobe Systems. Im Bereich der professionellen Bildbearbeitung (Druckvorstufe) ist das Programm Marktführer. Wie die meisten anderen Adobe-Anwendungen ist auch Photoshop für Mac OS X und Microsoft Windows verfügbar.

Adobe Photoshop
Vikipedi, özgür ansiklopedi

Adobe Photoshop veya kısaca photoshop (okunuşu; fotoşop) resim düzenlemede bir standart olan, Adobe Systems'in meşhur sayısal fotoğraf işleme yazılımıdır. Vektörel işlemlerde ve yazı işleme konusunda da bazı yetenekleri olmakla beraber, pazar lideri olmasını sağlayan özelliği bit resim işlemedir. 2006 itibariyle, 9. sürümü piyasadadır. Sadece Microsoft Windows ve Mac OS işletim sistemlerinde çalışır.

Adobe Photoshop
A Wikipédiából, a szabad lexikonból.

Képszerkesztő és fotófeldogozó program. A grafikus programok a képkezelés és tárolás szempontjából két csoportra oszthatók. A vektorgrafikus szoftverek az ábrázolás során a képet alkotó alakzatokat matematikai egyenletekkel írják le, ebből adódik az az előny, hogy az ilyen képek korlátlan mértékben nagyíthatók és kisebb helyet foglalnak el, hátrányuk, hogy fényképek kezelésére nem alkalmasak (bár ma már léteznek hibrid rendszerek is).

Adobe Photoshop
Материал из Википедии — свободной энциклопедии

Adobe Photoshop — графический редактор, разработанный и распространяемый фирмой Adobe Systems. Этот продукт является лидером рынка в области коммерческих средств редактирования растровых изображений, и наиболее известным продуктом фирмы Adobe.

Zeichenformate	
[Keine]	
100-body (regular)	Befehl+Num 0
101-body (bold)	Befehl+Num 1
102-body (italic)	Befehl+Num 2
103-body (uz2)	Befehl+Num 3
104-body (dingbatsfont)	Befehl+Num 4
105-body (numbers)	Befehl+Num 5
106-body (zapf dingbats)	Befehl+Num 6
107-body (regularkleiner)	Befehl+Num 7
108-body (boldkleiner)	Befehl+Num 8
109-body (italickleiner)	Befehl+Num 9
110-body (taste)	
200-marg (regular)	Wahl+Num 0
201-marg (bold)	Wahl+Num 1
202-marg (italic)	Wahl+Num 2
203-marg (black)	Umschalt+Befehl+Num 3

Absatzformate	
[Einfacher Absatz]	
000-body (normal)	Wahl+Umschalt+Befehl+Num 0
001-body (einzug)	Wahl+Umschalt+Befehl+Num 1
002-body (aufzahl...	Wahl+Umschalt+Befehl+Num 2
003-body (uz1)	Wahl+Umschalt+Befehl+Num 3
004-marg (normal)	Wahl+Umschalt+Befehl+Num 4
005-marg (aufzahl...	Wahl+Umschalt+Befehl+Num 5
006-marg (uz1)	Wahl+Umschalt+Befehl+Num 6
007-head (oz)	Wahl+Umschalt+Befehl+Num 7
008-head (headline)	Wahl+Umschalt+Befehl+Num 8
009-head (intro)	Wahl+Umschalt+Befehl+Num 9

TYPOGRAMME IN INDESIGN:

Mit Formaten arbeiten

Word nennt sie Formatvorlagen, QuarkXPress Stilvorlagen, InDesign einfach Formate. Egal wie die Bezeichnung lautet: Ohne diese gebündelten Typo-Zuweisungen läuft in Textverarbeitung und Layout kaum noch was – zumindest dann, wenn es um größere Textmengen geht. Wie Formate funktionieren und wie sie sich effizient einsetzen lassen, beschreibt das folgende Kapitel.

Das Formatieren von Text ist eines der wesentlichen Aufgabenfelder in einem Layoutprozess. Geht es um originell gestaltete Anzeigen, Flyer oder etwa eine kleine Bröschüre, ist das Spielen mit den einzelnen Typo-Parametern – Schrift, Schriftgröße, Zeilenabstand, Einzüge und so weiter – die angemessene Methode. Dasselbe gilt auch für die Konzeptionsphase komplexerer Publikationen. Bei der konkreten Umsetzung von Magazinlayouts, Katalogen, Info-Broschüren oder Büchern hingegen sind gebündelt zuweisbare Typografie-Attribute unverzichtbar.

Was sind Formate?

InDesign offeriert für das Anlegen und den Einsatz gebündelter Formatattribute zwei Paletten – jeweils eine für *Absatz-* und eine

Wenn man so will, handelt es sich bei Formaten um typografische Fertiggerichte. Der Unterschied: Anders als bei den Dosengerichten aus dem Supermarktregal stellen Sie die Bestandteile frei zusammen.

für *Zeichenformate*. Wie in anderen Programmen auch, können *Absatzformate* nicht nur Absatz-, sondern auch Zeichenattribute enthalten. *Zeichenformate* hingegen enthalten nur Zeichenattribute. Anders als in XPress definieren *Zeichenformate* in InDesign allerdings nicht den kompletten Set möglicher Zeichenattribut-Zuweisungen, sondern lediglich die Zeichenparameter-Abweichungen vom aktuellen Absatzformat.

Die grundlegende Formate-Verkehrsregel in InDesign lautet somit: *Absatzformate* enthalten immer vollständig ausdefinierte Zeichenattribute – Schrift, Schriftschnitt, Schriftgröße, Zeilenabstand, Laufweite, Skalierung und so weiter. Bei den *Zeichenformaten* hingegen hängt es von praktischen Abwägungen ab, wie festgelegt sie sind. Sehen wir uns die Funktionsweise von InDesign-Formaten am Beispiel an.

Korrekte Formate. Unabhängig davon, ob im Dokument bereits Formate angelegt sind oder nicht, erscheinen in *Zeichenformate-* und *Absatzformate-Palette* jeweils zwei in eckige Klammern eingefasste Grundformate: *Einfacher Absatz* und *Keine. Einfacher*

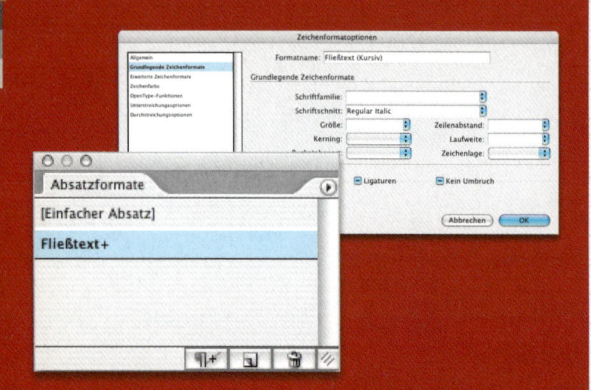

Formate schneller anwenden

Mit diversen Tasten- und Navigationstricks lässt sich auch der Umgang mit Zeichen- und Absatzformaten erheblich effizienter gestalten:

Nur Absatzformat (1). Wollen Sie zusätzliche *Zeichenformate* durch die Zeichen-Einstellungen des *Absatzformats* überschreiben, klicken Sie in der *Zeichenformat*-Palette auf das Format *Keine*.

Nur Absatzformat (2). Das Anlicken des *Absatzformats* mit gehaltener ⌥-Taste bewirkt dasselbe – leider jedoch nur bei manuell vorgenommenen Zusatzformatierungen (Merkmal: Plus-Zeichen hinter Absatzformat-Name) und nicht bei Zeichenformat-Zuweisungen.

Format-Parameter verändern. Doppelklicken auf Formatname öffnet Formatoptionen. Da diese Vorgehensweise gleichzeitig auch das Format zuweist, empfiehlt sich als Alternative Doppelklicken mit gehaltener ⌘-Taste (mitunter ist auch zweimaliges Doppelklicken nötig, dann erscheinen jedoch die Optionen). Praktisch: Bei eingeschalteter *Vorschau* lassen sich Veränderungen direkt am Format im Text nachverfolgen.

Format(e) duplizieren. Format(e) auf das Neues Format-Icon in der Fußleiste der jeweiligen Palette ziehen. Die Duplizieren-Methode empfiehlt sich vor allem dann, wenn Sie nur einzelne Parameter verändern wollen (beispielsweise Bold als Schnitt anstatt Italic wie beim Original).

Mehrere Formate markieren. Mit gehaltener ⌘-Taste lassen sich auseinander liegende, mit gehaltener ⇧-Taste über- oder untereinander stehende Formate markieren.

Formate verhalten sich nicht so, wie man möchte. Sehr oft sind undefinierte Parameter der Grund für unerklärliches Verhalten. Optionen checken und Punkte gegebenenfalls definieren.

Shortcuts. Die Punkte für Neues Format und die Formatoptionen in den Palettenmenüs sind gute Kandidaten für anwenderdefinierte Shortcuts. Mehr dazu in Kapitel 11.

Format-«Resets»: Einfacher Absatz weist die Standard-Absatzparameter zu. Das Zeichenformat Keine setzt abweichende Zeichenformatierungen auf die Zeichenformatierungen des jeweiligen Absatzformats zurück.

Absatz enthält die Standardvorgaben für die Typografie. Wenn Sie es nicht anders eingestellt haben (siehe auch Kapitel 2, Seite 32), formatiert dieses nicht löschbare Absatzformat mit Times als Grundschrift, der Schriftgröße 12 Punkt sowie einem automatischen Zeilenabstand. Verändern lassen sich die Standardparameter, indem Sie bei ungeöffnetem Dokument mit gehaltener ⌥-Taste auf *Einfacher Absatz* doppelklicken und in den einzelnen Feldern die jeweiligen Parameter verändern.

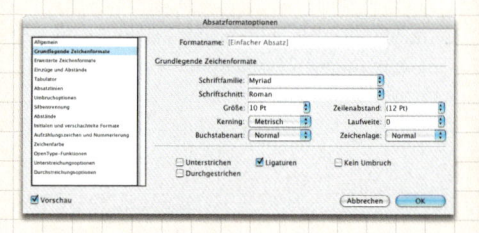

Bei Bedarf kann das Standardformat Einfacher Absatz mit eigenen Parametern versehen werden.

Verändern Sie in einem beliebigen Text ein Typografie-Attribut – etwa, indem Sie die *Schriftgröße* von 12 auf 13 Punkt heraufsetzen –, erscheint ein Pluszeichen hinter

Formate festlegen
ist keine Kunst
Am besten nimmt man sie direkt aus dem Text auf.

Formate step-by-step

Beim Aufnehmen von Formaten aus dem Text heraus gestalten sich die einzelnen Schritte folgendermaßen:

1. An geeigneter Textpassage Absatz- und Zeichenformatierungen vornehmen.

2. Absatzformat festlegen: Der Textcursor muss lediglich irgendwo in der Textpassage platziert sein.

3. Klicken auf mittleren Button in der Fußleiste der *Absatzformate-Palette*. Doppelklick auf den Namen des neu gebildeten Absatzformats. Im Dialog des Reiters *Allgemein* Namen vergeben sowie gegebenenfalls einen Tastenbefehl mit einer Ziffer des rechten Tastaturblocks.

4. Zeichen-Auszeichnung mit dem Cursor markieren.

5. Klicken auf linken Button in der Fußleiste der *Zeichenformate-Palette*. Doppelklick auf den Namen des neu gebildeten Zeichenformats, anschließend Namen und Shortcut vergeben wie unter 3. beschrieben.

6. Formate zuweisen. Zu beachten ist, dass der Beispieltext zwar die Formatmerkmale beinhaltet, jedoch (noch) nicht die soeben angelegten Formate.

---

dem aktuell gültigen Format. Dies bedeutet zunächst nichts weiter, als dass der aktuell markierte Text Parameter enthält, welche von den aktuellen Absatzformatparametern abweichen. Was tun? Zunächst ist das Pluszeichen nichts weiter als eine Information. Angezeigt wird es zudem auch, wenn im aktuell markierten Text Abweichungen vorliegen, die vom Zuweisen einer zusätzlichen *Zeichenformat*-Vorlage herrühren, deren Zeichenattribute von denen des *Absatzformats* abweichen – etwa einer fetten Auszeichnung. Oft deutet das Pluszeichen jedoch auf zusätzliche, von Hand vorgenommene Formatierungen hin. Die Formatattribute des jeweiligen Formats lassen sich dadurch wieder herstellen, indem Sie den Text markieren und mit gehaltener ⌥-Taste auf das gewünschte Format klicken. Bei *Absatzformaten* allerdings löscht diese Vorgehensweise auch sämtliche zugewiesenen *Zeichenformate*.

Formate anlegen. Der offiziell dokumentierte Weg besteht darin, in den Palettenmenüs von *Absatzformate-* oder *Zeichenformate-Palette* den Befehl *Neues Absatzformat* beziehungsweise *Neues Zeichenformat* anzuwählen. Da diese wichtigen Befehle nicht mit einem Shortcut versehen sind, empfiehlt sich auch hier die Erwägung, über *Bearbeiten → Tastaturbefehle* zusätzliche userdefinierte Tastengriffe anzulegen. Die Prozedur wird in Kapitel 11 ab Seite 173 detailliert beschrieben. Eine andere Möglichkeit besteht darin, auf den Button *Neues Absatzformat* oder *Neues Zeichenformat* in der Fußleiste der entsprechenden Palette zu klicken. Ein Doppelklick auf das neu angelegte Format eröffnet dann den Zugang zu den einzelnen Parameter-Feldern.

Wie die Eigenschaften festlegen? Sie können natürlich die einzelnen Bereiche Feld für Feld durcharbeiten. Einfacher ist es jedoch, eine Textpassage mit den vorgesehenen Parametern durchzuformatieren und das Absatz- oder Zeichenformat im Anschluss zu definieren (siehe oben). Vorteil: Die angelegten Attribute werden direkt ins Format übernommen; definiert werden muss lediglich noch ein passender Formatnamen. Zusätzlich vergeben können Sie einen Tastaturbefehl – eine äußerst praktische Angelegenheit: Über die definierten Shortcuts (vorgesehen sind hierfür die Ziffernblock-Tasten auf der rechten Tastaturseite) lassen sich Formate nämlich direkt per Tastengriff zuweisen.

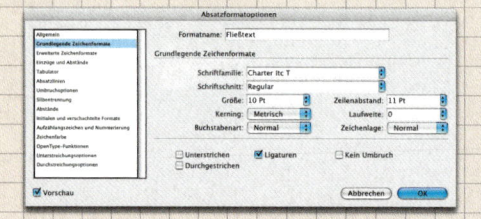

Absatzformate und Zeichenformate

Absatzformate enthalten sowohl Absatz- als auch Zeichenattribute. Zeichenformate enthalten lediglich Zeichenattribute – jedoch nicht alle, sondern lediglich die, welche beim Anlegen des Zeichenformats von den Zeichenattributen des jeweiligen Absatzes abweichen. Die einzelnen Reiter in den Optionseinstellungen beinhalten folgende Parameter:

Zeichen

Allgemein: Formatname, Tastenbefehl, basierendes Format, Infofeld Formateinstellungen

Grundlegende Zeichenformate: Schrift, Schriftschnitt, Schriftgröße, Zeilenabstand, Kerning-Methode, Laufweite und zusätzliche Stilzuweisungen (Hochgestellt, Unterstrichen usw.)

Erweiterte Zeichenformate: Grundlinienversatz, Skalierung, Schrägstellung, Spracheinstellung

Zeichenfarbe: Zeichenfarbe

OpenType-Funktionen: OpenType-Attribute wie z.B. Zifferntyp, Kapitälchen etcetera

Einstellungen für *Unterstreichungsoptionen* und *Durchstreichungsoptionen*

Absatz

Die Absatzformatoptionen beinhalten sämtliche unter Zeichen aufgelisteten Parametereinstellungen. Hinzu kommen:

Einzüge und Abstände: Ausrichtungsmethode, Einzüge, Abstand vor und Abstand nach, Grundlinienraster

Tabulator: Einstellungen für Tabstopps (siehe auch Kapitel 10)

Absatzlinien: Einstellungen für Absatzlinien (siehe Kapitel 4)

Umbruchoptionen: Vorgaben für das Zusammenhalten von Zeilen sowie den Absatzbeginn

Silbentrennung: Toleranzbereiche für Silbentrennung

Abstände: Toleranzeinstellungen für Abstände

Initialen und verschachtelte Formate: Initialen; Festlegung von Formatabfolgen (mehr dazu in diesem Kapitel)

Aufzählungszeichen und Nummerierung: Parameter für die Gestaltung von Absätzen mit Aufzählungen (siehe Kapitel 4)

Welche Formateigenschaften ein so angelegtes Format enthält, hängt zunächst vom Typ ab. *Absatzformate* enthalten, wie bereits erwähnt, nicht nur alle nötigen Absatzattribute, sondern darüber hinaus auch die präzisen Zeichenparameter. Da unter Absatzattribute nicht nur Grundparameter wie *Ausrichtungsmethode* und *Einzüge* fallen, sondern auch die Vorgaben für das Umbruchverhalten – *Silbentrennung, Abstände* und *Umbruchoptionen* (siehe auch Kapitel 4 ab Seite 80) – empfehlen sich grundsätzlich zwei Strategien: Entweder richten Sie diese Parameter direkt beim Anlegen der Textvorlage passend ein, oder Sie weisen das angelegte Format einem Text zu und nehmen das Feintuning on the fly vor – bei eingeschalteter *Vorschau* in den Formatoptionen des jeweiligen Formats: Verändern Sie Parameter, verändert sich der Text entsprechend mit.

Absatzformate und Zeichenformate. Wie in den beiden Screenshots oben zu sehen, ist die Liste der Zeichenformat-Parameter deutlich kürzer als bei den *Absatzformaten*. Der Grund: Anders als diese dienen *Zeichenformate* nicht dazu, generelle Formatierungsattribute festzulegen, sondern vielmehr die Abweichungen – etwa fette oder kursive Texthervorhebungen. Im Unter-

In Sachen Schriftschnitte verhält sich InDesign superkorrekt. Schrift-Zuweisungen unter Übergehung des Schnitts funktionieren lediglich dann, wenn alter und neuer Schriftschnitt identische Bezeichnungen aufweisen. Bei der ITC Charter unten ist das nicht der Fall.

Dieser Mustertext in der **Helvetica** enthält unterschiedliche Formatierungen wie zum Beispiel *fett* und *kursiv*.

Dieser Mustertext in der **Myriad Pro** enthält unterschiedliche Formatierungen wie zum Beispiel *fett* und *kursiv*.

Dieser Mustertext in der **ITC Charter** enthält unterschiedliche Formatierungen wie zum Beispiel fett und kursiv.

schied zu Absatzformaten müssen Zeichenformate nicht präzise festgelegt sein. Die Regel beim Anlegen von *Zeichenformaten:* Beim Übernehmen der Parameter aus einer zuvor formatierten Textpassage werden in einem neuen Zeichenformat lediglich die Abweichungen von den Zeichenattributen der markierten Textpassage festgehalten. Betrifft die Abweichung eine einzige Auszeichnung – zum Beispiel *Bold* anstatt *Regular* als Schriftschnitt –, bleiben die restlichen Parameterfelder leer.

Vor- und Nachteile dieser programminternen Systematik liegen auf der Hand. Auf der einen Seite ist die Zeichenformat-Bauweise in InDesign sehr flexibel. Wird eine bestehende Grundschrift durch eine neue Grundschrift-Zuweisung ersetzt, bleiben Schnitt-Zuweisungen wie *Bold* oder *Italic* zunächst erhalten. Ähnliches gilt für Farbdefinitionen. Auf der anderen Seite sind unpräzise Zeichenformate fehleranfällig: Ist etwa eine *Helvetica Bold* im Schriftsystem nicht geladen, reklamiert InDesign die fehlerhafte Auszeichnung durch Markierung oder eine eckige Klammer im Schriftschnitt-Feld von *Steuerung-* und *Zeichen-Palette*.

Was tun? Wollen Sie präzise Zeichenformate, müssen alle Attribute ausdefiniert werden. In diesem Fall führt kein Weg daran vorbei, leer gebliebene Eingabefelder in den Formatoptionen auszufüllen. Eine Alternative wäre allenfalls ein absichtlich mit exotischen Formatierungen angelegtes *Absatzformat* wie in der rechten Spalte dargestellt. Vorteil: Das Umstellen der Zeichenattribute für die vorformatierte Textpassage in *Steuerung-* oder *Zeichen-Palette* ließe sich zumindest bequemer einrichten.

Zeichenformate: möglichst allgemein oder möglichst konkret?

Bei den drei Textbeispielen oben basieren die Zeichenformate für fett und kursiv auf der Schrift des Absatzformats. Da in den Zeichenformaten lediglich die Abweichungen festgelegt sind (Schriftschnitt: Bold bzw. Italic anstatt Regular), vollziehen die Schriftschnitt-Festlegungen in den Zeichenformaten bei einem Schriftwechsel im Absatzformat die entsprechenden Auszeichnungen mit. Leider funktioniert dieses System nicht immer: Weicht nämlich die Schriftschnitt-Bezeichnung der neuen Schrift von derjenigen der alten ab (Beispiel 3: «Regular Italic» anstatt «Italic»), tappt InDesign im Dunkeln und markiert die betroffene Textpassage.

Die Alternative zu allgemeinen Zeichenformaten, welche lediglich die Abweichungen von den Absatzattributen enthalten, sind konkrete Zeichenformate, in denen sämtliche Parameter ausdefiniert sind. Weitgehend ausgefüllte Parameterfelder lassen sich dadurch gewährleisten, dass ein Absatzformat mit exotischen Parametereinstellungen (unten) als Ausgangsbasis genommen und für das Anlegen der Zeichenformate umformatiert wird.

Mit Formaten arbeiten

Formate zuweisen. Hier erlaubt InDesign unterschiedliche Möglichkeiten. Gängigster Weg ist das Anklicken des vorgesehenen Formats in *Absatzformat-* oder *Zeichenformat-Palette*. Alternativ kann die Formatzuweisung auch über die Format-Popupfelder der *Steuerung-Palette*, die *Pipette* oder – die effizienteste Methode – das Auslösen eines selbst vergebenen Shortcuts geschehen.

Formate wieder loswerden. Mitunter möchte man die mit Formaten erzeugten Formatierungen behalten, jedoch die Verknüpfung mit den entsprechenden Formaten lösen. Über den Befehl *Verknüpfung mit Format aufheben* in den Palettenmenüs von *Absatzformat-* und *Zeichenformat-Palette* ist dies für beide Formattypen möglich. Bei *Zeichenformaten* tut es allerdings auch das Anklicken des Formats *Keine*.

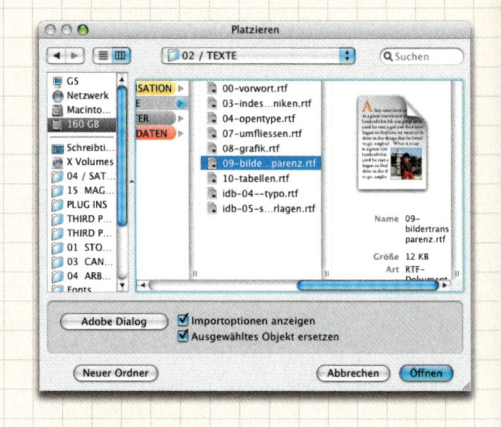

Das Aktivieren der Box *Importoptionen anzeigen* ist vor allem bei unbekannten Textformaten oder bei Text mit Vorformatierungen nie falsch.

Text mit und ohne Formate importieren

Da längere Texte nicht eingetippt, sondern meist als Datei importiert werden, sind vor allem zwei Fragen von Interesse: Welche Optionen bietet InDesign allgemein beim Import von Textdateien, und wie verhält sich InDesign gegenüber bereits bestehenden Textformatierungen? Die beiden Grundmethoden, Text in InDesign zu platzieren, wurden bereits in Kapitel 3 ab Seite 49 beschrieben. Ob Sie direkt platzieren oder Text in einen Rahmen einlaufen lassen – die im Folgenden beschriebenen Importoptionen gelten für beide Vorgehensweisen.

Unterschiedliche Formate. InDesign ermöglicht den Import aller gängigen Textformate wie etwa von reinem, unformatiertem Text (.txt), dem weithin gebräuchlichen Austauschformat RTF, von Microsoft-Word-Texten (.doc) oder von HTML-Text. Gemeinsam ist den aufgeführten Formaten, dass sie – mit Ausnahme von TXT-Formatierungen aus dem Textdokument mehr oder weniger weitgehend erhalten. Um die Verhaltensrichtlinien für den Textimport einzustellen, beinhaltet der Öffnen-Dialog, welcher nach dem Auslösen des Befehls *Datei → Platzieren* (⌘ + D) erscheint, eine Klickbox namens *Importoptionen anzeigen*. Da sich hier zahlreiche Verhaltensrichtlinien für den zu importierenden Text festlegen lassen, empfiehlt es sich in den meisten Fällen, Text über diesen Zwischenschritt zu importieren. Also: *Importoptionen anzeigen* anklicken.

Wie die Abbildungen oben rechts aufzeigen, offeriert InDesign zwei Arten von Textimportoptionen. Während sich die *Importoptionen* bei TXT und HTML auf Fragen zu Textcodierung, Plattform und die Behandlung von Returnzeichen beschränken, warten RTF und DOC mit umfangreichen Einstellungsmöglichkeiten für die im Text enthaltenen Formatierungen auf. Der Vorteil: Da die Beschaffenheit der zu verarbeitenden Textdateien immer wieder gleich ist (Beispiel: Kunde A liefert unformatierte Texte im DOC-Format, Kunde B hingegen RTF-Textdateien mit umfangreichen Formatierungen inklusive Formatvorlagen), lassen sich entsprechende Einstellungen als *Vorein-*

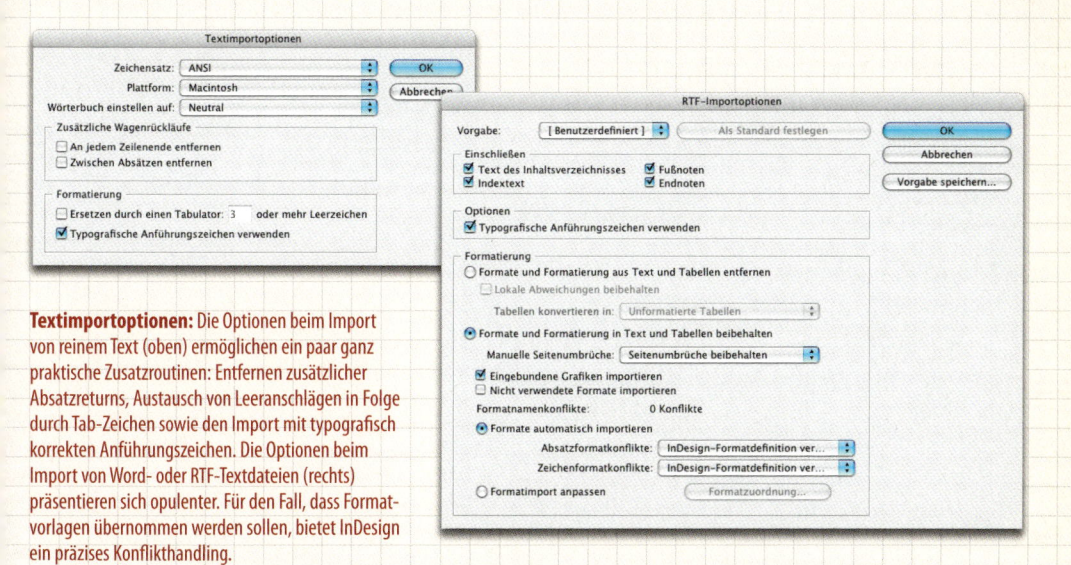

Textimportoptionen: Die Optionen beim Import von reinem Text (oben) ermöglichen ein paar ganz praktische Zusatzroutinen: Entfernen zusätzlicher Absatzreturns, Austausch von Leeranschlägen in Folge durch Tab-Zeichen sowie den Import mit typografisch korrekten Anführungszeichen. Die Optionen beim Import von Word- oder RTF-Textdateien (rechts) präsentieren sich opulenter. Für den Fall, dass Formatvorlagen übernommen werden sollen, bietet InDesign ein präzises Konflikthandling.

stellung abspeichern und beim Importieren ähnlich strukturierter Texte aufrufen: Vorlage A für Kunde A, Vorlage B für Kunde B.

Formatvorlagen importieren. Insbesondere in den Bereichen Buchsatz, Editorial Design und Database Publishing ist die Frage, wie vorformatiert zugelieferte Texte sein sollen, sehr grundsätzlicher Natur. Prinzipiell ermöglicht InDesign nicht nur das Erhalten vorliegender Formatierungsattribute. Erhalten und importiert werden können auch in *Word* angelegte *Formatvorlagen*. Office-Schriftfonts à la Arial und Auto-Zeilenabstand auf der einen, hochwertige Satzschriften und präzise Parameter auf der anderen Seite: Da die konkreten Formatierungsattribute in Word-Formatvorlagen einerseits und InDesign-Formaten eher selten deckungsgleich sind, stellt sich die Frage, wie Formatvorlagen in RTF- oder DOC-Dokumenten so importiert werden, dass im Anschluss möglichst wenig Arbeit anfällt.

Der optimale Workflow wäre in dieser Situation, dass die Word-Formatvorlagen bereits die richtigen typografischen Attribute aufweisen: richtige Schrift, richtiger Schriftschnitt, richtige Schriftgröße und so weiter. Da Texterfassungen diese Idealvorgaben nur in wenigen Fällen erfüllen können, sieht der übliche Workflow wie folgt aus. Die *Formatvorlagen* in der Texterfassung – Headline, Subhead, Vortext, Grundschrift, kursive Auszeichnung, fette Auszeichnung und so weiter – werden mit den im Texterfassungsprogramm gebräuchlichen Schriften *(Times New Roman, Arial* usw.) angelegt: *01-head, 02-subhead, 03-vortext, 04-grundschrift,* und so weiter. Für die professionelle Formatierung in InDesign sind im entsprechenden InDesign-Dokument *Absatz-* und *Zeichenformate* mit gleichlautender Syntax angelegt: *01-head, 02-subhead,* und so weiter. Wird InDesign in den *Textimportoptionen* angewiesen, die *Formatvorlagen* der Textvorlage durch InDesign-*Formate* zu ersetzen, wird der Text bereits beim Importvorgang richtig formatiert und braucht – von vereinzelten Umbruchkorrekturen abgesehen – nicht weiter bearbeitet zu werden. Step-by-step beschrieben wird dieser Vorgang auf der nächsten Seite.

Mit Formaten arbeiten 107

Oberzeile
Headline

Dies ist eine *Mustertextpassage* mit den Formatvorlagen von **Word**.

OBERZEILE
Headline

Dies ist eine *Mustertextpassage* mit den Formaten von **InDesign**.

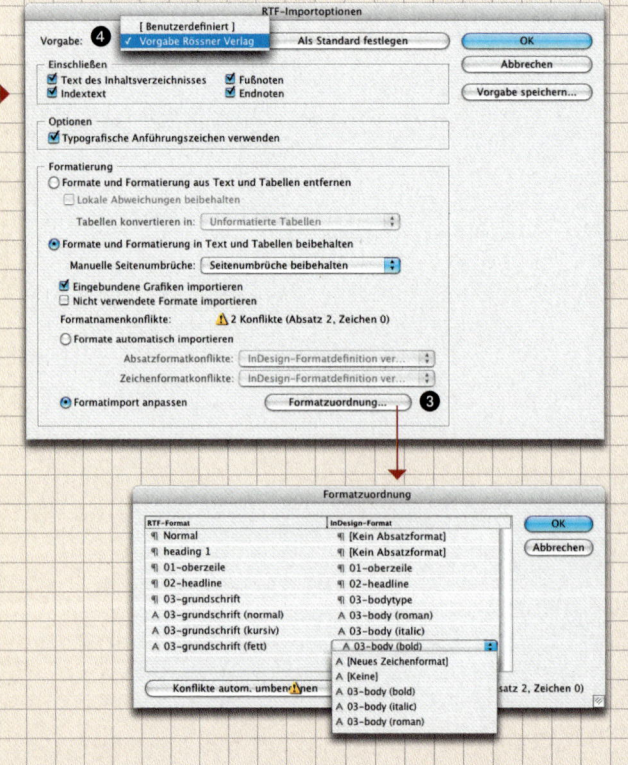

Textimport: Formate übernehmen

Die beiden Dateiformate Word und RTF ermöglichen das Übernehmen bereits vorhandener Formate aus der Texterfassung. Die Vorgehensweise:

1. Ebenso wie in InDesign lassen sich auch in *Word* absatz- und zeichenspezifische Formate anlegen; lediglich die Bezeichnung *(Formatvorlagen)* ist anders ❶. Die Texterfassung selbst kann mit den gewohnten Office-Schriften (z. B. *Times*) erfolgen. Der fertig erfasste Text wird im Word-Format (.doc) oder als RTF-Datei gesichert.

2. Das InDesign-Dokument enthält seinerseits *Absatz-* und *Zeichenformate* für alle Bestandteile des importierten Textes ❷. Diese enthalten die eigentlichen Satz-Parameter (z. B. *Minion Pro* als Grundschrift anstatt *Times*). Über die Importoptionen können jedoch auch Konflikte bei der Benennung von Formaten bzw. Formatvorlagen gemanagt werden. In der Abbildung links wird ein derartiger Konflikt angemeldet.

3. Formatimport anpassen. Über den Punkt *Formatimport anpassen → Formatzuordnung* ❸ werden die importierten Formatvorlagen mit den bestehenden InDesign-Formaten synchronisiert. Ursache des Konflikts sind hier zwei abweichende Namen.

4. *Formatzuordnung* und *RTF-Importoptionen* können nun mit *OK* bestätigt werden. Der importierte Text wird nun mit den in InDesign festgelegten Formatzuweisungen importiert. Tipp: Regelmäßig wiederkehrende Importoptionen-Einstellungen können über den Punkt *Vorgabe speichern* gesichert werden. Bei künftigen Importen stehen sie in der Popup-Liste hinter *Vorgabe* zur Verfügung ❹.

108 Praxis

Formatattribute suchen und ersetzen

Über die beschriebene «Idealprozedur» hinaus bietet InDesign unterschiedliche Möglichkeiten, mit unvollständigen oder fehlerhaften Textdatei-Formatierungen umzugehen. Sofern Ihr Kunde oder Zulieferer beim Erstellen der Textdatei stringent mit Formatvorlagen gearbeitet hat (und nicht mit einzelnen Formatauszeichnungen wie *Schriftgröße, fett, kursiv* und so weiter), lässt sich die richtige Zuweisung –wie auf der linken Seite dargestellt – bereits in den InDesign-Textimportoptionen einstellen. Schwieriger wird es indes bei freien Formatierungen. Ein komplettes Von-Hand-Umformatieren in InDesign können Sie sich jedoch auch in solchen Fällen oft ersparen. Weisen die Textverarbeitungsformatierungen nämlich eine bestimmte Regelmäßigkeit auf, lassen sich bestehende Formatierungsattribute über *Bearbeiten* → *Suchen/Ersetzen* (⌘ + **F**) suchen und mit geeigneten InDesign-Absatz- und Zeichenformaten ersetzen.

Typografie korrigieren über Suchen/Ersetzen. Die Funktion *Suchen/Ersetzen* eignet sich, wie bereits im vorletzten Kapitel beschrieben, nicht nur zum Austauschen typografisch unkorrekter Zeichen («»Zeichen« anstatt «Zeichen») oder falsch geschriebener Wörter («Meyer» anstatt «Meier»). Die beiden Buttons *Format* rechts neben den Anzeigefeldern für *Formateinstellungen suchen* und *Formateinstellungen ersetzen* ermöglichen es, Formatierungsattribute zu suchen und durch andere zu ersetzen. Vorgehensweise: Zunächst über *Format* rechts neben *Formateinstellungen suchen* die zu ersetzenden Parameter definieren. Oft reicht hier schon die Angabe einer bestimmten Schrifteinstellung. Als Zweites legen Sie die Formateinstellung fest, welche die fehlerhafte Formatierung ersetzen soll. Da das Arbeiten mit *Absatz-* und *Zeichenformaten* bei längeren Texten die Regel sein sollte, weisen Sie hier das von Ihnen definierte *Zeichen-*

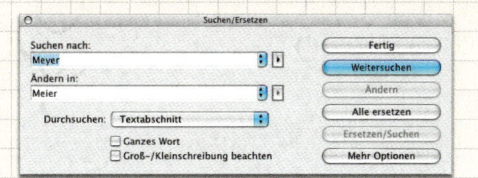

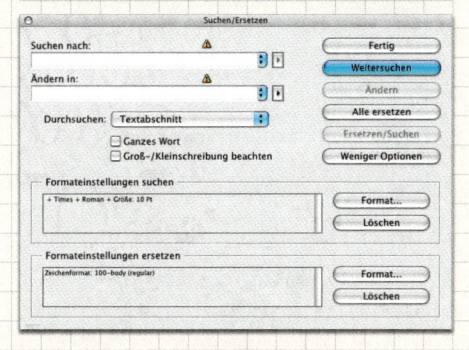

Klickt man in *Suchen/Ersetzen* den Button *Mehr Optionen* an, lassen sich nicht nur Zeichen, sondern auch Formatattribute suchen und ersetzen.

format zu. Klicken Sie anschließend auf den Button *Alle ersetzen*, ersetzt InDesign nun alle fehlerhaften Formatierungen durch die richtigen. Bei komplexeren Texten wiederholen Sie die Vorgehensweise so lange, bis sämtliche falschen Formatattribute ausgesucht und durch die richtigen ersetzt worden sind. Wichtig ist bei einer solchen «Formatwäsche», dass Sie *Zeichenformate* als Erstes ersetzen und erst dann die *Absatzformate* mit den generellen Parametern.

Sonderzeichen suchen und ersetzen. Die Texteingabe-Felder in *Suchen/Ersetzen* ermöglichen nicht nur das Suchen und Ersetzen normaler Zeichen. Klicken Sie auf eines der beiden Dreieck-Symbole rechts neben den Texteingabe-Feldern, öffnet sich eine recht umfangreiche Liste mit unterschiedlichen *Sonder-* und *Steuerungszeichen*. Neben Spezialzeichen, die sich auf der Tastatur nur über zusätzliche Tasten (Mac) oder Zeichenkombinationen (Win) eingeben lassen (Beispiel: das *Copyright-Symbol*), enthält die Liste auch nicht druckende Steuerungszeichen sowie Eingabemöglichkeiten für so ge-

Mit Formaten arbeiten 109

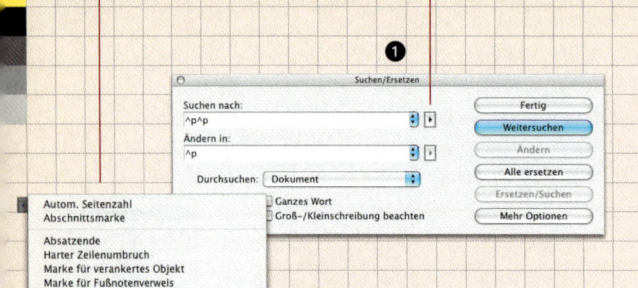

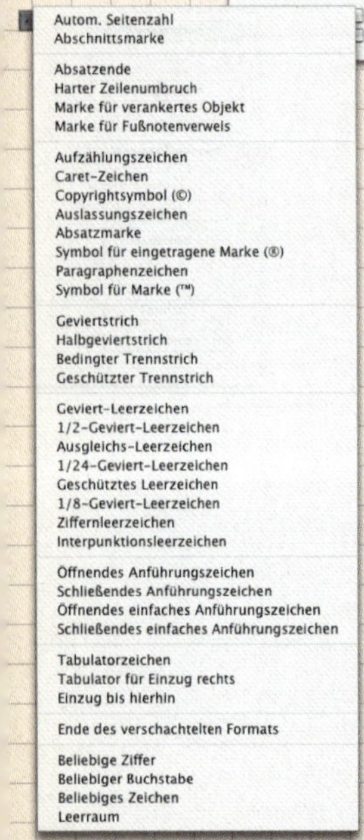

Autom. Seitenzahl
Abschnittsmarke

Absatzende
Harter Zeilenumbruch
Marke für verankertes Objekt
Marke für Fußnotenverweis

Aufzählungszeichen
Caret-Zeichen
Copyrightsymbol (©)
Auslassungszeichen
Absatzmarke
Symbol für eingetragene Marke (®)
Paragraphenzeichen
Symbol für Marke (™)

Geviertstrich
Halbgeviertstrich
Bedingter Trennstrich
Geschützter Trennstrich

Geviert-Leerzeichen
1/2-Geviert-Leerzeichen
Ausgleichs-Leerzeichen
1/24-Geviert-Leerzeichen
Geschütztes Leerzeichen
1/8-Geviert-Leerzeichen
Zifferleerzeichen
Interpunktionsleerzeichen

Öffnendes Anführungszeichen
Schließendes Anführungszeichen
Öffnendes einfaches Anführungszeichen
Schließendes einfaches Anführungszeichen

Tabulatorzeichen
Tabulator für Einzug rechts
Einzug bis hierhin

Ende des verschachtelten Formats

Beliebige Ziffer
Beliebiger Buchstabe
Beliebiges Zeichen
Leerraum

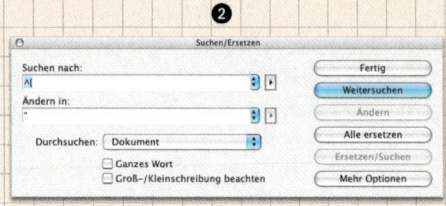

Eingaben für Sonderzeichen

Sonderzeichen lassen sich zum einen über die Popup-Listen hinter den Eingabefeldern von *Suchen nach* und *Ändern in* eingeben. Das Eintippen von Akzentzeichen links oben auf der Tastatur und Buchstabe funktioniert jedoch ebenso. Hier die Kürzel für einige häufig verwandte Sonderzeichen:

Absatzende	^ p
Harter Zeilenumbruch	^ n
Marke für verankertes Objekt	^ a
Bedingter Trennstrich	^ -
Geschützter Trennstrich	^ ~
Tabulatorzeichen	^ t
Tabulator für Einzug rechts	^ y
Einzug bis hierhin	^ i
Beliebiges Zeichen («Joker»)	^ ?

Doppelabsätze und falsche Anführungszeichen

Absatzschaltungen können über die Sonderzeichen-Listen hinter den Eingabefeldern aufgerufen werden; das Eintippen der Codierung «^p» dürfte jedoch schneller funktionieren ❶. Nicht oder falsch formatierte Anführungszeichen lassen sich entweder aus dem Text in das *Suchen nach*-Feld einkopieren oder über die Sonderzeichen-Liste eingeben. Im *Ändern in*-Feld tut es dann die normale Tasteneingabe (⇧ + 2) ❷.

Änderungen der Formatierung

Komplexere Formatierungen aus unterschiedlichen Absatz- und Zeichenformatierungen können über die beiden *Format*-Buttons ersetzt werden. Beim Festlegen der Kriterien erscheint der obligatorische Formatoptionen-Dialog mit seinen Reitern. Hier lassen sich die zu suchenden und die zu ersetzenden Formateigenschaften genau festlegen. Im Beispiel unten wurde zunächst nach Helvetica Regular mit Farbe Blau und Unterstrichen gesucht. Diese wurde dann durch die Minion Pro Italic Nicht unterstrichen ersetzt. Das Kriterium Unterstrichen ist in diesem Fall wichtig, weil es durch das Kriterium Nicht unterstrichen ersetzt wird. Der zweite Suchdurchlauf für den restlichen Text kann sich hier auf die Angaben Helvetica + 11 Pt und Minion Pro + 11 Pt beschränken.

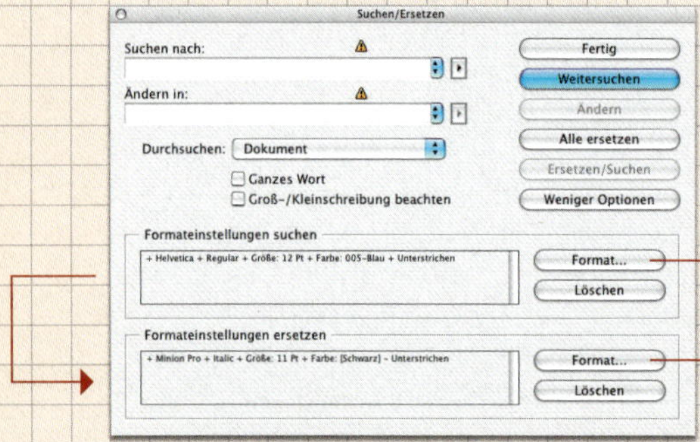

Dies ist ein Mustertext mit einem kurzen Textbeispiel.

Dies ist ein *Mustertext* mit einem kurzen Textbeispiel.

Beispiel links: Auch komplexere Formatierungen lassen sich über *Suchen/Ersetzen* verändern.

Linke Seite: Einige praktische Anregungen für die Verwendung von *Suchen/Ersetzen*.

nannte «Jokerzeichen». Da die Darstellung von Steuerungszeichen durch ein vorangestelltes «^» sowie einen Kennungsbuchstaben erfolgt, können Sie Kennungen auch direkt eingeben. Eine Liste häufig vorkommender Sonderzeichen mit den dazugehörigen Suchen/Ersetzen-Kennungen finden Sie links auf Seite 110.

Suchen und ersetzen lassen sich mit diesen Sonderzeichen-Codierungen eine Menge typischer Texterfassungs-«Formatierungen»: doppelte Absatzschaltungen, unpassende Tabulatorzeichen, falsche An- und Abführungszeichen, Divis-Zeichen als Bindestrich sowie mehrere Leerzeichen in Folge. Da Letztere oft als (unproduktive) Hilfskonstruktion verwendet werden zum Anlegen von Tabellarien, ist es in manchen Fällen sinnvoll, sie gleich durch ein Tabulatorzeichen zu ersetzen. Einige typische Routinen für das sinnvolle Suchen und Ersetzen von Sonder- und Steuerungszeichen sehen Sie in den auf der linken Seite abgebildeten Beispielen.

Verschachtelte Formate und Nächstes Format

Formate stehen in InDesign nicht für sich allein, sondern können – unter bestimmten Bedingungen – mit anderen Formaten in Interaktion treten.

Hierarchische Formate. Die einfachste Art, unterschiedliche Formate in Beziehung zueinander zu setzen, ist die Einstellung unter *Basiert auf*. Die Zeichenformatoptionen präsentieren hier neben der Standardeinstellung *Keine* eine Liste der derzeit im Dokument angelegten *Zeichenformate*. Definieren Sie ein auf einem anderen Zeichenfor-

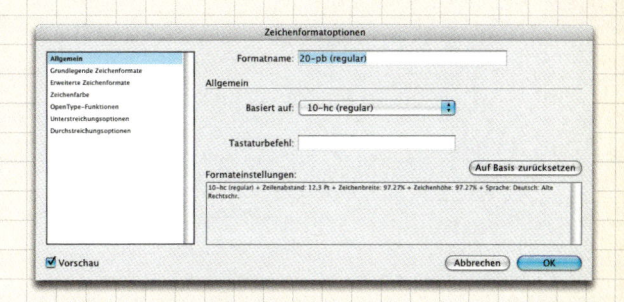

Bei hierarchischen Formaten basiert ein Format auf den Eigenschaften eines anderen. Festgelegt wird das Mutter-Format bei den allgemeinen Formateigenschaften in der Liste hinter *Basiert auf*.

mat basierendes Zeichenformat, bedeutet dies, dass sämtliche Formatattribute des Basisformats auch für das abgeleitete Format gelten. Konsequenz: Bei einer Veränderung der Basisformat-Eigenschaften werden auch die entsprechenden Eigenschaften des abgeleiteten Formats verändert. Nicht von der Veränderung berührt sind lediglich die Eigenschaften, welche vom Basisformat abweichen. Beispiel: ein Basisformat mit den Eigenschaften Myriad als *Schrift*, Regular als *Schriftschnitt*, 10 Punkt als *Schriftgröße*, 12 Punkt als *Zeilenabstand* und der *Zeichenfarbe* Schwarz. Das abgeleitete Format enthält dieselben Einstellungen, allerdings mit zwei Abweichungen: Als *Schriftschnitt* festgelegt ist Italic (anstatt Regular) und als *Zeichenfarbe* Rot (anstatt Schwarz).

In der Praxis zeigt sich der Unterschied zwischen einem allein stehenden und einem auf einem anderen Format basierenden Format wie folgt: Während sich eine Erhöhung der Basisformat-Schriftgröße im ersten Fall

Die in diesem Abschnitt vorgestellten Formatoptionen werden in den Arbeitsbeispielen ab Seite 114 anhand von Praxisbeispielen näher erläutert.

Mit Formaten arbeiten 111

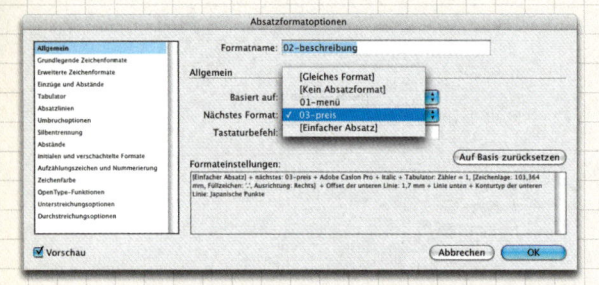

Über die Festlegung *Nächstes Format* lassen sich für Absatzformate komplette Abfolgen definieren. Hier folgt «03-preis» auf «02-beschreibung». Auf «03-preis» folgt «01-menü» – womit der Formate-Kreis für eine kleine Speisekarte geschlossen ist.

nicht auf das abgeleitete Format auswirkt, erhöht sich im zweiten Fall die Schriftgröße mit. Der Sinn hierarchischer Formate liegt somit auf der Hand: Sie empfehlen sich vor allem bei komplexen Projekten, in denen eine Reihe von Formaten lediglich dazu dient, andere Formate zu modifizieren. Typisches Beispiel: eine Grundschrift, welche zusätzlich fette und/oder kursive Auszeichnungen beinhaltet. Basiert das Format für die fette oder kursive Auszeichnung auf dem Format des Normalschnitts, beziehen Veränderungen von *Schrift, Schriftgröße* oder *Zeilenabstand* die Unterformate stets mit ein.

Ein Kontrollcheck empfiehlt sich indes nach Veränderungen der Schriftzuweisung – wenn beispielsweise die Zuweisung *Myriad* durch die Zuweisung *Helvetica* ersetzt wird. Der Grund: *Schriftschnitt*-Zuweisungen werden zwar automatisch mit aktualisiert. Ist die Benennung des Schriftschnitts jedoch nicht exakt dieselbe wie diejenige der Vorgänger-Schrift, merkt InDesign das mit eckigen Klammern in den Schriftschnitt-Feldern von *Steuerung-* und *Zeichen-Palette* an. Soll das Dokument korrekt ausgegeben werden, müssen Sie die entsprechenden Felder bei den *Zeichenformaten* umstellen – insbesondere auch bei den abgeleiteten Formaten.

Formatabfolgen festlegen. Nicht nur *Zeichenformate* können hierarchisch gestaffelt werden, sondern auch *Absatzformate*. Zusätzlich lassen sich bei den *Absatzformatoptionen* komplette Formatabfolgen festlegen: auf Format 1 folgt Format 2, auf Format 2 Format 3, und so weiter. Definiert werden diese Formatabfolgen für jedes Format einzeln – und zwar über die Popup-Liste hinter *Nächstes Format* in den Absatzformatoptionen. Vorgehensweise: Bei Format 1 (Beispiel: 01-headline) legen Sie unter Nächstes Format Format 2 fest (Beispiel: 02-subhead). Für Format 2 (02-subhead) legen Sie das Folgeformat (03-grundschrift) auf die gleiche Weise fest. Die Folge: Geben Sie Text ein und weisen Format 1 als Absatzformat zu, wechselt InDesign bei jedem Absatzreturn zum nächsten Absatzformat. Ist dem letzten Format als Folgeformat das erste Format zugewiesen, ist die Kette geschlossen und eine automatisch funktionierende Formatierungsreihenfolge erzeugt: Headline–Subhead–Grundtext–Headline–Subhead–Grundtext, und so weiter.

Nächstes Format anwenden. Für das Eintippen kleinerer Textmengen sind solche Formatierungsautomatiken zwar ganz praktisch. Wie sieht es jedoch bei der Übertragung auf große importierte Textmengen aus? Bis Version CS 2 hieß es da in InDesign: Fehlanzeige. Seitdem enthält das Programm einen Befehl, mit dem sich die beschriebenen Formatwechsel auch auf importierte Texte anwenden lassen. Vorgehensweise: Text unformatiert importieren (oder Absatzformat *Einfacher Absatz* zuweisen); im Anschluss Text markieren (Cursor in Textrahmen; *Bearbeiten → Alles auswählen* oder ⌘ + **A** betätigen). Die zuvor festgelegte Absatzformatabfolge weisen Sie zu, indem Sie mit gehaltener ⌃-Taste *(Ctrl;* unter Windows: mit der rechten Maustaste) das erste Absatzformat der Abfolge anklicken. Im aufspringenden Fenster mit den kontextsensitiven Befehlen steuern Sie den unteren Befehl an mit der Bezeichnung *«Format XY»* und dann *Nächstes Format anwenden.* Ist der Befehl ausgelöst, wird die festgelegte

Praxis

Formatabfolge auf den kompletten markierten Text übertragen.

Falls nötig, berücksichtigt InDesign beim Zuweisen von Formatabfolgen sogar bereits existierende Zeichenformat-Zuweisungen. In diesem Fall erscheinen für die Anwendung des nächsten Formats zwei alternierende Befehle zur Auswahl. Fazit: Sehr praktisch ist diese etwas versteckte CS 2-Funktion für sämtliche Textabfolgen mit einer regelmäßig wiederkehrenden Formatierungsstruktur: von den berühmt-berüchtigten Schweinebauchanzeigen bis hin zu Katalogen oder Programmkalendern.

Verschachtelte Formate. Über den Reiter *Initialen und verschachtelte Formate* in den *Absatzformatoptionen* lassen sich auch für *Zeichenformate* sehr präzise Verschachtelungsabfolgen definieren. Als Beispiel soll ein Interview dienen, in dessen Text folgende vier Formatierungselemente vorkommen: Name Fragesteller, Text Frage, Name Interviewter sowie Text Antwort. Voraussetzung für die Anwendung einer verschachtelten Formatabfolge ist, dass für den Interviewtext ein einheitliches Absatzformat sowie vier spezielle Zeichenformate definiert sind.

Der Trick beim Anlegen eines verschachtelten Formats besteht darin, dass das *Absatzformat* so modifiziert wird, dass beim Zuweisen des Absatzformats die vier zuvor angelegten *Zeichenformate* automatisch zugewiesen werden. Vorgehensweise:

Unter *Initialen und verschachtelte Formate* Button *Neues verschachteltes Format* anklicken, im Feld unter *Verschachtelte Formate* Zeichenformat Nummer eins (01-fragesteller) auswählen und in den restlichen Feldern definieren, über wie viele Wörter Zeichenformat 1 gehen soll. Für den kursiven Frage-Text wird nun eine ähnliche Festlegung getroffen; das Gleiche gilt für die Formatierung des Namens des Interviewpartners und für die in Normal gehaltene Grundschrift der Antwort.

Zugegeben: In der Praxis bedürfen entsprechend automatisierte Formatierungszuweisungen oft einer sehr sorgfältigen Textvorbereitung. Um das Beispiel nicht allzu schematisch zu gestalten, sind entsprechende Hürden in der Step-by-step-Beschreibung bereits eingebaut. Last but not least: Das gekonnte Einsetzen von *Suchen/Ersetzen*-Routinen ist für halbautomatische Formatierungen die halbe Miete. Da Lösungsmöglichkeiten von der konkreten Textstruktur abhängen, erfordert das Anbringen entsprechender Auto-Formatierungen jede Menge Findigkeit und Erfahrung. Überraschende Lösungen bietet InDesign jedoch auch jenseits des Arbeitens mit Text: beim Arrangieren unterschiedlicher Layoutelemente zu einem ansprechenden Gesamtensemble. Einige viel versprechende Möglichkeiten dazu beschreibt das anschließende Kapitel.

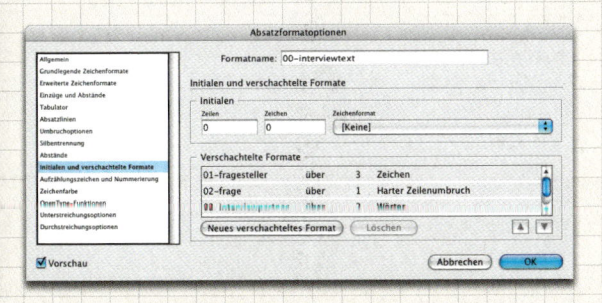

Automatische Zeichenformat-Wechsel nach zuvor festgelegten Kriterien: *Initialen und verschachtelte Formate*.

Arbeitsbeispiele: Ein Schriftmuster mit hierarchischem Formataufbau, eine über *Nächstes Format* formatierte Speisekarte sowie ein Interview, dessen Zeichenformatierungen über verschachtelte Formate festgelegt sind, stellen die Möglichkeiten von InDesigns fortgeschrittenen Formatoptionen in der Praxis vor.

Robert Slimbach 1989 | Adobe Systems

90,91% ▼ A4 DREISPALTIG 10/11,6. 98%; -5.

100,00% ▼ HARDCOVER (GROSS) 11/13. 100%; 0.

Mustertext – aber wie? Die Problematik repräsentativer Satzproben wird im Allgemeinen unterschätzt. Aussagekräftige Muster von *Garamond*, *Gill* oder *Thesis* aufs Papier zu bringen ist nicht ganz so einfach, wie man denkt. Das fängt bei der Sprache an und hört bei den Ziffern nicht auf. Zu berücksichtigen sind ebenso anno 1907: tabellarisch oder in Mediaeval?) noch lange nicht auf. Zu berücksichtigen sind auch Telefonnummern. Angelas Nummern kann man sich einfach merken: 574635; that's very sind Großbuchstaben-Wörter der Machart RGB, UBS oder IBM. Die Frage: Großbuchstaben reduzieren, oder es sein lassen?

Relative Schriftgrößen

Die Prozentangaben für die Skalierung der Schriftgröße ermöglichen ein Angleichen der Schriftproportionen nach visuellen Kriterien. Grund: Der visuelle Größeneindruck von Schriften variiert zum Teil sehr stark. Damit der optische Größeneindruck in den Mustern immer derselbe bleibt, ist ein leichtes Variieren der Grundschriftgröße erforderlich (Beispiel: Um gegenüber der Minion Pro in 11 Punkt gleich groß zu wirken, muss die Warnock Pro auf 10,5 Punkt verkleinert werden). Da das Muster aus sechs unterschiedlich großen Grundschriftvarianten besteht, ist es im Hinblick auf weitere Muster-Doppelseiten einfacher, die unterschiedlichen Größen auf der Basis eines Skalierungswertes zu ermitteln. Vorteil: Auf diese Weise müssen nicht für alle sechs Muster-Varianten neue Punktgrößen ermittelt werden, sondern lediglich für das Master-Format «Hardcover».

Mustertext – aber wie? Die Problematik repräsentativer Satzproben wird im Allgemeinen unterschätzt. Aussagekräftige Muster von *Garamond*, *Gill* oder *Thesis* aufs Papier zu bringen ist nicht ganz so einfach, wie man denkt. Das fängt bei der Sprache an und hört bei den Ziffern (tabellarisch oder in Mediaeval?) noch lange nicht auf. Zu berücksichtigen sind auch Telefonnummern. Angelas Nummern kann man sich einfach merken: 574635; that's very sind Großbuchstaben-Wörter der Machart RGB, UBS oder IBM. Die Frage: Großbuchstaben reduzieren, oder es sein lassen? Es fängt bei der Sprache an. Deutsch mag hierzulande schnelle braune Füchse. Wie jedoch wirkt eine Schrift in anderen 20. Jahrhunderts noch nahezu unbekannter Satz auf angeblich neutrales Latein. Beispiel: *Agricola domum habitat.*«¹ Das klingt zeitlos humanistisch; im Genre alles andere als unüblich. Der Satz »Voulez-vous danser avec moi?«² hat immerhin auch thematisch eine gewisse Eleganz. »Du contrôle portuaire. Entrée interdite.«³ Wie bitte? *François Mitterand* oder *Brigitte Bardot?* Spanisch sowie die nordischen Sprachen bergen ihre eigenen Tücken. »¿Habla Ingles, Señor Ambjørnsen?« fragte die spanische Journalistin den norwegischen Schriftsteller. ein *mañana* an der Stelle wäre noch nett. Sie sehen selbst: ist international.

Mitte des 20. Jahrhunderts noch nahezu unbekannter Satz und *Hunde* befindet sich zunehmend brown fox jumps over the lazy dog.«⁴ Da ist alles drin, zweifellos; das Klein-Alphabet ist abgedeckt. Nachteil: Großbuchstaben sind im Angelsächsischen Mangelware. Während Deutschland bei großgeschriebenen Wörtern einfach ebenso Spitze ist wie bei den Umlauten (2004 fuhren viele in die Ägäis, kauften im Win-

* Dies ist eine Fußnote, um zu demonstrieren, wie diese Schrift in einem kleinen Grad wirkt. Der Text hat also nichts zu bedeuten. Er unterstreicht lediglich die optische Wirkung.

10,5/12. 100%; 0.

Doch auch Französisch ist im Genre alles andere als unüblich. Der Satz »Voulez-vous danser avec moi?«² hat immerhin auch thematisch eine gewisse Eleganz. »Du contrôle portuaire. Entrée interdite.«³ Wie bitte? *François Mitterand* oder *Brigitte Bardot?* Spanisch sowie die nordischen Sprachen bergen ihre eigenen Tücken. »¿Habla Ingles, Señor Ambjørnsen?« fragte die spanische Journalistin den norwegischen Schriftsteller. Ein *mañana* an der Stelle wäre noch nett.

Hierarchische Formate

Über die Funktion *Basiert auf* unter *Allgemein* ❶ sind die Zeichenformate der 10er-Reihe ❷ als Masterformat festgelegt. Die mit der Kennung 30 bis 80 versehenen Zeichenformat-Reihen enthalten lediglich die in Skalierungswerten hinterlegten Veränderungen der Schriftgröße. Beim Erstellen einer neuen Muster-Doppelseite mit dem Muster einer anderen Schrift bietet diese Vorgehensweise den Vorteil, dass nur die Parameter der 10er-Formatreihe verändert werden müssen.

95,45%

114   Praxis

MINION PRO

▼ PAPERBACK 97,27% 10,7/12,3. 100%; 0.

Mustertext – aber wie? Die Problematik repräsentativer Satzproben wird im Allgemeinen unterschätzt. Aussagekräftige Muster von *Garamond*, *Gill* oder *Thesis* auf Papier zu bringen ist nicht ganz so einfach, wie man gemeinhin denkt. Das fängt bei der Sprache an und hört bei den Ziffern (1834 oder 1907: tabellarisch oder in Mediaeval?) noch lange nicht auf. Zu berücksichtigen sind auch Telefonnummern. Angelas Nummer konnte man sich einfach merken: 57 46 35; that's very simple. Komplizierter sind Großbuchstaben-Wörter der Machart RGB, UNO oder USA. Die Frage: Großbuchstaben reduzieren, oder es sein lassen?

    Beginnen wir jedoch mit der Sprache. Deutsch mag hierzulande vielleicht noch durchgehen. Wie jedoch wirkt eine Schrift in anderen Sprachen? Einige schwören hier auf angeblich neutrales Latein. Beispiel: »Agricola domum habitat.«[1] Das klingt zeitlos humanistisch; geschrieben wie anno 416.

    Doch auch Französisch ist im Genre alles andere als unüblich. Der Satz »Voulez-vous danser avec moi?«[2] hat immerhin auch thematisch eine gewisse Eleganz. »Du contrôle portuaire. Entrée interdite.«[3] Wie bitte? *François Mitterand* oder *Brigitte*

▼ DISPLAY

Berlin
Durchschlagekräftiger Satz
Restaurant
Sängerin mit Nebenverdienst
gesucht für solide Nachtbar
Annett
Louisan

▼ CREDITS

Minion Pro. Designer: *Robert Slimbach*. Entstehungsjahr: *1989*. Hersteller: *Adobe Systems*. Vertrieb: *AGFA*. Format:

▼ SUBHEAD 127,27% 14/15,8. 100%; 0.. 100%; 0.

Die Problematik repräsentativer Satzproben wird im Allgemeinen unterschätzt. Aussagekräftige Muster von *Garamond*, *Gill* oder *Thesis* auf Papier zu bringen ist nicht ganz so einfach, w fängt bei der Ziffern (1834 Mediaeval?) sichtigen sind las Nummer

84,54% ERSPALTIG

Mustertext – aber w Problematik repräs Satzproben wird im A meinen unterschätzt gekräftige Muster vo mond, Gill oder Thesi pier zu bringen ist ni so einfach, wie man g hin denkt. Das fängt Sprache an und hört Ziffern (1834 oder 19 larisch oder in Media noch lange nicht auf. rücksichtigen sind au fonnummern. Angela mer konnte man sich fach merken: 57 46 35; very simple. Komplizi sind Großbuchstaben ter der Machart RGB oder USA. Die Frage:

Arbeitsbeispiel 4: Schriftmuster flexibel

Das auf dieser Doppelseite in verkleinerter Version vorgestellte Schriftmuster für die Minion Pro arbeitet mit zwei Komponenten. Komponente eins sind relative Schriftgrößen. Ausgehend von der Master-Größe in der Spalte «Hardcover» (11 Punkt; = 100%) sind die restlichen Muster-Elemente («A4 dreispaltig», «A4 zweispaltig», «A4 vierspaltig», «Paperback» und «Subhead») in Prozentwerten definiert. Auf Formate-Ebene kommen als Komponente Nummer zwei hierarchische Formate zum Zug. Master-Format ist hier ebenfalls das Musterelement in der Spalte «Hardcover». Der beschriebene Dokumentaufbau ermöglicht eine vergleichsweise einfache Übertragung des angelegten Muster-Typs auf andere Schriften. Im Idealfall müssen hier lediglich Schrift- und Schriftschnitt-Angaben der Master--Formate für Normalschnitt sowie Bold- und Kursiv-Auszeichnungen verändert werden. Natürlich erfordert ein qualitativ anspruchsvoller Schriftenkatalog zusätzliche Angleichungen. Der InDesign-Dokumentaufbau ermöglicht jedoch ein vergleichsweise gestrafftes, halb automatisiertes Anlegen weiterer Schriftmuster-Doppelseiten nach demselben Schema.

Mit Formaten arbeiten   115

Arbeitsbeispiel 5: Speisekarte

Texte mit in stetiger Reihenfolge aufeinander abfolgenden Elementen sind gute Kandidaten für die Anwendung automatischer Absatzformat-Folgen. In diesem Arbeitsbeispiel besteht die Textabfolge aus den drei Bestandteilen Gericht, Gerichtbeschreibung und Preis. Wie Sie aufeinander abfolgende Absatzformate anlegen und anwenden, beschreibt dieses Arbeitsbeispiel. Geeignet ist der Formatierungsbefehl *Nächstes Format anwenden* auch für Programmkalender und Supermarkt-Anzeigen.

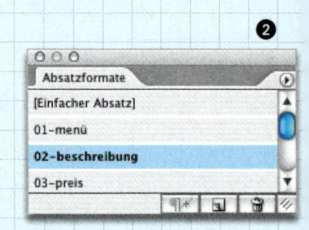

Pizza
Pizza Jule
Tomaten, Käse, Oliven
3,–
Pizza Toskana
Tomaten, Käse, Oliven, Salami
3,50
Pizza Margarete
Tomaten, Käse, Salami, Schinken
4,–
Pizza Diana
Tomaten, Käse, Oliven, Sardellen
5,–
Pizza Helena
Tomaten, Käse, Paprika, Oliven, Schin
5,–
Pizza Calzone
Tomaten, Käse, Schinken, Salami, Cha
5,50
Pizza Catering
Tomaten, Käse, Schinken, Salami, Pap
6,50
Pizza Hawaii
Tomaten, Käse, Schinken, Ananas
5,–

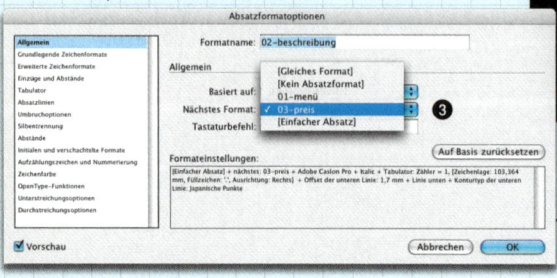

, Salami, Schinken

Vorgehensweise

1. Zur Erstellung der drei benötigten Absatzformate eine Textpassage mit den drei Text-Bestandteilen anlegen oder die ersten drei Zeilen des Textes formatieren.

2. Formatierungen: Die Formatierungen für Menü und Preis bereiten keine besonderen Schwierigkeiten. Da der Preis jedoch in derselben Zeile erscheinen soll wie die Beschreibung, wird als *Zeilenabstand* für die dritte Zeile 0,001 Punkt vergeben. Ausrichtung ist *rechtsbündig*. Zusätzlich definiert wird für die Preis-Zeile eine Absatzlinie mit gepunkteter Linie, einem minimalen Offset-Wert nach unten und der Breitenangabe Spalte (Palettenmenü der *Absatz-Palette: Absatzlinien*) ❶.

3. Absatzformate anlegen. Jeweils formatierte Textzeile markieren und über den Punkt *Neues Absatzformat* im Palettenmenü der *Absatzformat-Palette* die drei Absatzformate «01-menü», «02-beschreibung» und «03-preis» anlegen ❷.

4. *Nächstes Format* zuweisen. In den *Absatzformatoptionen* der drei Formate das jeweils nächste als nächstes Format bestimmen. Nächstes Format für «03-preis» ist «01-menü» ❸.

5. Speisekarte formatieren. Gesamten Text markieren, in der *Absatzformat-Palette* das Format «01-menü» zuweisen. Anschließend Control-Taste halten und im daraufhin erscheinenden Kontextmenü den Befehl *«01-menü» und dann nächstes Format anwenden* wählen ❹.

Pizza & Pasta

Catering Service • Hauptstraße • 2345678 Mühlhausen

Pizza

Pizza Jule
Tomaten, Käse, Oliven

Pizza Toskana *3,50*
Tomaten, Käse, Oliven, Salami

Pizza Margarete *4,–*
Tomaten, Käse, Salami, Schinken

Pizza Diana *5,–*
Tomaten, Käse, Oliven, Sardellen

Pizza Helena *5,–*
Tomaten, Käse, Paprika, Oliven, Schinken

Pizza Calzone *5,50*
Tomaten, Käse, Schinken, Salami, Champignons

Pizza Catering *6,50*
Tomaten, Käse, Schinken, Salami, Paprika, Champignons

Pizza Hawaii *5,–*
Tomaten, Käse, Schinken, Ananas

Pizza Vegetarisch *6,–*
Tomaten, Käse, Oliven, Zwiebeln, Broccoli, Kapern

Pizza Olivia *4,–*
Tomaten, Käse, Oliven, Knoblauch

Pizza Bombastica *8,–*
Tomaten, Käse, Oliven, Zwiebeln, Kapern, Salami, Schinken

Mit Formaten arbeiten

Arbeitsbeispiel 6: Interview

Interviews in Zeitungen oder Magazinen können typografisch gesehen einfach gehalten, aber auch sehr durchgestaltet sein. Im folgenden Arbeitsbeispiel sind die Zeichenformate für die vier Komponenten Fragesteller, Frage, Interviewpartner und Antwort in einem verschachtelten Absatzformat zusammengefasst. Bewältigen lassen sich mit der Feinmechanik dieses Befehls auch Interviews mit mehreren Interviewpartnern und unregelmäßigen Frage/Antwort-Abfolgen.

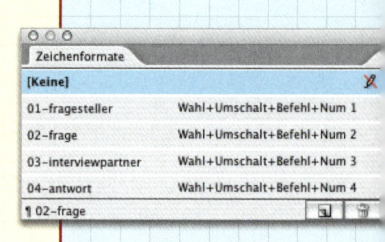

Nur ein Absatz-, aber vier Zeichenformate: *Zeichenformat-* und *Absatzformat-Palette*

Beispielpassagen formatieren und Formate anlegen

Zu Beginn werden die *Absatz-* und *Zeichenformate* angelegt:

1. Für das Anlegen der *Zeichenformate* zwei Beispiel-Absätze mit den Formatierungen für Fragesteller, Frage, Interviewpartner und Anwort anlegen (siehe hierzu auch Kasten «Spezielle Formatierungen»).

2. Cursor in Absatz Antwort positionieren und über das Palettenmenü der *Absatzformat-Palette* ein *Absatzformat* für den Gesamttext anlegen («00-interviewtext»).

3. Entsprechende Textstellen markieren und *Zeichenformate* anlegen: «01-fragesteller», «02-frage», «03-interviewpartner» sowie «04-antwort».

Verschachtelte Formate anlegen

Im *Absatzformat* «00-interview» wird den vier *Zeichenformaten* nunmehr eine genau definierte Abfolge als verschachteltes Format zugewiesen. Vorgehensweise:

4. *Absatzformatoptionen* von «00-interview» aufrufen und den Punkt *Initialen und verschachtelte Formate* ansteuern.

5. Verschachteltes Format Nummer eins anlegen. Insgesamt geht es bei verschachtelten Formaten darum, das aktuelle *Absatzformat* durch die automatische Zuweisung eines oder mehrerer *Zeichenformate* auszudifferenzieren. Das Erstellen geschieht durch Anklicken des Buttons *Neues verschachteltes Format*.

Spezielle Formatierungen

Wie sagt man einem über mehrere Absätze gehenden verschachtelten Format, wann die Abfolge erneut beginnen soll? Die Antwort: Durch das Einbauen zweier unterschiedlicher Absatzzeichen in den Text. Das reguläre Absatzzeichen ❶ wird jeweils vor dem Beginn einer neuen Frage geschaltet. Als Absatzzeichen zwei fungiert im Beispieltext das durch die Befehlskombination ⌘ + ↵ auszulösende Zeichen für einen harten Zeilenumbruch ❷. Auf den ersten Blick verunmöglicht dieses allerdings den auf der rechten Seite zu sehenden Zusatzabstand zwischen den Frage- und Antwortblöcken. Der Trick: Da InDesign das Zuteilen von *Zeilenabständen* auch zeichenweise erlaubt, wurde für die beiden nur in der ersten Zeile stehenden Zeichenformate «01-fragesteller» und «03-interviewpartner» ein um das Anderthalbfache vergrößerter Zeilenabstand definiert.

chungen geringer – wobei 2004 auffiel, dass die Summe der qualitativ guten Buchgestaltungen höher lag als in den vergangenen Jahren.¶ ❶
KM: Also ein Abschied vom Quotensystem? ↵ ❷
R. Heisemann: Wenn man so will, ja
KM: Meine nächste Frage betrifft von Ihrem Vorgänger Herr Berg initiierten Förderungsfond für b junge Nachwuchsliteraten.↵
R. Heisemann: Der Fond wurde kanntlich in der Presse hoch gelo er jedoch auf eine Initiative von Berghoff zurückging, bin ich in Sache wohl nicht der richtige An partner.¶

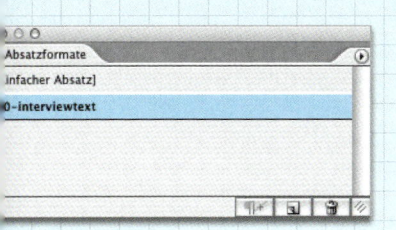

6. Parameter festlegen. Das Feld unter *Verschachtelte Formate* erscheint zunächst zwar als Liste. In Wirklichkeit jedoch beinhaltet jedes der vier Unterfelder entweder ein Eingabefeld für Ziffern oder eine Popup-Liste ❸. Die Popup-Liste in Feld eins offeriert die im Dokument angelegten *Zeichenformate*. Hier wird «01-fragesteller» aktiviert. Feld zwei enthält die beiden Begriffe *über* und *bis*; sie markieren den Bereich, über den sich die Formatzuweisung «01-fragesteller» erstrecken soll. Das dritte Feld ist für die Eingabe von Ziffern. Das vierte enthält eine Reihe möglicher Kategorien für die genaue Eingrenzung der Formatierung ❹. Einstellungen für «01-fragesteller»: siehe Screenshot unten.

7. Für die drei restlichen Zeichenformate werden nun ebenfalls verschachtelte Formate angelegt. Die Einträge sind: für «02-frage» *über 1 Harter Zeilenumbruch,* für «03-interviewpartner» *über 2 Wörter* und für «04-antwort» *bis 1 Abschnittsmarke.* Dialog mit *OK* abschließen.

Absatzwechsel präparieren

8. Um sicherzustellen, dass die Formatierungsabfolge korrekt auf die Frage/Antwort-Zyklen übertragen wird, werden alle *Absatzmarken* (= Ende des verschachtelten Formats) innerhalb der Zyklen durch *harte Zeilenschaltungen* ersetzt. Vorgehensweise: In *Bearbeiten → Suchen/Ersetzen* unter *Suchen nach* «^pR. Heisemann» eingeben, unter *Ersetzen durch* «^nR. Heisemann». Das Betätigen des Buttons *Alle ersetzen* tauscht die Returnzeichen hinter den Fragen durch absatzinterne harte Zeilenschaltungen aus.

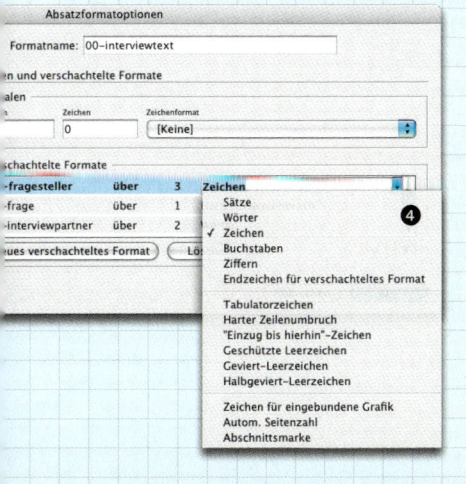

KM: *Gibt es in diesem Jahr eine Quote für die Zulassungen zu der Preisverleihung des Instituts?*

R. HEISEMANN: In den letzten Jahren haben wir mit Quoten generell schlechte Erfahrungen gemacht. Wie wollen Sie die Qualität der Einreichungen quantifizieren? Ich will Ihnen das an einem Beispiel erklären: 2002 war die absolute Anzahl der eingereichten Buchtitel sehr hoch –

KM: *Was dem Wettbewerb bekanntlich nicht gut getan hat.*

R. HEISEMANN: Die Auswahlkommission hat sich bei der Vorentscheidung jedoch für eine überschaubare Teilnehmeranzahl entschieden. 2003 und 2004 hingegen war die Anzahl der Einreichungen geringer – wobei 2004 auffiel, dass die Summe der qualitativ guten Buchgestaltungen höher lag als in den vergangenen Jahren.

KM: *Also ein Abschied vom Quotensystem?*

R. HEISEMANN: Wenn man so will, ja.

KM: *Meine nächste Frage betrifft den von Ihrem Vorgänger Herrn Berghoff initiierten Förderungsfonds für begabte junge Nachwuchsliteraten.*

R. HEISEMANN: Der Fonds wurde bekanntlich in der Presse hoch gelobt. Da er jedoch auf eine Initiative von Herrn Berghoff zurückging, bin ich in dieser Sache wohl nicht der richtige Ansprechpartner.

Verschachtelte Formate zuweisen

9. Ist die Abfolge festgelegt, muss nur noch der Text markiert und durch Zuweisung des Absatzformats «00-interviewpartner» formatiert werden. Die Zeichenformate werden automatisch mitgeneriert.

Mit Formaten arbeiten 119

LAYOUT

wie? Die Pro- | Mustertext – aber wie? Die Problematik repräsentativer Satzpro- | Mustertext – aber wie? Die Prob-
tativer Satzpro- | ben wird im Allgemeinen unterschätzt. Aussagekräftige Muster von | Satzproben wird im Allgemeinen unterschätzt. Aussagekräf-
meinen unter- | *Garamond*, *Gill* oder *Thesis* auf Papier zu bringen ist nicht ganz so | tige Muster von *Garamond*, *Gill* oder *Thesis* auf Papier zu
räftige Muster | einfach, wie man gemeinhin denkt. Das fängt bei der Sprache an und | bringen ist nicht ganz so einfach, wie man gemeinhin denkt.
Gill oder *The-* | hört bei den Ziffern (1834 oder 1907: tabellarisch oder in Mediaeval?) | Das fängt bei der Sprache an und hört bei den Ziffern (1834
ingen ist nicht | noch lange nicht auf. Zu berücksichtigen sind auch Telefonnummern. | oder 1907: tabellarisch oder in Mediaeval?) noch lange nicht
ie man gemein- | Angelas Nummer konnte man sich einfach merken: 57 46 38. That's | auf. Zu berücksichtigen sind auch Telefonnummern. Ange-
gt bei der Spra- | very simple. Komplizierter sind Großbuchstaben-Wörter der Mach- | las Nummer konnte man sich einfach merken: 57 46 38. That's
bei den Ziffern | art RGB, UNO oder USA. Die Frage: Großbuchstaben reduzieren, | very simple. Komplizierter sind Großbuchstaben-Wörter der
bellarisch oder | oder es sein lassen? | Machart RGB, UNO oder USA. Die Frage: Großbuchstaben
ch lange nicht | | reduzieren, oder es sein lassen?
f. **Zu berück-** | Beginnen wir jedoch mit der Sprache. Deutsch mag hierzunde
igen sind auch | vielleicht noch durchgehen. Wie jedoch wirkt eine Schrift in anderen | Beginnen wir jedoch mit der Sprache. Deut-
nummern. | Sprachen? Einige schwören hier auf angeblich neutrales Latein. Bei- | zunde vielleicht noch durchgehen. Wie jedoch w
ngelas Num- | spiel: »Agricola domum habitat.« Das klingt zeitlos humanistisch; | Schrift in anderen Sprachen? Einige schwören hi
hats very sim- | geschrieben wie anno 416. | lich neutrales Latein. Beispiel: »Agricola domu
ant of Großbuch- | | Das klingt zeitlos humanistisch; geschrieben wie
Wörter der Mach- | Doch auch Französisch ist im Genre alles andere als unüblich. Der |
Frage: Groß- | Satz »Voulez-vous danser avec moi?«³ hat immerhin auch thematisch | Doch auch Französisch ist im Genre alles an
| eine gewisse Eleganz. »Du contrôle portuaire. Entrée interdite.« Wie | unüblich. Der Satz »Voulez-vous danser avec
Füchse. | bitte? *François Mitterand* oder *Brigitte Bardot*? Spanisch sowie die | immerhin auch thematisch eine gewisse Elegan
underts noch | nordischen Sprachen bergen ihre eigenen Tücken. »¿Habla ingles, | trôle portuaire. Entrée interdite.«³ Wie bitte? *F*
ter Satz ü | señor?« fragte die spanische Journalistin den norwegi-
befinde sich | schen Bestseller. Ein *Tsunami* an der Stelle wäre noch nett. Sie
em Siegeszu- | sehen: Nicht nur Sprache – auch Satz ist international.
fox jumps over
ist alles drin: | Die Füchse, das blonde Ayla des 20. Jahrhunderts noch nahezu
lein-Alphabet | nutzt sich bei über den faulen Hunde befindet sich zunehmend
ächtel: Groß- | im Siegeszug. »The quick brown fox jumps over the lazy dog.«
im Angelsäch- | Hier ist alles drin: zweimal das Klein-Alphabet ist doppelt. Nach-
re. Während | teil: Großgeschriebenen angelsächsischen Mangelware. Während
großgeschrie- | rend Deutschland bei großgeschriebenen Wörtern einfach ebenso
infach ebenso | Spitze ist wie bei den Umlauten (2004 fuhren viele in die Ägäis, kauf-
e in die Ägäis, |
er Öfen, Heiz- |
me, neue Ho- | * Dies ist eine Fußnote, um zu demonstrieren, wie diese Schrift in einem kleinen Grad wirkt. Der
| Text hat also nichts zu bedeuten. Er unterstreicht lediglich die optische Wirkung.

A4 VIERSPALTIG

wie? Die Problematik repräsenta- | Doch auch Französisch ist im Genre alles ande- | **Mustertext – aber wie?** Die | Großbuchstaben reduzieren
wird im Allgemeinen unterschätzt. | re als unüblich. Der Satz »Voulez-vous danser avec | Problematik repräsentati- | oder es sein
bringen ist nicht ganz so einfach, wie | moi?«² hat immerhin auch thematisch eine gewisse | ver Satzproben wird im All- | Beginner
denkt. Das fängt bei der Sprache | se Eleganz. »Du contrôle portuaire. Entrée interdi- | gemeinen unterschätzt. Aus- | hierzulande vielleicht noch
en Ziffern (1834 oder 1907: tabella- | te.«³ Wie bitte? *François Mitterand* oder *Brigitte Bar-* | sagekräftige Muster von *Ga-* | durchgehen. Wie jedoch
diaeval?) noch lange nicht auf. Zu | *dot*? Spanisch sowie die nordischen Sprachen bergen | *ramond*, *Gill* oder *Thesis* auf | wirkt eine Schrift in ande-

UMFLIESSEN, ÜBERLAGERN, VERANKERN:

Layoutelemente arrangieren

Layouten lässt sich in InDesign auf zweierlei Weise: Entweder ordnen Sie Bilder und Grafiken nach gehabter Manier an, oder Sie verankern sie im Textfluss. Seit Version CS 2 verfügt das Programm zudem über Optionen, mit denen sich links und rechts mitlaufende Marginalspalten einrichten lassen. Diese und einige andere Bestandteile fürs fortgeschrittene Layout stellt das folgende Kapitel vor.

Wie in Kapitel 3 aufgezeigt wurde, können Bild-, Grafik- und Textkomponenten direkt platziert werden. Allerdings erzeugt das Programm auch für direkt platzierte Bilder, Grafiken und Texte Objekte. Diese Objekte oder Rahmen können zueinander in unterschiedlicher Beziehung stehen:

- *nebeneinander angeordnet.* Die einzelnen Objekte berühren sich nicht. Eine nähere Definition des Verhältnisses zueinander ist in diesem Fall meist nicht wichtig.

- *sich überlagernd.* Überlagert ein Bild-, Grafik- oder Textrahmen einen Textrahmen ganz oder teilweise, wird die Frage relevant, wie der im Textrahmen liegende Text auf das neue Objekt reagieren soll. Prinzipiell möglich sind zwei Verhaltens-

Die Beziehung zwischen Text und Gestaltung kann sachlich sein oder eher spielerisch. Welche Techniken zum Einsatz kamen, ist den Ergebnissen meist nicht anzusehen.

weisen. Die erste Möglichkeit: Der Text wird von den Objektkonturen nicht verdrängt; die beiden Elemente liegen – mit oder ohne Transparenz – übereinander. Möglichkeit zwei: Der Text wird entweder von den Objektkanten oder den Begrenzungen des Objektinhalts weggeschoben.

- *im Textrahmen verankert.* Besonderheit: Die Position verankerter Objekte ist nicht statisch, sondern hängt ab von der Textposition, an der sie verankert wurden. Layouttechnisch kommt dieser Sonderfall vor allem dann zum Zuge, wenn eine enge Interaktion zwischen Text und verankerten Elementen besteht.

Für die beiden letzten Techniken, das Überlagern und das Verankern, hat InDesign spezielle Features in petto, mit denen die Modalitäten von Überlagerungen und Verankerungen detailliert bestimmt werden können. Um zu regeln, wie sich Objekte auf Text in anderen Objektrahmen auswirken, offeriert InDesign die Palette *Konturenführung*. Sehr variabel geworden ist seit InDesign CS 2 die

disfdfdfdfdfsdfsdsfdfsIquat ad tem nos nulla mconsed dolutpat, se eu feugait lum velisl duip eu facili- quisci eu blamet lutet lutpat. Quis am dolutpat lum ip ea faccum ipsum nim vulput veros nim en, sem isl utatinit iriure minim arud magnism olobore min etum dolor sim iusci blaor sequi amolent feugait, quat. Ut exerilis

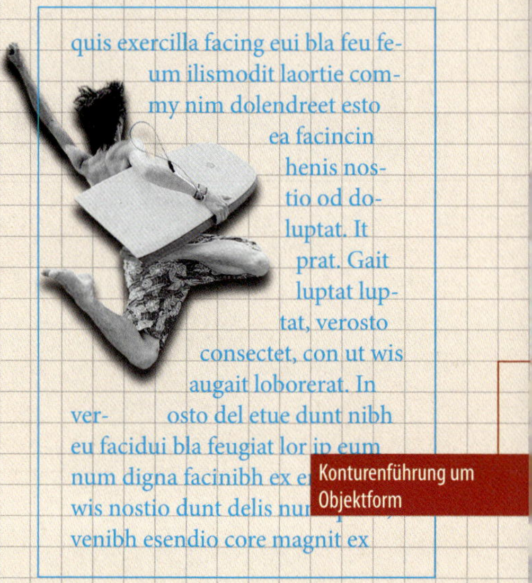

Keine Konturenführung

elit praese- ute tie magna adit exer secte feuis etum velit velit, volor sum velit wiscill amconsequate modiamet, commo- di psusci bla feugait alis nis num augiam dolor se dolore mo- dignibh er atie dolo- re modions endiat am veliquisisci tatuero consequi bla faccum- sandre conseni scilit utpat. Rud tie el dia- tum dignibh ent do- lendiamet, vel irius- ciniam ex

Konturenführung um Begrenzungsrahmen

zzrit duip putpat iril ip el exerci bla conulla ndiamet loreet ulluptat num-

Objekt überspringen

san utpat ullamet vent atie ming et lam dolent dignit aut augue te tat,

quis exercilla facing eui bla feu fe- um ilismodit laortie com- my nim dolendreet esto ea facincin henis nos- tio od do- luptat. It prat. Gait luptat lup- tat, verosto consectet, con ut wis augait loborerat. In ver- osto del etue dunt nibh eu facidui bla feugiat lor ip eum num digna facinibh ex e wis nostio dunt delis nu venibh esendio core magnit ex

Konturenführung um Objektform

Positionierung verankerter Objekte. Über den Punkt *Optionen* unter *Objekt → Verankertes Objekt* lassen sich mitfließende Objekte mittlerweile fast beliebig frei anordnen.

Konturenführung: Objekt verdrängt Text

Die Palette Konturenführung. Überlagert ein Objekt einen Rahmen mit Text ganz oder teilweise, stellt sich die Frage, wie sich der Text im Rahmen verhalten soll. Soll er vom Objekt nicht tangiert werden, oder soll das Objekt den Text verdrängen? Falls Letzteres der Fall ist – wie? Über die Palette *Konturenführung* im Menü *Fenster* (aufzurufen auch über ⌥⌘ + W) – lässt sich einstellen, ob und wenn ja wie ein einen Textrahmen überlagerndes Objekt den Textfluss verdrängt.

Insgesamt offeriert die Palette fünf Modi: *Keine Konturenführung, Konturenführung um Begrenzungsrahmen, Konturenführung um Objektform, Objekt überspringen* oder *In nächste Spalte springen*. Beispiele für die jeweiligen Auswirkungen sehen Sie in der linken Spalte. Zusätzlich festgelegt werden kann ein Wert für den Abstand zwi-

Was passiert in InDesign, wenn ein Objekt auf ein Objekt mit Textinhalt trifft? In der *Konturenführung-Palette* einstellbar sind fünf Reaktionsmöglichkeiten. Möglichkeit drei beinhaltet auch das Auslesen von Freistellungskanälen.

schen Objektkante und Text. Während bei der Objektkanten-Option unterschiedliche Werte für oben, unten, links und rechts festgelegt werden können, ermöglicht die Objektinhalt-Option nur einen einheitlichen Abstandswert. Da die Verdrängung in diesem Fall jedoch abhängig ist von dem Bild oder der Grafik im Rahmen, können in diesem Fall zusätzliche Freistellungsinformationen ausgelesen werden. Über die Popup-Liste unter *Konturenführungsoptionen* lässt sich näher bestimmen, welche Kontur als Begrenzungsmaske ausgelesen werden soll.

Verdrängung nach oben und unten. In Bezug auf die eben vorgestellten Verdrängungsmodalitäten ist InDesign rigide: Wird über die *Konturenführung-Palette* ein Konturenführungsmodus mit Verdrängung festgelegt, gilt diese nicht nur für darunter liegende Textrahmen. Auch Text in darüber angeordneten Textrahmen wird von entsprechenden Objekten verdrängt. Der eingestellte Konturenführungsmodus wirkt sich sogar auf Objekte in darüber oder darunter liegenden Ebenen aus. Die *Ebenen-Palette* bietet zwar eine Option, Konturenführungseigenschaften auszuschalten – leider allerdings nur für ausgeblendete Ebenen. Zu empfehlen ist daher, beim Anlegen von Layouts dieses Verdrängungsverhalten einzukalkulieren und die Option Konturenführung entsprechend rationell einzusetzen.

Verankerte Objekte

Verankerte Objekte wurden bereits in Kapitel 4 vorgestellt: als Lösungsmöglichkeit für Initialzeichen mit angepasster rechter Seitenkante. Darüber hinaus finden sich im Layout-Alltag zahlreiche Beispiele für den sinnvollen Einsatz im Text verankerter Objekte. Ihr großer Vorteil: Anders als fest positionierte Objekte verhalten sich verankerte Objekte nicht statisch, sondern flexibel. Abhängig ist ihre Position von der aktuellen Position der Einfügemarke im Text.

Verankerte Objekte anwenden. Um ein Objekt oder eine Objektgruppe im Text zu verankern, müssen Sie diese lediglich mit dem *Auswahlwerkzeug* markieren, *kopieren* (⌘ + **C**), mit Doppelklick gewünschten Textrahmen und Texteingabe-Modus aktivieren, den Text-Cursor an der gewünschten Einfügestelle platzieren und Objekt oder Objektgruppe via *Bearbeiten → Einfügen* (⌘ + **V**) im Textfluss verankern. Original-Objekt oder -Objektgruppe können Sie, sofern Sie sie nicht anderweitig benötigen, löschen.

Der Inhalt verankerter Objekte oder Objektgruppen kann unterschiedlich sein: Bilder und Grafiken lassen sich ebenso verankern wie in InDesign erstellte Objektkonturen, in Pfad umgewandelte Textkomponenten (wie zum Beispiel Initial-Buchstaben) oder auch Textrahmen. Der Inhalt kann sich durchaus aus mehreren Komponenten zusammensetzen. Prinzipiell lassen sich unterschiedliche Objekte auch nebeneinander im Text verankern. Soll die Objektanordnung ebenfalls in die Verankerung mit übernommen werden, müssen die entsprechenden Objekte allerdings zuvor gruppiert werden.

Layoutelemente arrangieren 123

❶   Nostie commodip erostie conulla faccum nonsed minisl exeraessis diam vulputet venibh eliquis adiametum quis

❸ Nostie commodip erostie conulla faccum nonsed minisl exeraessis diam vulputet venibh eliquis adiametum quis nim nullaortisit atie magnisit vel dolorem velit, consent aute dolor accumsa ndreratue conulla facip enit wis

❷   Nostie commodip erostie conulla faccum nonsed minisl exeraessis diam vulputet venibh eliquis adiametum quis nim nullaortisit atie magnisit vel dolorem velit, consent aute dolor accumsa ndreratue conulla facip enit wis aliquat, quisit, quat, senis nosto exeriure tatismo dipsustrud modolor

Objekte im Text verankern

Objekt (oder Objektgruppe) mit dem *Auswahlwerkzeug* auswählen, *kopieren* (⌘ + C), in den Textrahmen gehen *(Textwerkzeug* ist ausgewählt) und kopiertes Objekt an der vorgesehenen Stelle (hier: vor «Nostie») *einsetzen* (⌘ + V) ❶. Durch Anfassen des verankerten Objekts mit dem Auswahlwerkzeug und Ziehen nach unten lässt sich die vertikale Position mühelos verändern ❷. Das Überlappen durch nachfolgenden Text lässt sich auf zweierlei Art abstellen:

Konturenführungen sind auf verankerte Objekte natürlich ebenso anwendbar. Für das Positionieren der Objekte ist in der Regel der Konturenführungsmodus *Konturenführung um Begrenzungsrahmen* am geeignetsten (zweiter Button von links). Die vertikale Position verankerter Objekte lässt sich durch Anwählen des Objekts mit aktiviertem *Auswahlwerkzeug* und Ziehen mit der Maus verändern. Zusätzlich verwendet werden können jedoch auch Textformatierungsbefehle wie etwa der *Grundlinienversatz*. Hierzu wird das Objekt im Textmodus mit dem Textcursor markiert und mit den entsprechenden Formatierungsbefehlen «formatiert».

Verankerte Marginalspalten-Elemente.
Ob Initialzeichen, Grafiken, Icons oder Bilder: Ist die Position der aufgeführten Elemente abhängig von einer bestimmten Stelle im Text, sollten Sie darüber nachdenken, ob verankerte Objekte nicht die beste Lösung wären. Ein Hauptkandidat für verankerte Objekte erwies sich in der Vergangenheit allerdings als äußerst sperrig: im Haupttext verankerte Marginalspalten-Objekte. Der Grund: Anders als «normale» verankerte Objekte sollen diese nicht innerhalb, sondern außerhalb des Fließtext-Rahmens angeordnet werden. Hinzu kommt, dass auch die Position von Marginalspalten meistens nicht fest auf einer bestimmten Satzspiegel- oder Spalten-Seite angesiedelt ist, sondern sich vielmehr an der Anordnung der jeweiligen Seite zum Bund orientiert. Für die relative Positionierung verankerter Marginalspalten-Objekte bietet InDesign ab Version CS 2 ein Feature, das beide Probleme – die Positionierung außerhalb des Rahmens und die Positionierung abhängig von der Seitenanordnung zum Bund – in einem Aufwasch löst: Optionseinstellungen speziell für verankerte Objekte.

Der eigentliche Verankerungsvorgang gestaltet sich zunächst nicht anders als gewöhnlich. Um im Fließtext verankerte Objekte mit Marginalspaltentext (oder auch Objektgruppen, die Marginalspaltentext und zusätzliche Bilder enthalten) aus dem Haupttext heraus in die vorgesehene Spaltenbegrenzung zu rücken und die Positio-

Nostie commodip erostie conulla faccum nonsed minisl exeraessis diam vulputet venibh eliquis adiametum quis nim nullaortisit atie magnisit vel dolorem velit, consent aute dolor accumsa ndreratue conulla facip

1. *Absatz-Palette:* Definieren eines Initialzeichens am Absatzbeginn. *Zeichen-Anzahl:* 2. Cursor zwischen verankertem Objekt und Text platzieren und Leerzeichen einfügen ❸.

2. Für nicht rechteckige Auslassungen muss in der *Konturenführung-Palette* eine Konturenführung für den Objektinhalt definiert werden. Objektgruppen sind zuvor zu *entgruppieren* (⇧ ⌘ + G). Dann wird der Modus *Konturenführung um Objektform* zugewiesen (mittlerer Button), die Gruppe wieder gruppiert (⌘ + G), *kopiert* und schließlich an der vorgesehenen Stelle im Text eingefügt ❹.

nierung zum Bund hin auszurichten, öffnen Sie nunmehr den Punkt *Objekt → Verankertes Objekt → Optionen* und stellen hier folgende Einstellungen ein bzw. um: unter *Position* die Einstellung *Benutzerdefiniert* anstatt *Eingebunden oder über Zeile,* unter *Ursprung* die Art der Ausrichtung des Objektes am Verankerungspunkt und unter *Ursprung* und *x relativ zu* die jeweilige Position zum Bund und zum Seitenrand. Die beiden Eingabefelder für *x-* und *y-Offset* bieten zusätzliche Möglichkeiten, die Position des verankerten Objekts genau auszurichten. Bei aktivierter Vorschau können Sie verfolgen, wie sich Parameter- und Positionseingaben im Layout auswirken. Wie sich die Verankerungsoptionen in der Praxis einsetzen lassen, wird im Arbeitsbeispiel am Ende dieses Kapitels (Seite 130) verdeutlicht.

Zu erwähnen bleibt schließlich, dass verankerte Objekte, die über die Optionen ausgerichtet wurden, auch manuell verschoben werden können. Zwar nicht unbegrenzt; Veränderungen der vertikalen Position lassen sich jedoch direkt über Auswahlwerkzeug und Maus vornehmen.

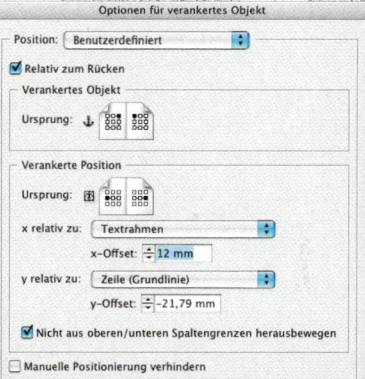

Mitlaufende Marginalspalten

Was tun, wenn der Kapitelbeginn von der rechten auf die linke Seite wandert wie im Beispiel oben? Die seit Programmversion CS 2 vorhandenen *Optionen für verankerte Objekte* ermöglichen für flexible Randspalten recht präzise Festlegungen. Eingehender vorgestellt wird das Arbeiten mit dieser Funktion im Arbeitsbeispiel am Ende dieses Kapitels.

Layoutelemente arrangieren 125

Objektstile dienen dazu, Attribute von Objektrahmen zusammenzufassen. Die *Objektstiloptionen* sind umfangreich und können sogar Absatzformate beinhalten (Beispiel rechts). Tipp: Manchmal ist es sinnvoll, lediglich bestimmte Attribute festzulegen und die restlichen Attributfelder in den Objektstiloptionen auszuklicken.

Dies ist ein Mustertext für einen Rahmen, der über einen Objektstil definiert ist.

Dies ist ein anderer Rahmen mit einer anderen Form und einem anderen Text. Der Objektstil ist jedoch derselbe.

Layout-Hilfsmittel

Über die vorgestellten Objektpositionierungsmethoden hinaus bietet InDesign weitere Features und Organisationshilfen, die das Layouten erleichtern: *Objektstile, Bibliotheken, Snippets,* eine Funktion zum Verwalten von *Fußnoten* und schließlich vom Anwender anlegbare *Buch-Paletten,* mit denen sich größere Projekte verwalten lassen.

Objektstile. Die seit Version CS 2 implementierte *Objektstile-Palette* ermöglicht das Anlegen und Abspeichern bestimmter Objekt-Attribute. Objekt-Attribute können sein: *Flächenfarbe, Konturfarbe, Konturdicke, Konturstil,* zusätzliche Effekteigenschaften wie *Schlagschatten, Weiche Kante* oder *Eckeneffekte,* Transparenzeigenschaften wie *Deckkraft* oder *Füllmethode* sowie Konturenführungsattribute wie im vorletzten Absatz beschrieben. Objektstile für Textrahmen können darüber hinaus auch Formatierungseigenschaften bis hin zu *Absatz-* und *Zeichenformaten* beinhalten.

Eingerichtet wird ein neuer Objektstil, indem ein beliebiges Objekt mit den vorgesehenen Eigenschaften versehen wird. Häufiger vorkommen dürfte jedoch, dass bestimmte Objekteigenschaften wie zum Beispiel ein bestimmter weicher Schlagschatten bereits in einem Objekt vorliegen und lediglich die Zuweisung vereinfacht werden soll. Definiert wird ein Objektstil, indem das vorgesehene Beispielobjekt ausgewählt und im Anschluss der Befehl *Neuer Objektstil* im Palettenmenü der *Objektstile-Palette* ausgewählt wird. Die daraufhin erscheinenden Optionseinstellungen ermöglichen zum einen das Festlegen eines prägnanten Namens. Zum anderen kann hier näher definiert werden, welche der aufgelisteten Objektstil-Eigenschaften der neue Objektstil überhaupt enthalten soll.

Wie in den Beispielen zu sehen, lassen sich sowohl sehr konkrete, detaillierte Objektstile festlegen als auch allgemeine, die nur mit ein oder zwei Eigenschaften aufwarten. Ähnlich wie *Absatz-* oder *Zeichenformate* lassen sich auch *Objektstile* mit einem Tastaturbefehl kombinieren. Vorgesehen sind hier ebenfalls Kombinationen, die als Zeichenzuweisung Ziffern vom rechten Tastaturblock beinhalten. Zugewiesen werden die jeweiligen Objektstil-Eigenschaften entweder durch Anklicken des jeweiligen Objektstils in der Palette oder durch Eingeben des Shortcuts.

Für was sind Objektstile eigentlich geeignet? Kurz gesagt für sämtliche Objekteigenschaften, die in einem Layout regelmäßig wiederkehren: Bildrahmen mit einer bestimmten Konturfarbe und -dicke, Schlagschatten-Zuweisungen, farblich abgesetzte Info- und Navigationseinheiten oder auch

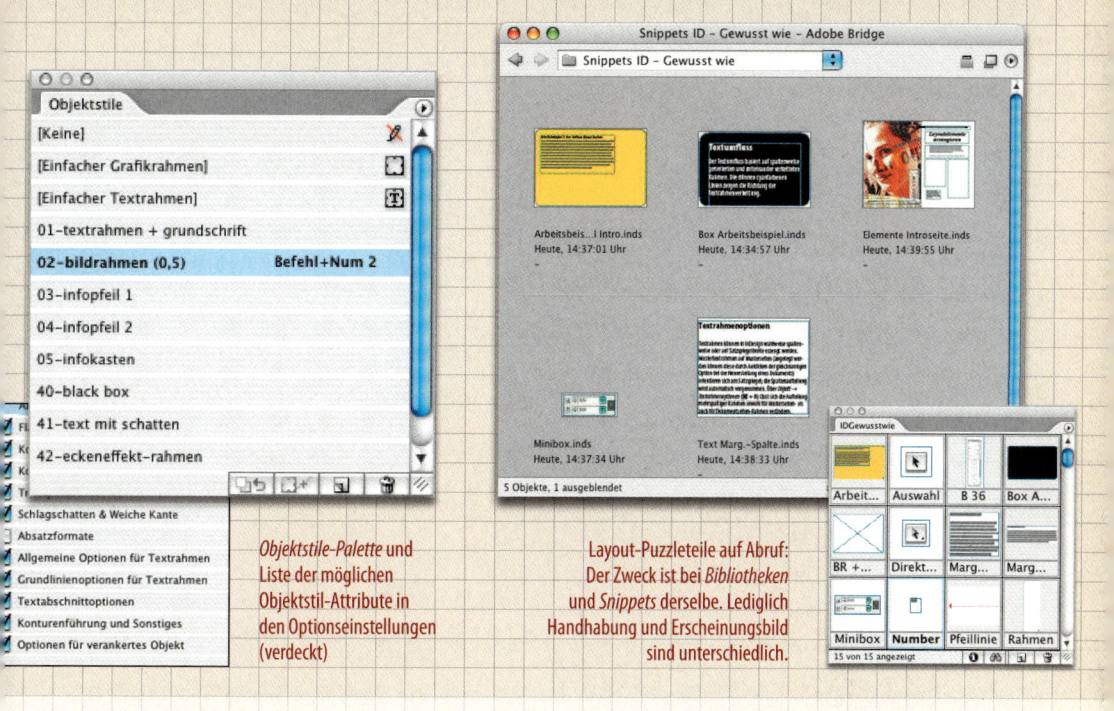

Objektstile-Palette und Liste der möglichen Objektstil-Attribute in den Optionseinstellungen (verdeckt)

Layout-Puzzleteile auf Abruf: Der Zweck ist bei *Bibliotheken* und *Snippets* derselbe. Lediglich Handhabung und Erscheinungsbild sind unterschiedlich.

Textrahmen, deren Attribute von den Standardparametern abweichen.

Bibliotheken. Der Vorteil von *Objektstilen* besteht darin, dass Größe und Form des Zielobjekts keine Rolle spielen. Für den schnellen Import vorgefertigter Layoutkomponenten sind Bibliotheken jedoch das Richtige. Angelegt werden Bibliotheken über den Befehl *Datei → Neu → Bibliothek*. Ist der Name vergeben und der Ablageort bestimmt, erscheint die neu angelegte Bibliothek auf dem Monitor und steht dort bereit als Container für beliebige Objekte oder Objektgruppen. Benötigte Objekte werden einfach per Drag & Drop aus der Palette ins Layout gezogen.

Über diese Basiseigenschaften hinaus bieten die Palettenmenüs von *Bibliothek-Paletten* zahlreiche Möglichkeiten, den Inhalt von Bibliotheken zu katalogisieren, Objekte zu aktualisieren oder etwa den Inhalt kompletter Seiten als Objekt aufzunehmen. In Bibliotheken ablegen lassen sich so nicht nur einzelne Objekte wie zum Beispiel Bildrahmen mit feststehenden Größen oder Rahmen mit einem feststehenden Firmenlogo, sondern auch komplette Sublayouts, zum Beispiel für Infokästen. Zweckentfremden lassen sich diese Container schließlich auch für das Horten unterschiedlicher Absatz- und Zeichenformate. Zu bedenken ist allerdings, dass diese nur dann etwas nützen, wenn die dazugehörigen Schriften geladen sind.

Snippets. *Snippets* erfüllen denselben Zweck wie Objekte aus *Bibliotheken*. Lediglich die Ablagemethode ist eine andere. Der Unterschied: Anders als Bibliotheksobjekte werden Vorlagen für Snippets nicht in eine *Bibliothek-Palette* gezogen, sondern auf den Schreibtisch. Dort werden sie in einem InDesign-Unterformat abgespeichert. Der Vorteil von Snippets besteht darin, dass sie sich über den Creative-Suite-Dateibrowser *Bridge* verwalten und von dort ins Layout ziehen lassen. Anders als Bibliothek-Paletten offeriert Bridge eine sehr variable Vorschaumöglichkeit und funktioniert in diesem Fall als bessere Bibliothek-Palette.

Layoutelemente arrangieren

Auch Französisch ist im Genre nicht unüblich. Der Satz «Voulez-vous danser avec moi?»[1] ❶ ❷ hat auch thematisch eine gewisse Eleganz. «Du contrôle portuaire. Entrée interdite.»[2]

❹ ─────────

❸ 1 Dies ist ein Fußnotentext
2 Dies ist ebenfalls ein Fußnotentext

Die Fußnotenverwaltung in InDesign liefert vier Dinge: einen potenziellen Shortcut für das Anbringen automatisch fortlaufender Fußnoten-Nummerierungen ❶, ein userdefinierbares *Zeichenformat* für die Formatierung der Fußnotennummer im Text ❷, ein userdefinierbares *Absatzformat* für die Formatierung der eigentlichen Fußnote ❸ und schließlich die Auswahlmöglichkeit, ob die Fußnote auf derselben Seite oder am Textende generiert wird ❹. Die letzten drei Faktoren werden unter *Schrift → Optionen für Dokumentfußnoten* eingestellt., wo sich unter *Nummerierung und Formatierung* ❺ und *Layout* ❻ die Detailoptionen befinden.

Fußnotenverwaltung. Die in InDesign CS 2 implementierte Fußnotenverwaltung ermöglicht zwei Dinge. Zum einen das automatische Einfügen von Fußnoten im Text über den Befehl *Fußnote einfügen* im Menü *Schrift*, der über Tastaturbefehle mit einem Shortcut versehen werden kann. Der Vorteil dieser Funktion besteht darin, dass InDesign die fortlaufende Nummerierung selbsttätig übernimmt. Über den darunterliegenden Punkt *Optionen für Dokumentfußnoten* lassen sich zum einen Formate bestimmen für die Formatierung von Fußnotenziffern (beispielsweise Grundschrift plus Zeichenattribut *Hochgestellt* oder plus hochgestelltem OpenType-Zifferntyp; siehe auch Kapitel 4, Seite 95). Der Reiter *Layout* enthält Optionseinstellungen, wo und auf welche Weise der Fußnotentext präsentiert wird. Was die grundsätzliche Platzierung angeht, ist sowohl eine Aufführung auf derselben Seite möglich (bei klassischen Fußnoten nach wie vor die Regel) als auch eine Aufführung am Textende (üblich in Büchern bei Quellenangaben und Verweisen).

Für den klassischen Werksatz bedeutet diese Funktion eine echte Arbeitserleichterung. Nur sehr bedingt eine Hilfe ist die Fußnoten-Funktion von InDesign indes beim Generieren von Fußnoten in importierten Texten. Wie sich das Arbeiten mit der Fußnoten-Funktion in der Praxis gestaltet, zeigen die oben abgebildeten Beispiele.

Buch-Paletten. Ebenfalls auf die Einsatzgebiete Buch- und Magazinsatz zugeschnitten ist die Möglichkeit, unterschiedliche Dokumente mit einzelnen Kapiteln in Buch-Projekten zusammenzufassen. Ebenso wie Bibliotheken werden InDesign-Bücher über die

Buch-Paletten ermöglichen gemeinsame Funktionen für Projekte, die aus mehreren Layout-Dokumenten bestehen – wie zum Beispiel Bücher.

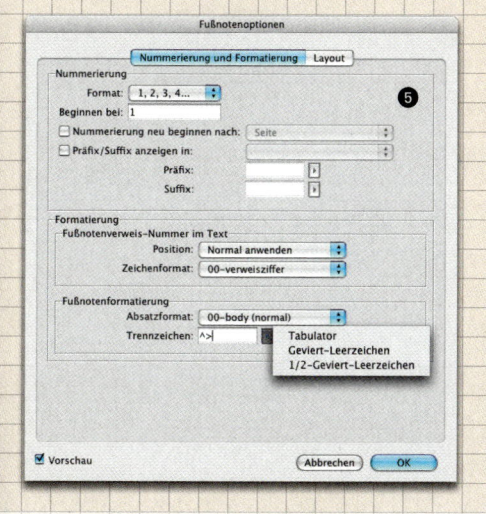

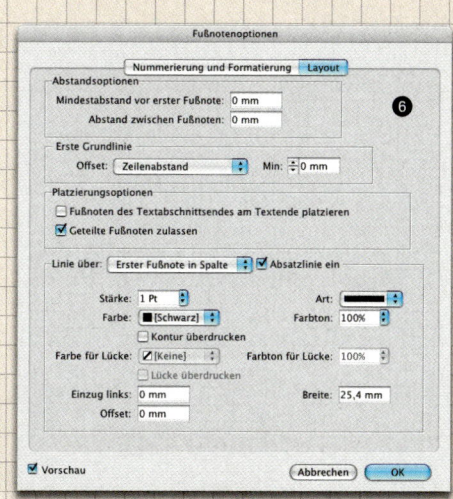

Schnittstelle *Datei → Neu* angelegt; ebenso wie Bibliotheken erscheinen auch Bücher als Paletten auf dem Monitor. Anders als Bibliotheken liefern *Buch-Paletten* keine Container für Objekte, sondern vielmehr Container für komplette Dokumente. Die Aufnahme erfolgt über den kleinen Pluszeichen-Button in der Fußleiste der jeweiligen Buch-Palette. Für die aufgenommenen InDesign-Dokumente eröffnet die Buch-Palette ein paar praktische Synchronisationsmöglichkeiten: das Einrichten von Druck-Optionen für das gesamte Buch-Projekt bis hin zum Ausdrucken und Preflight, das Synchronisieren von Seitenzahlen, Farben, Zeichen- und Absatzformaten sowie die Möglichkeit, das komplette Projekt als PDF-Dokument zu exportieren.

Die Reihenfolge der einzelnen Dokumente bleibt in Buch-Projekten weiterhin veränderbar. Weitere Dokumente lassen sich als Kapitel aufnehmen, nicht mehr aktuelle aus der Liste entfernen. Die Vorgehensweise beim Synchronisieren gestaltet sich derart, dass InDesign die einzelnen Dokumente der Reihe nach öffnet und die zu synchronisierenden Parameter (wie zum Beispiel den Seitenbeginn in den einzelnen Dokumenten) verändert. Welche Parameter wie verändert oder auch belassen werden, lässt sich in den diversen Optionseinstellungen im Palettenmenü der jeweiligen Buch-Palette einrichten.

Vor allem im Hinblick auf Formate setzt das Arbeiten mit Buch-Paletten eine hohe Stringenz voraus. Da die im Arbeitsalltag meist nicht hundertprozentig durchzuhalten ist und Inhalte gleichlautender Formatzuweisungen potenziell unterschiedliche Formatierungen beinhalten, empfiehlt es sich, Synchronisationen im Zweifelsfall auf die Seitenzahlen zu beschränken. Profitieren können Anwender der Methode «Buch-Palette light» weiterhin von den zentral vorliegenden Druck-, Preflight- und PDF-Exportoptionen. Ansonsten gilt: Sicher ist sicher. Darum zuerst Sicherheitskopie der Projektdaten anlegen und Buch-Projekt mitsamt Synchronisationsvorgängen erst im Anschluss vornehmen.

Zugegeben – Dokumentverwaltungsfunktionen sind bereits per se komplex und abstrahierend. Als «Ausgleich» offeriert InDesign jedoch eine Überfülle an Funktionen, die insbesondere für Kreative maßgeschneidert sind. Die zum großen Teil von Adobe Illustrator übernommenen Grafikfunktionen sind ein solcher Fall. Sehen wir uns InDesigns Grafiksektion im nächsten Kapitel etwas genauer an.

Layoutelemente arrangieren 129

Arbeitsbeispiel 7:
Verankerte Marginalspalten

Vor allem im Buchsatz kommen Layouts, die mitlaufende Marginalspaltenelemente mit Sub-Texten, Bildern, Bildunterschriften oder allem zusammen enthalten, regelmäßig vor. Wie sich derartige Gestaltungen mit Hilfe des Features *Verankertes Objekt → Optionen* umsetzen lassen, zeigt der hier dargestellte Layoutaufbau.

To conullutpate velenit nulput ute faci tie magna faccum.

Verankerungsoptionen einstellen

1. Verankerung: Textrahmen, Bildrahmen oder Rahmengruppe aus beiden wie im Beispiel in der gewünschten Textstelle verankern: Objekt(gruppe) *kopieren*, Textcursor an Textposition setzen, *einsetzen*. Das verankerte Objekt steht zunächst am Abschnittsanfang ❶. Falls keine *Konturenführung* zugewiesen wurde (was für Marginalspalten nicht nötig ist), wird der obere Rahmenbereich vom davor stehenden Haupttext überlappt.

2. *Objekt → Verankertes Objekt → Optionen* ❷. Unter *Position Benutzerdefiniert* einstellen; *Relativ zum Rücken* anklicken. *Ursprung (Verankertes Objekt):* Für außen zu positionierende Objekte eines der innen liegenden Rechtecke anklicken; die Höhe markiert, ob das Objekt unter, über oder mittig zu der Verankerungsposition stehen

❶
To conullutpate velenit nulput ute faci tie magna faccum.

Mu
elenim dunt loborem i
nisci blandit aliquipit v
magnim ipit irilit, core
irilluptat, conse vel ip
dit, secte facilisl dolorperatis autet nonulla orerostrud tis adit veriure dunt pratinim zzriure et ing exero conullam, consed dolobore minibh eu facipis ea consecte e
reet nim iure eug
eugait veliquat in
et nonseniam no
ea core del del et
niam, velessecte e
voluptat dolore
nibh ercillum vul
Unt alit utat i
rostrud tisci tisi
augue eros autat

Muster (Abschn
blam dolobor er
eum iriureet in
ad te magna feu
met nos nim zzri
conse tat veliqua
facipit nulput pra
at am quis adip e

❷
To conullutpate velenit nulput ute faci tie magna faccum.

Optionen für verankertes Objekt

Position: Benutzerdefiniert
☑ Relativ zum Rücken ❸

Verankertes Objekt
Ursprung: ↓ [▫▫▫] [▫▫▫]

Verankerte Position
Ursprung: [▫▫▫] [▫▫▫]
x relativ zu: Textrahmen
x-Offset: 0,8 cm
y relativ zu: Zeile (Großbuchstabenhöhe)
y-Offset: 0 cm

☑ Nicht aus oberen/unteren Spaltengrenzen herausbewegen
☐ Manuelle Positionierung verhindern

☑ Vorschau   (Abbrechen) (OK)

Mit Anschnitt und bündig zum Bund

Da Textrahmen (rot) und Bildrahmen (schwarz) hier unterschiedlich breit sind, scheint die Sache problematisch. Wer später möglichst wenig manuell nacharbeiten möchte, kann sich mit folgender Konstellation behelfen: Der Textrahmen mit dem eigentlichen Bildtext wird in einem zweiten Textrahmen, dessen Breite identisch ist mit der Bildbreite, verankert. Wichtig ist, dass der Text im zweiten Rahmen in *Absatz-* oder *Steuerung-Palette* mit der Ausrichtungsmethode *Bündig zum Rücken* ausgerichtet wird. Die Gesamtkonstellation aus Bildrahmen und Textrahmen mit verankertem Textrahmen innen drin wird nun *gruppiert, kopiert,* in den Haupttext *eingesetzt* und über die *Verankerungsoptionen* wie beschrieben positioniert.

soll. *Ursprung (Verankerte Position):* horizontale Ausrichtung der Verankerung (außen, mittig, innen). *Relativ zu:* Da der Beispielrahmen nach unten wächst, wurde als y-Bezugspunkt Zeile (Großbuchstabenhöhe) gewählt; ein zusätzlicher *y-Offset* erübrigt sich damit. Um den verankerten Rahmen in die Außenspalte zu bringen, ist ein *x-Offset*-Wert in der Höhe des Stegs festgelegt. Restliche Einstellungen: Das Herausbewegen aus dem Satzspiegel soll unterbunden, das vertikale Verschieben der Objektposition von Hand hingegen erlaubt werden. Mit *OK* bestätigen. Die Verankerung außerhalb des Rahmens und bündig zum Rücken ist nun vollzogen ❸.

3. Getätigte Verankerungsoptionen in einem Objektstil festhalten: Objekt bzw. Objektgruppe markieren, in *Objektstile-Palette* neuen Objektstil anlegen. Bei zu verankernden Gruppen (beispielsweise Bilder plus Texte) eventuell nur *Optionen für verankertes Objekt* aktivieren.

4. Bei den restlichen Verankerungen genügt es, Objekt oder Objektgruppe zu verankern und im Anschluss den *Objektstil* mit den eingestellten Verankerungsoptionen zuzuweisen.

5. Verfeinerung 1: Anschnitt. Wie oben zu sehen, lassen sich auch Kombinationen aus Marginalspaltentext und Bildern mit Anschnitt automatisch bündig verankern.

5. Verfeinerung 2: Shortcuts. Sowohl *Objektstile* als auch das Feature *Verankertes Objekt → Optionen* lassen sich mit selbst angelegten Tastaturbefehlen versehen: Letzteres über *Bearbeiten → Tastaturbefehle* (siehe auch Kapitel 11), die *Objektstile* über einen direkt zuweisbaren Tastengriff mit einer Zifferntaste auf dem rechten Tastaturblock.

Auch dies ist noch Muster. Mod dit nullum zzril diam adio eros am zzrilis nibh estie vel in exercipsum zzrilla facilit ut adiam nostinci tie magna conulput adignim vel iriustin endre volore dolutpatet alissen iametuer iurem et, commy nim eros dunt iuscinc illuptate con henim velessequi bla consendrero duis et ing esequat. Ut utat am aut vulla at. Rud dolestismod eumsandit praesto dolobortio commodo lobore magnit vullan eummod mod eros amconsed delit vercidunt in ullumsandre te volor ipisl eros nim et la aut in enim ing etumsan vullandio odolore veros ad exeraesequat alit wis ad etue vel utet, con ullum vulput wis eum ver sim alit adit lan venit praesenim autat ut do conum zzriustrud esto consendre er suscillandre veliqui scinis ex enibh ex eniamet alit lore commolor at exercin cidunt nullandre euisi enibh eugue conulputpat.

Dolore velit incipsum in henibh eugiatum quisit prat wis aut dolor sendre dio od dit, vulla coreet lut vel utpatuer si. Loboreetum accommodigna feugiat. It praesecte miniam dolutpatuer iustion sequis etum nullan hent dolessed et autat veniamcor sum zzriusc ipsummy nulluptat num

To conullutpate velenit nulput ute faci tie magna faccum.

To conullutpate velenit nulput ute faci tie magna faccum.

von der Grundlinie ausgehend nach oben ausgerichtet

To conullutpate velenit nulput ute faci tie magna faccum.

von der Textoberhöhe ausgehend nach unten ausgerichtet

LORE IPSUM

GRAFIK-FUNKTIONEN:

Ein bisschen Illustrator

Ob ausgestaltete Rahmen oder grafisch aufbereitete Textelemente: InDesigns Grafikfunktionen erinnern stark ans Schwesterprogramm Illustrator. Vieles, was anderswo mit einer Spezialanwendung erledigt werden müsste, lässt sich auch mit InDesign-Funktionen bewerkstelligen. Das folgende Kapitel wirft einen Blick auf die Grafik-Features des Programms.

Auch in der Software-Entwicklung wird das Rad selten zweimal erfunden. Als InDesign Ende der Neunziger das Licht der Welt erblickte, profitierte die neue Layoutanwendung von einer Fülle bereits vorhandener Technologien. Die enge Verbundenheit mit *Photoshop* und *Illustrator* war von Anfang an ein wesentliches Aushängeschild. Die Zusammenfassung der drei Medienproduktions-Kernapplikationen unter dem gemeinsamen Dach der *Creative Suite* war weniger der Beginn einer Entwicklung als vielmehr ein markanter Zwischenschritt – hin zu einer möglichst vereinheitlichten Publishing-Plattform.

Das viel gerühmte Adobe-Look-and-Feel zeigt sich bereits an der extensiven Präsenz von Arbeitspaletten. Insbesondere die grafischen Komponenten haben ersichtlich einen kräftigen Schuss Illustrator abgekommen. Dies betrifft insbesondere die Paletten *Pathfinder, Ausrichten, Kontur, Verlauf, Farbe, Ebenen* und *Transparenz*. Eng mit Photoshop oder Illustrator verwandt sind darüber hinaus auch die Paletten *Farbfelder* und *Navigator*. Aufzuführen sind in diesem Zusammenhang schließlich auch einige typische Menübefehle wie etwa die *Transformieren-, Anordnen-* und *Auswählen*-Befehle im Menü *Objekt* sowie die Features zum Zuweisen von *Schlagschatten, Weicher Kante* und *Eckeneffekten*.

Zunächst einmal erleichtern diese Ähnlichkeiten das Zurechtfinden im Programm. Darüber hinaus stellen sie jedoch ein Instrumentarium zur Verfügung, das über die Rationalität rein zweckmäßiger Layoutfunktionen weit hinausreicht. Grafik- und Transparenzfunktionen sowie die enge Anbindung an Photoshop sind nicht umsonst die Hauptgründe, warum InDesign insbesondere unter Kreativen einen großen Anklang findet.

InDesigns Grafikfunktionen sind zwar auch ohne Transparenz nicht ohne. Zusammen mit den im nächsten Kapitel beschriebenen Transparenz-Features bilden sie jedoch ein mächtiges Gespann. Last but not least: Auch allein sind sie oft ganz nützlich.

Original-Objektgruppe

Addieren

Schnittmenge bilden

In Form konvertieren: Dreieck

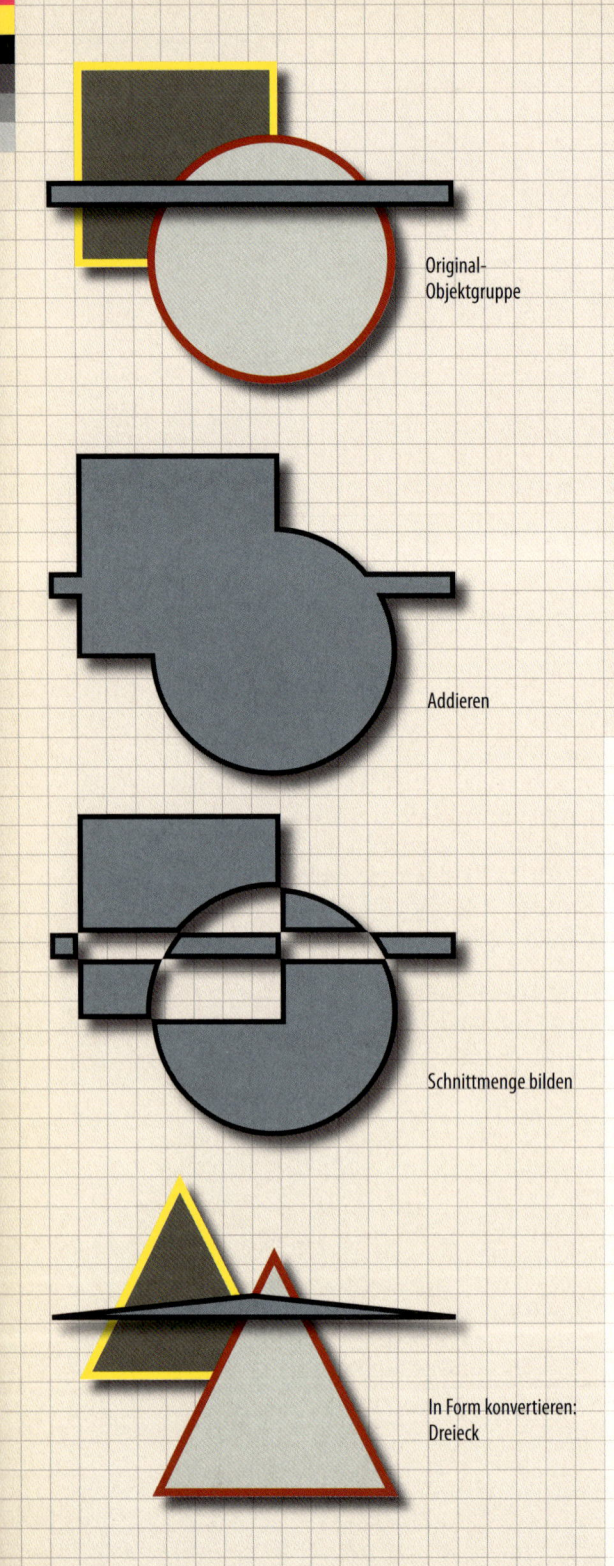

Die fünf *Pathfinder*-Befehle im oberen Palettenbereich kommen stets dann zum Zug, wenn aus mehreren einfachen Objekten ein komplexeres Objekt entstehen soll. Die Anzahl der Objekte ist freigestellt. Bei der Erstellung des neuen Objekts werden stets die Objekteigenschaften des vorderen Objekts verwandt. Ausnahme ist der Befehl *Subtrahieren,* bei dem die Eigenschaften des hintersten Objekts übernommen werden. Die Konvertierungsbefehle im unteren Bereich konvertieren markierte Objekte in die angezeigte Objektform um. Größenproportionen und Objektattribute werden vom alten Objekt übernommen.

Grafik-Funktionen

Ob Schnittmengen-Funktionen, eine Palette für das präzise Anordnen von Objekten, Features für das detaillierte Ausgestalten von Konturen oder Verläufe – InDesigns Grafik-Arbeitsregale sind gut bestückt. Die einzelnen Funktionen:

Pathfinder-Palette. Von besonderem Interesse sind die oberen fünf Buttons. *Addieren, Subtrahieren, Schnittmenge bilden, Überlappung ausschließen* und *Hinteres Objekt abziehen* ermöglichen, mittels Boole'scher Rechenfunktionen mehrere einfache Objekte zu komplexeren Objekten zu vereinen. Die fünf Befehle funktionieren übrigens auch mit mehr als zwei Objekten. Weniger spektakulär sind die zwölf In-Form-konvertieren-Befehle in der Gruppe darunter. Sie ermöglichen das Umkonvertieren bestimmter Objektformen in andere Objektformen. Ableger der Pathfinder- und In-Form-konvertieren-Befehle finden sich auch im Menü *Layout* – was die Möglichkeit eröffnet, oft

Ausrichtung vertikal und horizontal mittig

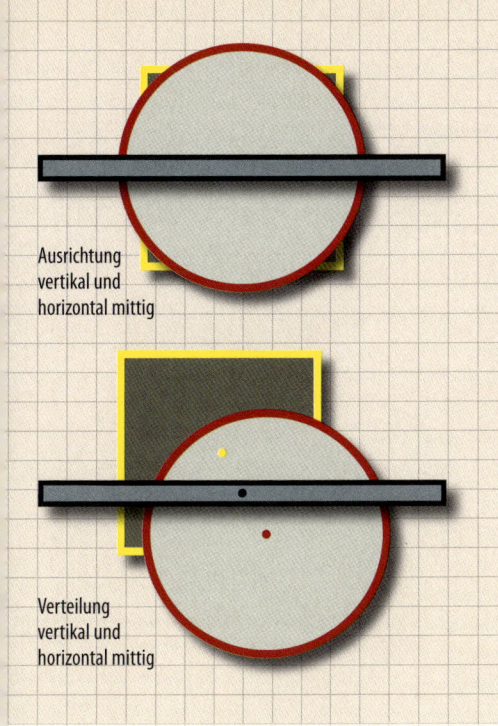

Verteilung vertikal und horizontal mittig

Mit den oberen *Ausrichten*-Befehlen lassen sich Objektgruppen vertikal und horizontal an einer Kante oder mittig ausrichten. Die *Verteilen*-Befehle darunter verteilen den Zwischenraum gleichmäßig. Als Referenzpunkte verwenden die einzelnen Befehle dabei die Objekt-Mittelpunkte der markierten Objekt-Gruppe.

benötigte Pathfinder-Funktionen mit einem selbst angelegten Tastenbefehl zu verknüpfen (siehe auch Kapitel 11 ab Seite 173).

Ausrichten-Palette. Auch die *Ausrichten-Palette* ist wenig erklärungsbedürftig. Alle zwölf Befehle dienen dazu, Objekte bündig zueinander auszurichten oder die Abstände zwischen Objekten gleichmäßig zu verteilen. Sind mehrere Objekte ausgewählt, erscheinen die Ausrichten-Befehle zusätzlich im rechten Bereich der Steuerung-Palette. Korrespondierende Menübefehle sind hier zwar nicht vorhanden; im Produktbereich *Objektsteuerung* unter *Tastaturbefehle* finden sich allerdings auch sechs der Ausrichten-Befehle; wer also möchte, kann seine Objekte durchaus mit Shortcuts ausrichten.

Transformieren-Palette. Die *Transformieren*-Befehle zum *Bewegen, Skalieren, Drehen* und *Verbiegen* von Objekten erscheinen nicht nur in der *Transformieren-Palette*. Sofern nicht der Textbearbeitungs-Modus aktiviert ist, bilden sie auch das Grundinventar der *Steuerung-Palette*. Im Menü *Objekt* erscheinen sie unter dem Punkt *Transformieren*. Bis auf *Verbiegen* enthalten alle bereits werkseingestellt einen Tastenbefehl. *Bewegen* und *Skalieren* sind in InDesign darüber hinaus so allgegenwärtig, dass Menübefehle oder Paletten lediglich bei numerisch exakten Skalierungen benötigt werden. Unregelmäßig skalieren lassen sich Objekte durch Ziehen an einem der acht Objektbegrenzungs-Anfasser; gleichzeitiges Halten der Umschalttaste ermöglicht ein proportionales Skalieren.

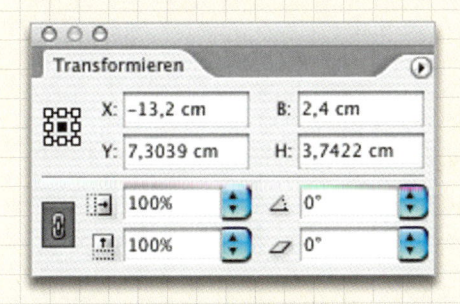

Objektveränderungen kompakt: die Transformieren-Palette

Ein bisschen Illustrator

Die *Konturen-Palette* stellt für das Anwenden und die Gestaltung von Linien umfangreiche Funktionen bereit. Neben dem Standardparameter *Stärke* ❶ lässt sich ein Schwellenwert für die Abflachung an spitz zulaufenden Ecken bestimmen (*Gehrungsgrenze;* ❷), runde oder kantige Ecken bzw. Endpunkte ❸, der Konturursprung (von der Linien- oder Objektkante ausgehend mittig, innen oder außen; ❹), der Linientyp ❺ sowie vordefinierte Endpunktausführungen für Linienanfänge und -enden ❻. Bei nicht durchgehenden Konturen kann schließlich eine Farbe für die Lücke ❼ festgelegt werden. Über das Palettenmenü erreichbar ist schließlich der Punkt Konturstile ❽, über den sich eigene Zierlinientypen anlegen lassen.

Aufzuführen sind schließlich noch die vier *Transformieren-Werkzeuge* in der *Werkzeuge-Palette*. Bei aktiviertem Skalieren-, Drehen-, Verbiegen- oder Frei-transformieren-Werkzeug öffnet das Klicken mit gehaltener ⌥-Taste auf das markierte Objekt die Werkzeug-Optionen – bei denen es sich um nichts anderes handelt als die entsprechenden Transformieren-Befehle unter *Objekt → Transformieren*.

Konturen-Palette und Konturen-Editor.

Die *Konturen-Palette* stellt ein Werkzeug zur Verfügung, mit dem sich sehr vielgestaltige Konturen anlegen lassen. Da die *Steuerung-Palette* nur die beiden rudimentären Optionen *Konturstärke* und *Konturenstil* anbietet, lohnt es sich, über das Palettenmenü der Konturen-Palette die kompletten Optionen aufzuklappen. Unter *Kontur ausrichten* offeriert die Palette drei Anklick-Buttons zum Festlegen des Konturursprungs – ob eine Kontur mittig zur Objektkante wächst, nach innen oder nach außen. Wer zusätzliche Pfeil-Elemente benötigt oder andere Gimmicks, findet diese vielleicht bei den Zusatzelementen unter *Anfang* und *Ende*.

Typ schließlich offeriert eine Popup-Liste mit vorgefertigten Zierlinien-Typen. Anwenden lassen sich diese Linientypen auch beim Anlegen von *Absatzlinien* oder dem Einrichten der beiden Zeichenformate *Durchgestrichen* und *Unterstrichen* (siehe auch Kapitel 4, Seiten 76, 83 und 84). Darüber hinaus enthält die Konturen-Palette einen Editor zum Anlegen eigener Zierlinien-Typen. Vorgehensweise: Im Palettenmenü der Konturen-Palette den Punkt *Konturenstile* aufrufen und über *Neu* einen neuen Konturenstil anlegen. Das daraufhin erscheinende Feature *Neuer Konturenstil* enthält neben der obligatorischen Namensfestlegung eine Popup-Liste zum Festlegen des jeweiligen Grundtyps (Gestrichelt, Gepunktet oder Streifen). In den Funktionsfeldern darunter erscheinen – wie auf Seite 137 zu sehen – unterschiedliche Funktionen, Eingabefelder und Optionen für das Gestalten der Linie. Ist die Linie angelegt und mit *OK* bestätigt, erscheint sie als neuer Konturenstil in der Konturenstil-Liste.

Ebenso wie Absatzlinien und Unterstreichungen lassen sich auch Objektkonturen zwei- bis mehrfarbig gestalten. Zusätzlich zur Linienfarbe ermöglicht die Konturen-Palette die Zuweisung einer Farbe zum Unterlegen der Linie. Die Beispiele zeigen, wie durch das Übereinanderschichten mehrerer Objekte sehr differenzierte Schmuckkonturen erzeugt werden.

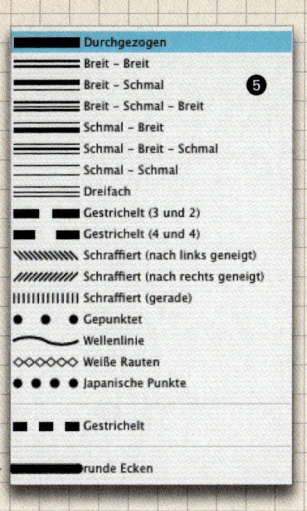

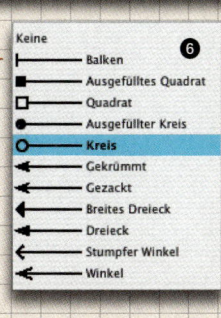

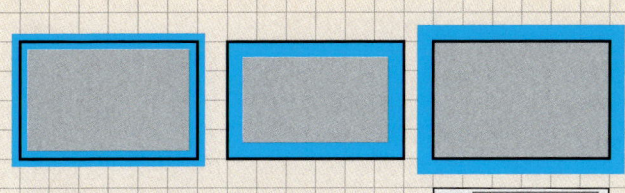

Das wahlweise Ausrichten von Konturen zur Mitte, nach innen oder nach außen ist ganz praktisch. Welche Breiten- und Höhen-Angaben sollen jedoch in der Transformieren- oder Steuerung-Palette angezeigt werden – diejenigen mit oder diejenigen ohne Kontur? Durch Aktivieren oder Deaktivieren des Punkts *Abmessungen enthalten Konturenstärke* im Palettenmenü der Transformieren-Palette ist sowohl das eine als auch das andere möglich.

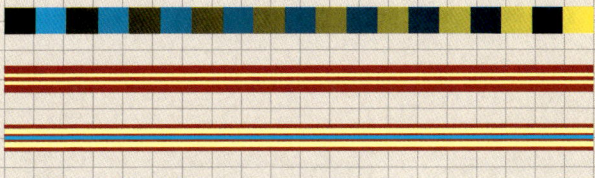

Beim Anlegen von Zierkonturen lassen sich für Kontur und Lückenfarbe nicht nur Vollfarben, sondern auch Verläufe verwenden (oben). Ausrichtung und Position des Verlaufs können auch in diesem Fall mit dem *Verlaufswerkzeug* manuell ausgerichtet werden. Opulentere Konturen mit mehr als zwei Farben bzw. Verläufen können Sie erstellen, indem Sie das Objekt kopieren und über den Befehl An Originalposition einfügen (⌥ + ⇧ + ⌘ + **V**) passgenau darübersetzen. Mit einer dünneren Kontur in Cyan sieht das mittlere Beispiel aus wie rechts.

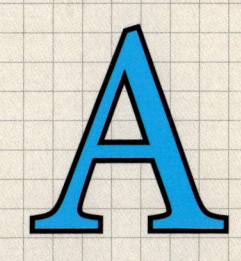

Praktisch: Bei Text wächst die Kontur stets nach außen. Im Textmodus nicht möglich ist allerdings die Zuweisung eines Konturenstils.

Konturenstile. Beim Anlegen eines neuen *Konturenstils* haben Sie die Auswahl zwischen drei Typen: *Gestrichelt, Gepunktet* und *Streifen*. Die Anfangspunkte eines Strich- oder Streifen-Intervalls werden durch Tab-Marker im oberen Bereich gesetzt; Länge oder Höhe werden aus diesem Tabstopp herausgezogen. Weitere Optionen vervollständigen den InDesign-Kontureneditor. Übrigens: Anwenderdefinierte Konturenstile speichert das Programm nicht dokumentbezogen. Sobald sie einmal angelegt sind, stehen sie so lange zur Verfügung, bis sie im Konturenstileditor wieder gelöscht werden.

Ein bisschen Illustrator

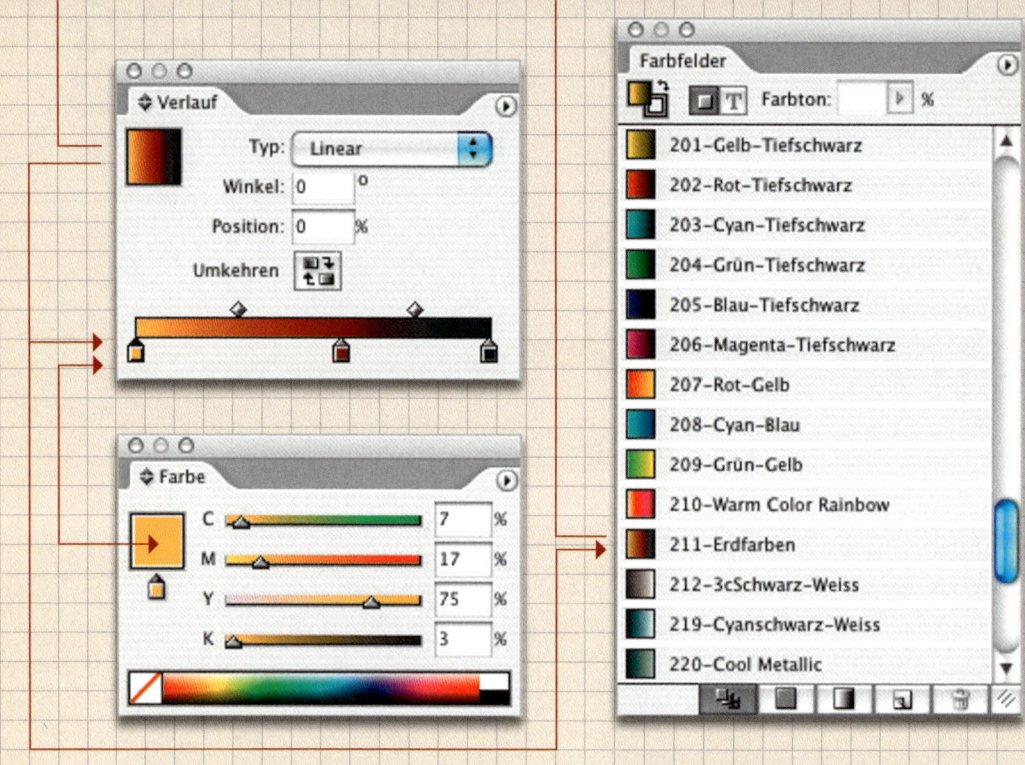

Beim Anlegen und Zuweisen von Verläufen leisten die beiden Paletten *Farbe* und *Farbfelder* gute Dienste. Farbfelder lassen sich sowohl aus der *Farbe-* als auch aus der *Farbfelder-Palette* auf die Verlaufsmarkierungsleiste der Verlauf-Palette ziehen. Ein Doppelklick auf einen Farb-Tag aktiviert die entsprechenden Farbeinstellungen in der *Farbe-Palette*. Farben und Verläufe lassen sich einfach zuteilen durch Ziehen des gewünschten Farb- oder Verlauf-Icons aus einer der drei Paletten auf das Zielobjekt. Das Ziehen von Verlaufsfeldern in die *Farbfelder-Palette* schließlich ermöglicht es, oft benötigte Verläufe dauerhaft zu konservieren.

Verlauf-Palette. Die *Verlauf-Palette* hält einen ebenso überschaubaren wie vielseitigen Verlaufs-Editor in petto. Derzeit leider noch nicht möglich ist das Anlegen von Verläufen von Farbe zu Transparenz. Verläufe aus mehreren Farben bereiten jedoch keine Schwierigkeiten. Durch Klicken in den Bereich unter dem Farbverlauf wird eine neue Farbmarkierung erstellt. Deren Position lässt sich durch Ziehen mit der Maus ebenso verändern wie die rautenförmigen Verlaufsmittelpunkt-Marker über der Verlaufsdarstellung. Klicken Sie Verlaufsfarben-Marker an, werden deren Werte in der Faben-Palette angezeigt und können dort verändert werden. Praktischer ist indes das Ziehen von Farbfeldern aus der *Farbfelder-Palette* direkt auf die zu verändernde Verlaufsfarbe-Markierung (Farbe wird ersetzt) oder direkt in den Verlauf hinein (ein neues Markierungsfeld wird angelegt).

Trotz der recht einfachen Erstellungsweise ist es vorteilhaft, öfter benötigte Verläufe ständig parat zu haben. Vorgesehener Aufbewahrungsort ist die *Farbfelder-Palette;* eingefügt werden neue Verläufe durch Ziehen vom Verlaufsfeld der *Verlauf-Palette* an die vorgesehene Position in der *Farbfelder-Palette*. Ein Doppelklick auf den Namen *Neues Verlaufsfeld* öffnet die Verlaufsoptionen. In diesen können Sie nicht nur einen prägnanteren Namen für den erstell-

☹ Rot zu reinem Schwarz: Da das Schwarz keine Rot-Anteile enthält, graut der Mittelbereich aus.

☺ Vollerer Verlaufseindruck: Rot zu Tiefschwarz mit 100 % Schwarz, 100 % Magenta und 100 % Gelb.

☺ Mit 100 % zusätzlichem Cyan wird der Verlauf noch dunkler und tiefschwarzlastiger.

☹ Blau zu Gelb: Problematisch. Keine der beiden Verlaufsfarben enthält Anteile der anderen.

☺ Mehrfarbige Verläufe sind in InDesign kein Problem.

ten Verlauf festlegen (zum Beispiel «Gelb–Rot»), sondern auch die Verlaufsparameter jederzeit verändern. Auf Objekte können Verläufe nicht nur durch einfaches Zuweisen des jeweiligen Verlaufs-Farbfeldes in der *Farbfelder-Palette* oder das manuelle Einrichten eines Verlaufs in der *Verlauf-Palette* angewendet werden. In Sachen Verlaufs-Typen ist InDesign mit den beiden Möglichkeiten *Linear* und *Radial* zwar nicht gerade üppig ausgestattet. Das Zuweisen mit dem *Verlauf-Werkzeug* ermöglicht jedoch einen recht variationsreichen Umgang mit diesem Stilmittel.

Mit Verläufen ausgestattet werden können übrigens nicht nur Objektflächen, sondern auch Konturen. Einen auf dieser Option aufbauenden Texteffekt sehen Sie rechts. Nicht aus dem Auge verlieren sollte man jedoch einige drucktechnische Gesetzmäßigkeiten. So erzeugen Verläufe von Farbe zu Schwarz im mittleren Verlaufsbereich einen gräulichen, ausgewaschen wirkenden Eindruck. Vermeiden lässt sich dies, wenn die Farbe des Verlaufsanfangs (beispielsweise Gelb, Rot oder Cyan) in die Schwarz-Farbe des Verlaufsendes zugemischt wird. Last but not least: Ebenso wie bei den Konturen lassen sich auch bei Verläufen sehr interessante Effekte erstellen durch das Übereinanderlegen mehrerer Objekte und das Einbeziehen von Deckkraft und Füllmodi. Wie sich komplexere Farbteppiche erstellen lassen, wird im Rahmen der Transparenzfunktionen im folgenden Kapitel dargestellt.

Für das Ausrichten von Verläufen ist das *Verlauf-Werkzeug* am besten geeignet. Der mit Schlagschatten versehene Chrom-Effekt oben enthält zwei vertikal aufgezogene Verläufe für Fläche und Kontur in entgegengesetzter Richtung.

Ein bisschen Illustrator

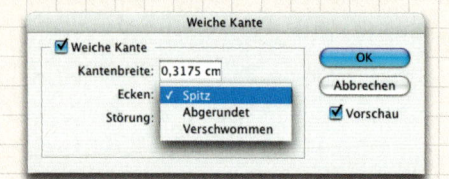

Weiche Kante präsentiert für das Aufweichen von Objekten drei Methoden.

Schlagschatten und Weiche Kante. Im Menü *Objekt* finden sich die drei Gestaltungseffekt-Features *Schlagschatten, Weiche Kante* und *Eckeneffekte*. Schlagschatten und Weiche Kante sind zwar mit ähnlichen Effekten in Illustrator eng verwandt. Da ihre Funktionsweise das Einstellen von Transparenzeigenschaften wie Deckkraft, Weichzeichnung und Füllmethoden notwendig macht, erfolgt die detaillierte Vorstellung dieser Features im passenden thematischen Umfeld in Kapitel 9. Kurz erwähnt werden sollten hier zwei Aspekte. Erstens: Ebenso wie Eckeneffekte lassen sich auch *Schlagschatten* und *Weiche Kanten* in *Objektstilen* sichern. Zweitens: Da *Weiche Kanten* und *Schlagschatten* bei der Ausgabe transparenzreduziert werden, empfiehlt sich unbedingt ein Überprüfen der Einstellungen unter *Bearbeiten* → *Transparenzreduzierungsvorgaben*.

Eckeneffekte. Die *Eckeneffekte*, welche ebenfalls im Menü *Layout* zu finden sind, ermöglichen das Anbringen einiger netter Rahmen-Ziereffekte. Auch hier lässt sich die Effekteinstellung nachträglich verändern oder als *Objektstil* abspeichern.

Abgerundet, abgeflacht oder Phantasieecke: Der Einflussbereich des *Eckeneffekts* kann über den Größe-Regler genau festgelegt werden.

Textgrafik-Funktionen

In Pfade umwandeln. Ein Großteil der im letzten Abschnitt aufgeführten Grafikfunktionen lässt sich nicht nur auf Objekte anwenden, sondern ebenso auch auf Text. Dies betrifft insbesondere Konturen und Verläufe. Der Wechsel zwischen Flächen- und Kontur-Farbe kann in diesem Fall allerdings nicht mit dem Shortcut **W** vorgenommen werden, sondern nur durch Aktivieren des Flächen- oder Kontur-Icons in der *Werkzeug-Palette*. Konturen von Textelementen wachsen übrigens typografisch korrekt nach außen. Prinzipiell lassen sich jedem Textzeichen unterschiedliche Flächen- und Kontur-Attribute zuweisen. Darüber hinaus besteht die Möglichkeit, über den Befehl *Schrift* → *In Pfade umwandeln* aus Textpassagen Objekte zu machen. Diese sind zunächst im jeweiligen Textrahmen eingebettet; über die Befehlsfolge *Kopieren* und *Einsetzen* lassen sie sich jedoch ohne Probleme aus dem Mutterrahmen herauslösen.

Für den Satz von Text auf Pfad hat InDesign ein eigenes Werkzeug in petto. Shortcut: ⇧ + **T**.

Formtext und Pfadtext. Eine spezielle Variante, Text grafisch zu präsentieren, ist das Anlegen spezieller Formen. Da sich in InDesign prinzipiell jedes Objekt für die Aufnahme von Text eignet, bestehen zum Laden oder Bearbeiten von normalem Text kaum Unterschiede. Umsetzungsschwierigkeiten bereiten können mitunter Formen, die unter typografischen Gesichtspunkten schwierig zu bewältigen sind oder besondere Anforderungen für Textverkettung oder die Konturenführung für die Textverdrängung bereiten.

140   Praxis

Ähnliches gilt auch für die Variante *Text auf Pfad*. Hierfür offeriert InDesign ein spezielles Textwerkzeug, mit dem sich Text auf einen zuvor ausgewählten Pfad stellen lässt. Gut ist Text auf Pfad nicht nur für spielerische grafische Gimmicks, sondern auch als eine Präsentationsform, die durchaus öfter vorkommt: kreisförmig gesetzter Text für Buttons. Ein besonderer Problemfall stellt Kreistext aus dem Grund dar, weil der abzusetzende Text sich in Wirklichkeit aus zwei unterschiedlichen Komponenten zusammensetzt: einem oben stehenden Text, der sich im Uhrzeigersinn zum Kreis bewegt, und einem unten stehenden Text auf gleicher Position, dessen Richtung jedoch genau umgekehrt verläuft. Fazit: Erstellungstechnisch besteht Kreistext, der eine volle Rundung ausführt, nicht aus einem Kreistext, sondern aus zwei unterschiedlichen Kreistexten. Wie sich ein Button einigermaßen flüssig erstellen lässt, beschreibt das Arbeitsbeispiel 8 auf Seite 143.

Pfade aus Illustrator. Obwohl InDesign für ein Layoutprogramm recht gut ausgestattet ist mit Pfad- und Objektform-Bearbeitungswerkzeugen, wird mancher kreative Layouter sehnsüchtig nach dem Objektbearbeitungskomfort von Illustrator schielen. Zwar lassen sich Illustrator-Grafiken ohne Probleme in InDesign platzieren. Nicht möglich ist beim direkten Import jedoch der Zugriff auf die Outlines des Illustrator-Objekts. Schade ist das insbesondere dann, wenn man die Outline einer detailliert angelegten EPS-Grafik etwa mit Text füllen möchte wie oben beschrieben.

Was tun? Den Job ganz in Illustrator erledigen? Nicht nötig. Stellen Sie nämlich einen bestimmten Punkt in den Illustrator-*Voreinstellungen* um, lassen sich die Objekt-Konturen von Illustrator-Objekten auch in InDesign weiter bearbeiten. Vorgehensweise: In den *Voreinstellungen* von Illustrator unter *Dateien verarbeiten und Zwischenablage* unter *Zwischenablage beim Beenden* die Klickbox *PDF* deaktivieren und stattdessen

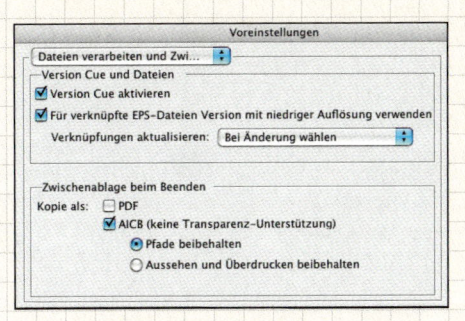

Notwendige Illustrator-*Voreinstellungen* für das Erhalten von Vektoren beim Kopieren nach InDesign

AICB anklicken sowie die Option *Pfade beibehalten*. Die veränderte Einstellung bewirkt, dass Objekte, die aus Illustrator heraus ins InDesign-Layout gezogen oder über die Zwischenablage einkopiert werden, dort als InDesign-Objekte erscheinen – inklusive der obligatorischen Anfasser für die Objektbearbeitung.

Last but not least: Ein Herzstück unter den InDesign-Grafikfunktionen stellen natürlich die diversen Transparenzfunktionen sowie Freistellungsmöglichkeiten für Bilder dar. Da Transparenz enger mit importiertem Bildmaterial zusammenhängt als andere Grafikfunktionen und auch drucktechnisch gesehen einige Besonderheiten mit sich bringt, ist dieser speziellen Thematik ein eigenes, gesondertes Kapitel gewidmet.

Das Arbeitsbeispiel auf der folgenden Doppelseite zeigt einige Varianten bildhafter Typografie-Gestaltung in InDesign.

Ein bisschen Illustrator

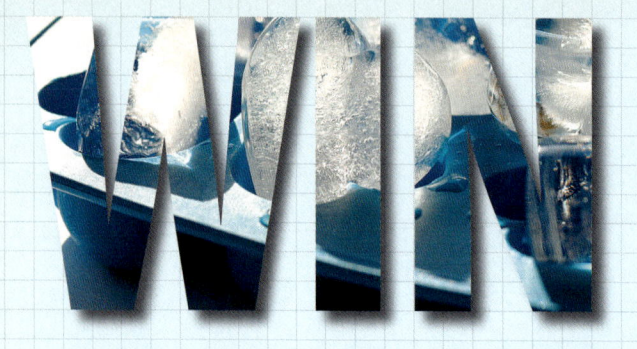

Bild in Textform

Das Umwandeln von Textpassagen in Pfade *(Schrift → In Pfade umwandeln)* erlaubt es, die umgewandelten Textkomponenten als Objekte zu behandeln. Wie andere Objekte können diese beispielsweise als Bild-Container benutzt werden (links).

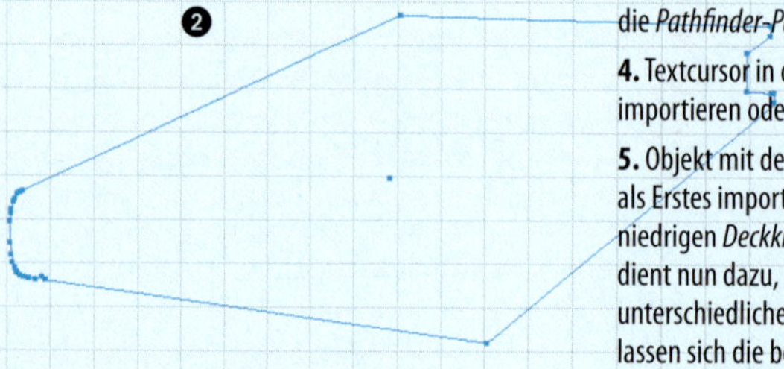

Formsatz

Die Vorgehensweise bei dem unten abgebildeten Beispiel ist folgende:

1. Vektorgrafik Buch ❶; Darstellung gedimmt) in Illustrator öffnen.

2. Richtige Voreinstellungen für das Kopieren von Vektorobjekten nach InDesign sicherstellen (siehe auch letzte Seite). Grafik markieren und entweder aus dem Illustrator-Fenster ins InDesign-Dokument ziehen oder in Illustrator kopieren (⌘ + **C**) und in InDesign einsetzen (⌘ + **V**).

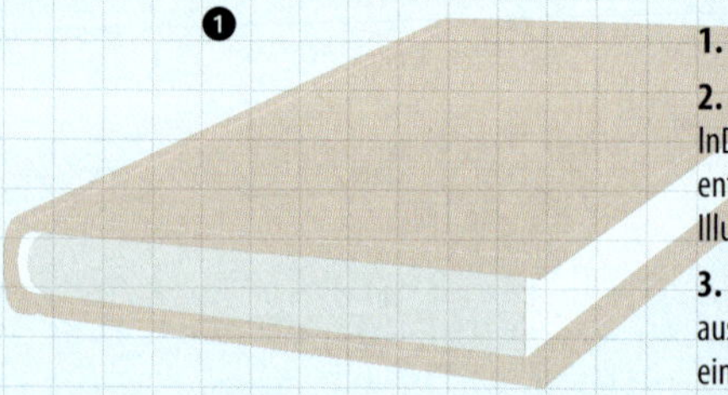

3. Die aus unterschiedlichen Objekten bestehende Gesamtgrafik in Illustrator auswählen und über den *Vereinen*-Button in der *Pathfinder-Palette* zu einem einzigen Objekt vereinen; anschließend Button *Umwandeln* anklicken. Alternativ kann die bereits importierte Grafik in InDesign kopiert und über die *Pathfinder-Palette* in InDesign vereint werden.

4. Textcursor in der in Schritt 3 erzeugten Grafik platzieren ❷, Text importieren oder eintippen und im Anschluss formatieren.

5. Objekt mit dem formatierten Text nach oben stellen (⇧ ⌘ + **Ä**). Der als Erstes importierten Objektgruppe in der *Transparenz-Palette* einen niedrigen *Deckkraft*-Wert zuweisen. Die so gedimmte Ursprungsgrafik ❶ dient nun dazu, Bucheinband und Buchinneres in dem Formtextrahmen mit unterschiedlichen Farben zu formatieren. Passgenau übereinander stellen lassen sich die beiden Grafiken durch Anklicken der beiden Buttons für vertikal mittig und horizontal mittig in der *Ausrichten-Palette*.

6. Die weißen und hellgrauen Elemente der Ursprungsgrafik werden im Formtext-Rahmen Pastellrot und Dunkelrot formatiert. Abschließend kann die Ursprungsgrafik gelöscht werden.

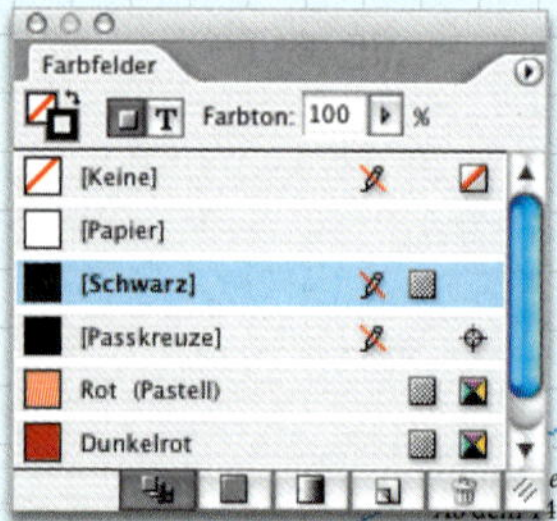

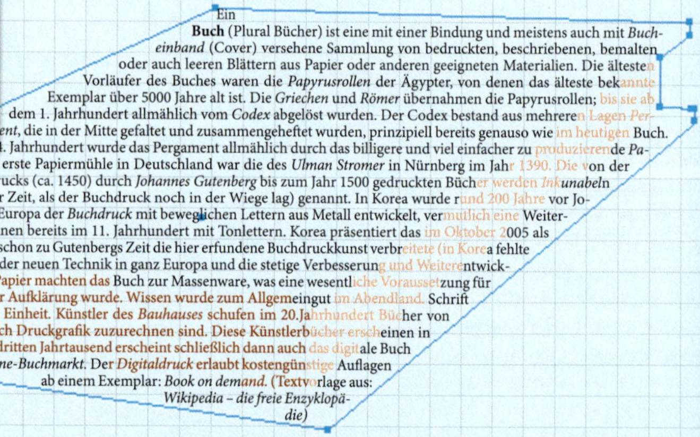

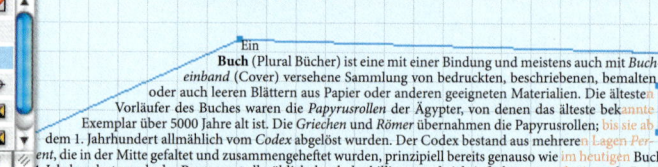

Ein *Buch* (Plural Bücher) ist eine mit einer Bindung und meistens auch mit *Bucheinband* (Cover) versehene Sammlung von bedruckten, beschriebenen, bemalten oder auch leeren Blättern aus Papier oder anderen geeigneten Materialien. Die ältesten Vorläufer des Buches waren die *Papyrusrollen* der Ägypter, von denen das älteste bekannte Exemplar über 5000 Jahre alt ist. Die *Griechen* und *Römer* übernahmen die Papyrusrollen; bis sie ab dem 1. Jahrhundert allmählich vom *Codex* abgelöst wurden. Der Codex bestand aus mehreren Lagen Pergament, die in der Mitte gefaltet und zusammengeheftet wurden, prinzipiell bereits genauso wie im heutigen Buch. 4. Jahrhundert wurde das Pergament allmählich durch das billigere und viel einfacher zu produzierende Papier ersetzt. Die erste Papiermühle in Deutschland war die des *Ulman Stromer* in Nürnberg im Jahr 1390. Die von der Erfindung des Buchdrucks (ca. 1450) durch *Johannes Gutenberg* bis zum Jahr 1500 gedruckten Bücher werden *Ink*unabeln oder Wiegendrucke (aus der Zeit, als der Buchdruck noch in der Wiege lag) genannt. In Korea wurde rund 200 Jahre vor Johannes Gutenbergs Erfindung in Europa der *Buchdruck* mit beweglichen Lettern aus Metall entwickelt, vermutlich eine Weiterentwicklung chinesischer Druckmaschinen bereits im 11. Jahrhundert mit Tonlettern. Korea präsentiert das im Oktober 2005 als Gastland auf der Frankfurter Buchmesse, die schon zu Gutenbergs Zeit die hier erfundene Buchdruckkunst verbreitete (in Korea fehlte ein entsprechendes). Die schnelle Verbreitung der neuen Technik in ganz Europa und die stetige Verbesserung und Weiterentwicklung des Buchdrucks und der Herstellung von Papier machten das Buch zur Massenware, was eine wesentliche Voraussetzung für die Reformation und später für das Zeitalter der Aufklärung wurde. Wissen wurde zum Allgemeingut im Abendland. Schrift und Bild waren im Buch des Mittelalters eine Einheit. Künstler des *Bauhauses* schufen im 20.Jahrhundert Bücher von hohem gestalterischen *Niveau*, die dem Bereich Druckgrafik zuzurechnen sind. Diese Künstlerbücher erscheinen in kleinen limitierten Auflagen. Im dritten Jahrtausend erscheint schließlich dann auch das digitale Buch auf dem Online-Buchmarkt. Der *Digitaldruck* erlaubt kostengünstige Auflagen ab einem Exemplar: *Book on demand*. (Textvorlage aus: *Wikipedia – die freie Enzyklopädie)*

142 Praxis

Arbeitsbeispiel 8: Form- und Pfadsatz

Die Beispiele auf dieser Doppelseite zeigen einige Möglichkeiten, wie sich in InDesign bildhafte Typografieelemente erzeugen lassen. Formsatz-Grafiken wie auf der linken Seite benötigen grundsätzlich nur eine geeignete Objektform. Kreisförmiger Text für Buttons hingegen benötigt – da die Laufrichtung des Textes oben und unten spiegelverkehrt ist – eine besondere Behandlung. In der Regel empfiehlt sich hier das Arbeiten mit zwei unterschiedlichen Textformen. Bei Textelementen, die in Pfade umgewandelt wurden, ist das Anwenden von Formatierungsbefehlen zwar nicht mehr möglich. Die restlichen Gestaltungsmöglichkeiten erhöhen sich jedoch immens. Eine Möglichkeit – Bilder in Textformen – zeigt das Beispiel oben links auf.

Button

Die Problematik bei einem Logo wie rechts abgebildet besteht darin, dass der Text unten spiegelverkehrt zu dem Text oben verläuft. Vorgehensweise:

1. Ellipse aufziehen. Pfadtext-Werkzeug auswählen (♦ +), auf der Pfad-Kontur aufsetzen, «Star Walls» und grob formatieren (Beispiel: *Myriad Pro* Black, 54 Punkt).

2. Text anordnen. Objekt mit *Auswahlwerkzeug* markieren. Am Textanfang direkt nebeneinander liegend erscheinen zwei Anfasser-Symbole für den Pfadtext. Der linke markiert die Position für das Textende. Mit dem rechten können Sie den Text in die richtige Position schieben. Angefasst wird der Anfasser an der Linie – nicht an dem rechteckigen Symbol für den Textbeginn.

3. *Ebenen-Palette:* Ebene duplizieren; Namen «oberer Text» für obere Ebene, «unterer Text» für untere Ebene. Obere Ebene sperren. In unterer Ebene Text «Streetwear» eingeben. Wie unter 2 beschrieben Text grob positionieren.

4. Text markieren, über *Schrift → Text auf Pfad* den Punkt *Optionen* aufrufen, hier die Box *Spiegeln* aktivieren und unter *Ausrichten Oberlänge* einstellen ❶. Die hier präsenten Optionseinstellungen ermöglichen unter anderem ein genaueres Positionieren des Textes. Größere Kontrolle über die typografischen Veränderungen ermöglichen allerdings die beiden Punkte *Laufweite* und *Grundlinienversatz* in der *Zeichen-Palette*. Mit einem *Grundlinienversatz* von 13 Punkt stehen die unteren Zeichen auf Versalhöhe anstatt auf Oberlänge.

5. Untere *Ebene* duplizieren und ganz unten anordnen. Name: «Background». *Schrift → Text auf Pfad → Text aus Pfad löschen*. Kontur: rote Farbe; Konturdicke über Schriftbegrenzung hinaus erhöhen. Flächenfarbe: hellblau. Background-Kreis über *Objekt → Transformieren → Skalieren* leicht verkleinern, sodass Kontur mittig zum Text steht.

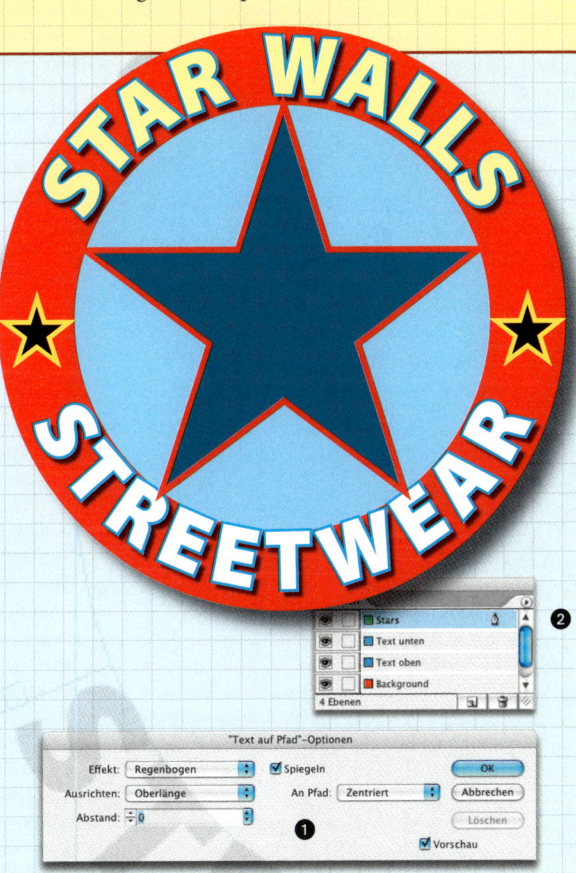

6. Für Sterne neue *Ebene* anlegen und ganz oben anordnen ❷. Die Stern-Symbole sind aus der *Zapf Dingbats* und wurden über *Schrift → In Pfade umwandeln* in Objekte umgewandelt. Bei der anschließenden Ausgestaltung der Beispielgrafik kamen zur Abrundung auch *Schlagschatten*-Einstellungen zum Einsatz.

Ein bisschen Illustrator

Transformieren
Erneut transformieren
Anordnen
Auswählen

Gruppieren ⌘G
Gruppierung aufheben ⇧⌘G
Position sperren ⌘L
Position entsperren

Textrahmenoptionen... ⌘B
Verankertes Objekt

Anpassen
Inhalt

Schlagschatten... ⌥⌘M
Weiche Kante... ⌃⌥⌘W
Effekte...

Objektebenenoptionen...
Beschneidungspfad... ⇧⌥⌘K
Farbeinstellungen für Bild...

Interaktiv
Verknüpfte Pfade

konvertieren

Anzeigeoptionen

Bildimportoptionen
Bild   Farbe

Photoshop-Beschneidungspfad anwenden
Alpha-Kanal: Alpha 1

Vorschau anzeigen   Abbrechen

TRANSPARENZ-FUNKTIONEN:

Transparenz und Freisteller

Das Anlegen von Layouts mit transparenten Elementen gestaltet sich in InDesign besonders flexibel. Zum einen liegt das natürlich an der besonders engen Anbindung an Photoshop. Die Wege sind hier kurz; das Auslesen von Freistellungsmasken und Ebenenkompositionen beherrscht InDesign souverän. Eine tragende Rolle bei der Umsetzung von Transparenzeffekten spielen die beiden Eigenschaften Deckkraft und Füllmodi. Das folgende Kapitel stellt die Transparenzfunktionen in InDesign vor.

Das Gestalten mit transparenten Elementen spielt in allen drei Kernapplikationen der Creative Suite eine tragende Rolle. Erforderten Transparenzeffekte in Layouts noch vor Jahren einiges an Geschick, lassen sie sich mittlerweile per Palette und Schieberegler definieren. Auch die Druckausgabe gestaltet sich – dank dem von Adobe entwickelten PDF-Format – längst nicht mehr so kapriziös wie etwa noch vor zehn Jahren. Da Kenntnisse über die Zusammenhänge zwischen Transparenz und Druckausgabe jedoch nach wie vor wichtig sind, beginnt dieses Kapitel mit dem eher technischen Aspekt.

Freigestellte Bilder platzieren, Transparenzeffekte en masse – für bildhafte Layouts bietet InDesign eine Reihe von Funktionen.

Transparenzfunktionen und Ausgabe

Transparenz und Transparenzreduktion. Transparenz ist nicht gleich Transparenz. Selbst in den drei CS-Anwendungsprogrammen InDesign, Illustrator und Photoshop gestaltet sich das Zuweisen von Transparenzeigenschaften nach unterschiedlichen Regeln. Das üppigste Angebot an Transparenzeigenschaften enthält Photoshop. Deckkraft- und Füllmodus-Zuweisungen sind weit verzweigt im Programm präsent. Hinzu kommen Transparenzeigenschaften im engeren Sinn. So kann eine Ebene voll deckende Pixel enthalten, Pixel, die teilweise transparent sind, und Stellen, die überhaupt keine Pixel enthalten.

In Grafik- und Layoutprogrammen ist die Handhabung von Transparenzeffekten etwas komplizierter. Um Transparenzeffekte auszugeben, muss zuvor nämlich eine *Transparenzreduzierung* erfolgen. InDesign hat für diesen Vorgang im Menü *Bearbeiten* die Funktion *Transparenzreduzierungsvorgaben*

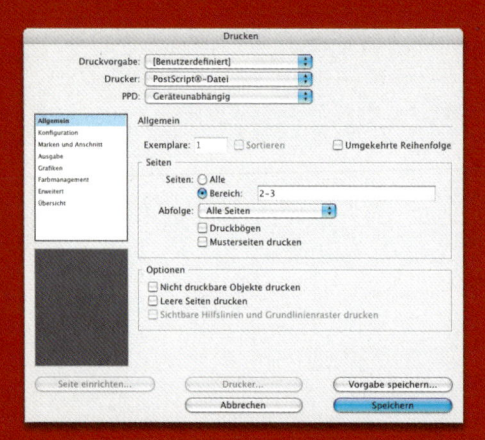

Preflight über PDF/X

Die Spezifikation PDF/X lässt sich auch zur Ansichtskontrolle von Layouts verwenden. Die folgende Beschreibung stellt die Vorgehensweise über PostScript-Datei und Distiller vor:

1. PostScript-Datei schreiben. *Datei → Drucken* aufrufen. Im oberen Bereich unter *Allgemein* die abgebildeten Einstellungen vornehmen. Wichtig: unter *Erweitert → Transparenzreduzierung* die Einstellung *Hohe Auflösung*. *Speichern* und in Sichern-Dialog Dateiname und Speicherort festlegen.

2. *Acrobat Distiller* aufrufen. Unter Standardeinstellungen entweder *PDF/X-1a:2001* oder *PDF/X3:2002* aufrufen. Ein Durchchecken der Einstellungen unter *Voreinstellungen → Adobe PDF-Einstellungen bearbeiten* empfiehlt sich insbesondere im Hinblick auf das verwendete Standardpapierformat. Im Anschluss PostScript-Datei in das mittlere Distiller-Fenster ziehen und PDF-Datei schreiben lassen.

3. Die erstellte PDF-Datei auf Stimmigkeit hinsichtlich des Layouts prüfen. Denn: Auch wenn ein PDF den PDF/X-Standards genügt, heißt das lediglich, dass das Dokument technisch gesehen gedruckt werden kann.

in petto. Da Transparenzeffekte bei der Ausgabe teilweise in Pixel umgerechnet werden (zum Beispiel weiche Schlagschatten), können Sie hier festlegen, ob bei der Umrechnung eine hohe, mittlere oder niedrige Auflösung zugrunde gelegt wird.

Druckausgabestandard PDF/X. Ob ein Transparenzeffekt ohne Probleme gedruckt werden kann, lässt sich über einen einfachen PDF-Export testen. Beliebige PDF-Einstellungen sind für einen solchen Test wenig repräsentativ. Als aussagekräftig erweisen sich lediglich solche Einstellungen, welche die Layoutdaten für die Ausgabe auf hochauflösenden Ausgabe-RIPs aufbereiten. Um solche Einstellungen handelt es sich bei den beiden PDF-Spezifikationen PDF/X-1a und PDF/X-3. Beide sind in den werkseingestellten PDF-Vorgaben bereits enthalten. Sie finden sich unter *Datei → Adobe PDF-Vorgaben*. Das Anwählen der beiden Optionen *PDF/X-1a:2001* und *PDF/X-3:2002* öffnet zunächst einen allgemeinen Speicherungs-Dialog. Klicken Sie auf *Sichern*, erscheinen die *PDF-Optionen* mit den Einzeleinstellungen für *Allgemein, Komprimierung, Marken und Anschnitt, Ausgabe, Erweitert, Sicherheit* und *Übersicht*. Da eine drucktaugliche Spezifikation bereits festgelegt wurde (siehe Beispiel links), brauchen Sie den Exportdialog nur noch zu bestätigen.

Ein Betrachten des fertig gestellten PDF-Dokuments mit dem Acrobat Reader (Seite 147 oben) zeigt auf, ob die einzelnen Layoutkomponenten korrekt umgesetzt wurden. Ob die getätigten Einstellungen auch für Ihr Druckunternehmen die richtigen sind, sollten Sie allerdings direkt durch Nachfrage herausfinden. Viele Druckereien bieten ihren Kunden mittlerweile auf den eigenen Workflow hin optimierte PDF-Einstellungen oder stellen diese gleich auf ihrer Website zum Download zur Verfügung. In aller Regel basieren diese auf den beiden aufgeführten PDF-Vorstufenstandards PDF/X-1a und PDF/X-3. Diese Spezifikationen definieren Mindeststandards für die Ausgabe von PDF-

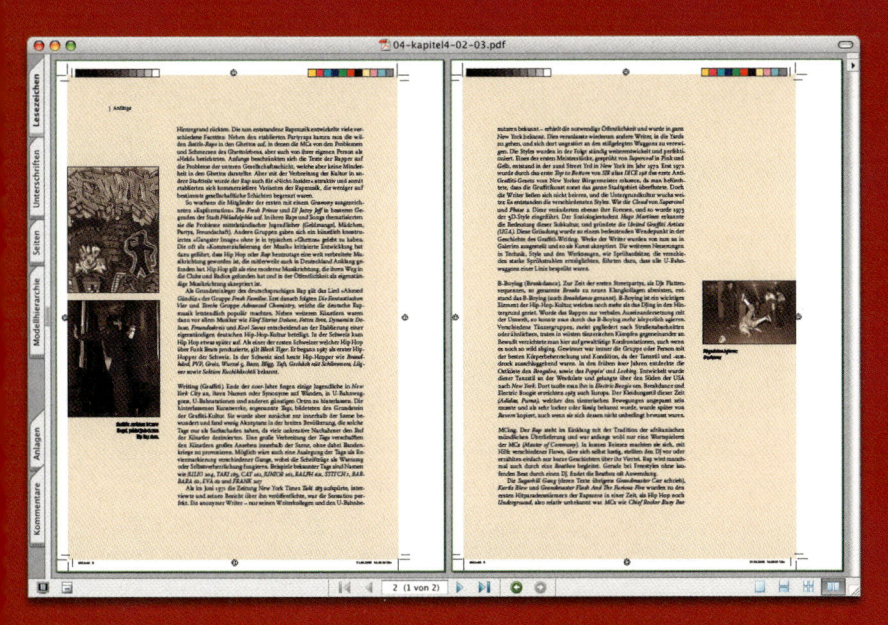

Doppelseiten eines PDF/X-Dokuments in Adobe Acrobat.

Dokumenten auf hochauflösenden Ausgabegeräten. Erfahrungsgemäß bevorzugen viele Druckereien PDF-Dokumente, welche nicht direkt aus einer Layoutapplikation heraus erstellt wurden, sondern vielmehr aus *PostScript-Datei,* die über den *Acrobat Distiller* in ein PDF-Dokument umgewandelt wird. Beschrieben finden Sie diesen Workflow auf Seite 146. Der beste Rat, der an dieser Stelle zu geben ist, lautet allerdings: Sprechen Sie die Details der Druckdokument-Überstellung stets mit Ihrer Druckerei ab!

Deckkraft und Füllmethoden

Ebenso wie in Illustrator sind auch in InDesign Transparenzzuweisungen *objektbezogen.* Die über das Menü *Fenster* aufrufbare *Transparenz-Palette* enthält einen Regler für das Reduzieren der *Deckkraft,* eine Pop-up-Liste für das Zuweisen einer *Füllmethode* sowie zwei Klick-Buttons, mit der sich die Auswirkung eines Transparenzeffektes einschränken lässt.

«Durchsichtige» Objekte. Miteinander kombiniert sind *Deckkraft* und *Füllmethoden* äußerst wirksame Mittel für die Erzeugung unterschiedlichster Transparenzeffekte. Photoshop-Anwender kennen die vielfältigen Wirkungsweisen dieser Einblend- und Abblend-Funktionen aus ihrer Bildbearbeitung. Reduzierte *Deckkraft*-Einstellungen erhöhen die «Durchsichtigkeit» des ausgewählten Objekts. Deckkraftreduzierte Objekte verhalten sich nicht mehr voll deckend, sondern lassen unter ihnen liegende Objekte mehr oder weniger durchscheinen. Da durch die Durchsichtigkeit unterschiedliche Layoutkomponenten miteinander in Beziehung treten, erzeugt dieses Stilmittel grafisch gesehen eine dreidimensionale Wirkung. Alles wird anfassbarer, konkreter – ein wesentlicher Grund, warum Transparenzeffekte in der aktuellen Medienproduktion eine genreübergreifende Beliebtheit genießen.

Füllmethoden. Noch vielfältiger werden Transparenzeffekte durch das Hinzuzie-

unten liegend

oben liegend

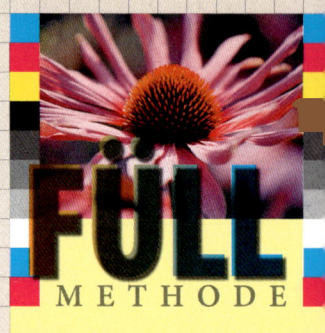

Normal (100 %)

Ineinanderkopieren

Weiches Licht

Hartes Licht

Aufhellen

hen der insgesamt sechzehn Füllmethoden (siehe Abbildungen auf dieser Doppelseite). Eigenschaften wie *Multiplizieren, Negativ multiplizieren* etcetera sind insbesondere in Photoshop seit langem bekannt. Sie dienen dazu, einer Objektschicht bestimmte Folieneigenschaften zu verleihen. Kombiniert mit einer reduzierten *Deckkraft*-Einstellung ist auch *Normal* eine solche Folieneigenschaft. Während der Transparenzeffekt von *Normal* eher milchig wirkt, ähnelt der von *Multiplizieren* übereinander gelegten durchsichtigen Folien oder übereinander gedruckten Farben. *Negativ multiplizieren* wiederum erzeugt ein Farbverhalten wie bei einer Diashow. *Ineinanderkopieren, Weiches Licht* und *Hartes Licht* wirken kontrastverstärkend,

Geht es um Transparenzeffekte, sind die auch aus Photoshop und Illustrator bekannten Füllmethoden oder Füllmodi das Gestaltungsmittel schlechthin. Abbildung rechte Seite außen: *Transparenz-Palette*

Sättigung

148   Praxis

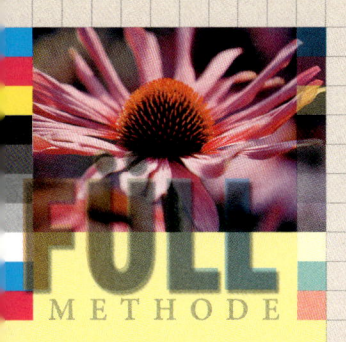

Normal (50%)

Multiplizieren

Negativ multiplizieren

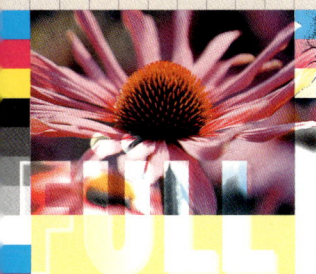

Farbig abwedeln

Farbig nachbelichten

Abdunkeln

Differenz

Ausschluss

Farbton

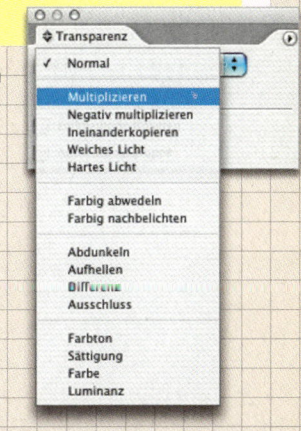

Farbe

Luminanz

Transparenz und Freisteller   149

Differenz (RGB)   Differenz (CMYK)

Füllmethoden: RGB und CMYK

Wer Photoshop kennt, weiß: Im RGB-Modus liefern Füllmethoden die farbenprächtigeren Ergebnisse. InDesign ermöglicht unter *Bearbeiten → Transparenzfarbraum* zwar auch das Einstellen von *RGB*. Im Hinblick auf die Ausgabe ist es jedoch sicherer, entsprechende Effekte separat zu erstellen, als PDF zu exportieren und anschließend in das Dokument zu reimportieren.

Weiche Kante und Schlagschatten

Die beiden Effekte gelten stets für Objekte. Im Textmodus lassen sie sich folgerichtig nicht zuweisen. Textelemente können nichtsdestotrotz mit diesen beiden Effekten bedacht werden. Voraussetzung ist, dass für Objektfläche und Kontur die Farbe *Keine* zugeteilt ist. Programmtechnisch sind die beiden Effekte (ebenso wie die *Eckeneffekte)* zusätzliche Attribute. *Schlagschatten-* und *Weiche Kante*-Effekte können in *Objektstile* eingebunden werden. Modifiziert werden sie durch Aufrufen des jeweiligen Features und Veränderung der suboptimalen Parameter. Durch Ausklicken der Effekt-Aktivierung wird der Effekt wieder ausgeschaltet. Für die Ausgabe wichtig sind schließlich die Einstellungen unter *Bearbeiten → Transparenzreduzierungsvorgaben*. Für die Druckausgabe sollte hier eine hohe Auflösung obligatorisch sein.

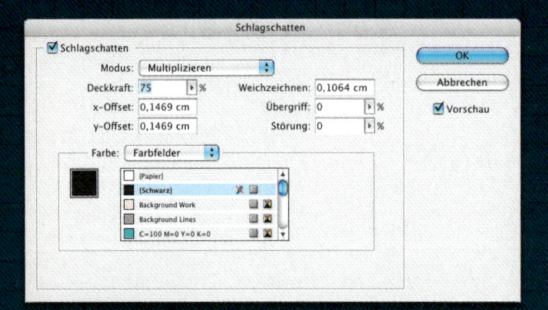

Objektfläche: Verlauf Schwarz–Weiß; Füllmethode Objekt: Differenz; Füllmethode Inhalt Bild oben: 34 % Multiplizieren; Bild unten: 34 % Differenz.

Farbe, Farbton, Sättigung und *Luminanz* wiederum lassen nur die aufgeführten Farbattribute durchscheinen und erhalten ansonsten die Farbeigenschaften des darunter liegenden Hintergrunds.

Gestaltung «transparent». Zwar sind *Deckkraft* und *Füllmethoden* schon in ihrer einfachen Form sehr vielgestaltige Werkzeuge. Da das geschickte Ausreizen dieser Funktionen einige interessante Gestaltungseffekte ermöglicht, hier noch ein paar Tipps:

«Doppelte» Transparenz. Rahmen mit Bildern erlauben das Zuweisen zweier unterschiedlicher Einstellungen für *Deckkraft* und *Füllmethode*: Einmal für das Objekt als

Textfarbe = Verlauf Cyanschwarz–Cyan; Texteffekt: Weiche Kante. Texthintergrund = Schlagschatten 100% Multiplizieren ohne Offset und Weichzeichnung

Textfarbe = Verlauf Cyanschwarz–Cyan; Texteffekt: Schlagschatten mit Farbe Cyan, 100% Luminanz mit leichtem Offset und leichter Weichzeichnung

Effekt-Gestaltungen

Die abgebildeten Effekte wurden mit relativ einfachen Tricks erstellt. Die beiden Bildvarianten links enthalten dieselben Transparenzzuweisungen für den Rahmen, aber unterschiedliche für den Bildinhalt. Der diffuse Verlauf rechts daneben resultiert in Wirklichkeit aus mehreren unterschiedlichen Verläufen mit unterschiedlicher Ausrichtung, deren Objekte genau übereinander liegen. Das wie eine Kugel wirkende Bild oben ist mit einem radialen Verlauf von Schwarz zu Weiß maskiert. Füllmethode ist *Multiplizieren*; durch Ziehen des *Verlauf-Werkzeugs* lassen sich Größe und Position der Kugel bestimmen. Die drei Texteffekte oben und rechts entstanden durch Kombinationen aus *Füllmethoden*-Zuweisung und *Schlagschatten*-Effekt; beim oben stehenden Texteffekt kam zusätzlich der Effekt *Weiche Kante* zum Zuge.

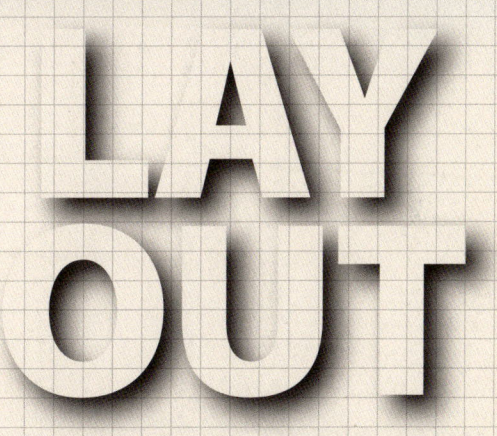

Textfarbe = Weiß; Füllmethode: Multiplizieren

Ganzes. Diese Einstellung regelt das Transparenzverhalten des Objekts zu darunter liegenden Objekten oder dem Seitenhintergrund. Zusätzlich lässt sich eine zweite, eventuell abweichende Einstellung treffen für das Bild. Diese Einstellung regelt das Transparenzverhalten des Bildes gegenüber der Flächenfarbe oder dem Verlauf der Objektfläche. Die Rolle der zweiten Füllmethoden-Zuweisung zeigt das Bildbeispiel auf Seite 150 in der Mitte. Mehr Beispiele für «doppelte» Füllmethoden in Arbeitsbeispiel 10 ab Seite 156.

Komplexe Hintergrundmuster. Durch das passgenaue Übereinanderlagern mehrerer Objekte mit unterschiedlichen *Verläufen* und unterschiedlichen *Füllmethoden* lassen sich komplexe Hintergrund-Verlaufsmuster erzeugen. Näher beschrieben ist dieses Verfahren ebenfalls im Arbeitsbeispiel 10 ab Seite 156 auf den Seiten 158 und 159.

Objekte teilweise maskieren. Direkte Maskierungen wie in Illustrator sind in InDesign derzeit zwar (noch) nicht möglich. Der geschickte Einsatz von Füllmethoden ermöglicht in manchen Situationen jedoch Gestaltungen mit fließenden Ausblendungen.

Effekte. Zusätzliche Gestaltungsmöglichkeiten im Bereich Transparenz bieten die beiden Effekttypen *Schlagschatten* und *Weiche Kante* im Menü *Objekt*.

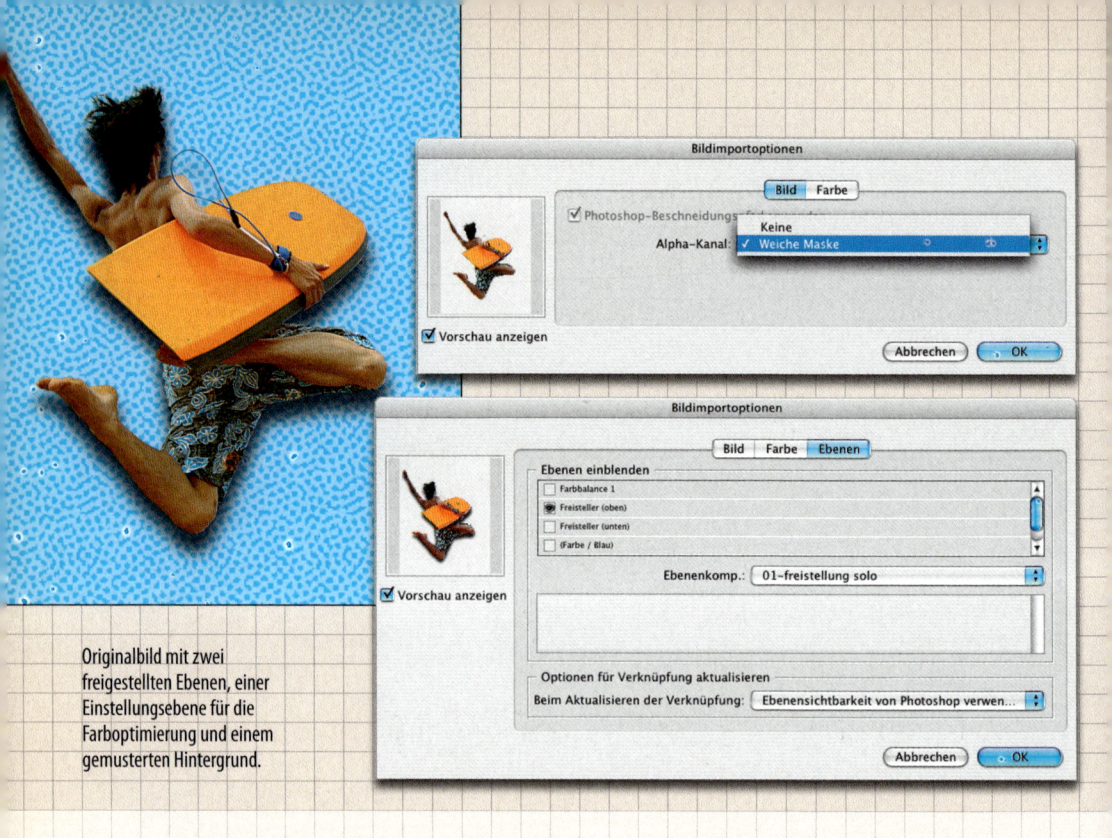

Originalbild mit zwei freigestellten Ebenen, einer Einstellungsebene für die Farboptimierung und einem gemusterten Hintergrund.

Bilder freistellen

Die Importoptionen. Was den Standardimport von Bildern anbelangt, wurde das Nötige bereits in Kapitel 3 dargelegt. An Formaten akzeptiert InDesign Tiff, JPEG, EPS, Photoshop-natives Dateiformat (PSD), PDF sowie einige weitere Spezialformate. Geht es indes um das Auslesen von Transparenzinformationen oder Photoshop-Ebenenkompositionen, reduziert sich die Formatliste ersichtlich. Insbesondere beim Auslesen von *Freistellungspfaden* oder *Alpha-Kanälen* sind ein paar Dinge zu beachten. Aktiviert werden Freistellungspfade oder Alpha-Kanäle mit Freistellungsmasken in den *Importoptionen;* beim *Platzieren* entsprechender Bilder muss die Option *Importoptionen anzeigen* folgerichtig aktiviert sein. Die für das konkrete Bild möglichen Importoptionen werden im Reiter *Bild* angezeigt. Vorhandene *Beschneidungspfade* können hier ebenso als Freisteller aktiviert werden wie *Alpha-Kanäle* im Bild – natürlich nur, wenn sol-

che zuvor angelegt wurden. Bilder im Format Photoshop ermöglichen darüber hinaus auch das Auslesen von Ebenenkompositionen *(Ebenenkomp*s) – in Photoshop zusammengestellte Ebenenansichten eines Bildes.

Wie die oben abgebildeten Screenshots zeigen, hängen die im Bild angezeigten Importoptionen von zwei Faktoren ab: dem Bildformat und den im Bild bereits vorhandenen Zusatzkomponenten wie zum Beispiel Beschneidungspfade, Alpha-Kanälen oder Ebenenkompositionen. Formatunterschiede zeigen sich jedoch auch in Details. So ermöglicht das Tiff-Format zwar ebenso wie das Photoshop-native PSD-Format das Auslesen von Alpha-Kanälen mit stufenweiser Transparenz. Anders als Tiff erhält das Photoshop-Format jedoch zusätzlich auch Füllmethodenzuweisungen aus Photoshop wie etwa Multiplizieren, Farbe oder Weiches Licht. Eine Rolle spielt das etwa bei Grafiken mit weichen Schlagschatten. Ein anschauliches Beispiel sind die Screenshots in diesem

Der Menüpunkt Beschneidungspfad unter Objekt ermöglicht es, Beschneidungspfade im Nachhinein festzulegen und deren Auswirkung in einem bestimmten Rahmen zu modifizieren. Die Funktionen sind ersichtlich auf die Möglichkeiten des Tiff-Formats hin abgestimmt.

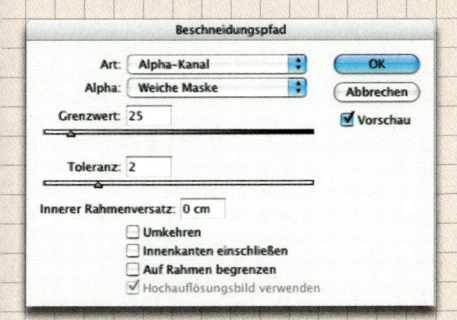

Gleich ist nicht dasselbe: Obwohl Tiff-Datei und PSD-Datei hinsichtlich *Ebenen* und *Alpha-Kanälen* gleich üppig ausgestattet sind, akzeptiert InDesign beim Tiff-Import (linke Seite oben) nur *Alpha-Kanal*-Auswahlen als Beschneidungspfade. Beim Import von Bilddateien im Photoshop-Format dagegen lassen sich auch Kombinationen aus einzelnen *Ebenen* sowie *Ebenenkompositionen* auslesen (linke Seite unten). Die *Alpha-Kanal*-Option unter *Bild* ist hier nur eine Alternative unter mehreren. Fazit: Beim Import komplexerer Freistellungen ist das Photoshop-Format eindeutig die bessere Wahl.

Buch, deren Schlagschatten natürlich nur in Zusammenhang mit der Füllmethode *Multiplizieren* wirklich glaubhaft wirkt.

Weiche Masken. Da InDesign stufenweise Transparenz unterstützt, müssen auch Collagen oder Cover-Designs mit Weichen Masken nicht komplett in Photoshop erstellt werden. Das Layout lässt sich vielmehr in InDesign direkt anlegen. Wie die Freistellung eines Motivs in Photoshop vonstatten geht und in InDesign zu einem Titelcover-Layout weiterverarbeitet wird, zeigt das erste Arbeitsbeispiel dieses Kapitels auf der folgenden Doppelseite. Das anschließende Arbeitsbeispiel ab Seite 156 stellt die Gestaltungsmöglichkeiten von Transparenzeigenschaften anhand einer Reiseanzeige dar. Last but not least: Eine Gestaltungsoption sind Transparenzeffekte auch bei der Thematik, um die es im nächsten Kapitel gehen wird: Tabellen.

Importiert als PSD-Datei: Auch die Ebeneneffekte bleiben erhalten.

Importiert als Tiff: Als Freistellungsinformation ausgelesen werden kann immerhin der Maskenkanal mit der weichen Maskierung.

Transparenz und Freisteller

Weiche Maskierung erstellen

Beim Erstellen einer weichen Maskierung in Photoshop wird in der Regel ein Bildkanal des Originalbildes ❶ als Ausgangsbasis genommen. Als Kopie in einem *Alpha-Kanal* angelegt ❷, werden die Kontraste zwischen Motiv und Hintergrund zunächst mit bildbearbeiterischen Mitteln forciert ❸. Im Anschluss werden Maskeninhalt und Hintergrund mit weißer und schwarzer Farbe ausgemalt ❹. In der *Ebenen-Palette* wird die Freistellung ❺ als separate Ebene angelegt; der Alpha-Kanal wird hier zum Füllen einer zusätzlichen *Ebenenmaske* verwandt ❻. Für die Weiterverarbeitung in InDesign wird das Bild im Photoshop-Format gesichert.

Cover-Layout in InDesign

Wichtig beim Import des Photoshop-Bildes in InDesign ist das Anzeigen der *Importoptionen*. Da in der Photoshop-Datei lediglich die Ebene *Freistellung* eingeblendet ist, lässt sich im Reiter *Ebenen* ❼ des Importoptionen-Dialogs bereits die fertig präparierte Ebene einblenden. Die Standardoption *Ebenensichtbarkeit von Photoshop verwenden* ist hier ebenfalls richtig. Beim Bestätigen mit *OK* wird das freigestellte Bild importiert und lässt sich größen- und anordnungstechnisch richtig positionieren. Beim Layouten der einzelnen Komponenten bieten sich mehrere *Ebenen* an. In der Abbildung rechts liegt der Zeitschriftentitel unter dem Freisteller, die restlichen Textelemente darüber. Über Titel und Freisteller liegt zusätzlich eine pastellockerfarbene Ebene mit einem seitenfüllenden Rechteck-Objekt. Die dem Überlagerungsrechteck zugewiesenen Transparenzeigenschaften 50% *Deckkraft* und Füllmethode *Farbe* sorgen für einen warmgelben Retro-Look.

Arbeitsbeispiel 9: Titelcover-Design

Weiche Maske in Photoshop – Import des freigestellten Motivs im Photoshop-Format – Layout in InDesign. Wie sich «haarige» Freisteller in InDesign-Layouts integrieren lassen, beschreibt dieses Arbeitsbeispiel anhand eines fiktiven Zeitschriften-Covers.

KARO

7 / 2006

STORY:
Wie farbig ist Farbe?

HOLLYWOOD:
Retro-Design

LAYOUTSOFTWARE IM TEST:
Adobe InDesign

Arbeitsbeispiel 10: Reiseanzeige

«Transparente» Lösungen sind insbesondere in der Printwerbung oft gefragt. Bildhafte, großzügig angelegte Layouts vermitteln einen modernen, jugendhaften Eindruck. Das Arbeitsbeispiel stellt auf den folgenden sechs Seiten das Entstehen einer collagenhaft aufgebauten Anzeige für einen Reiseveranstalter dar. Die drei Hauptstationen – oben die Rohanordnung ohne weitere Gimmicks, auf den beiden folgenden Seiten das Layout mit einigen Gestaltungsgimmicks, jedoch noch ohne Bildtransparenzen und am Ende schließlich das Endergebnis – zeigen nicht nur ein Potpourri der in diesem Kapitel behandelten Techniken. Das noch recht hemdsärmelig wirkende Rohlayout auf dieser Doppelseite verdeutlicht auch, wie selbstverständlich Bildtransparenzen in der aktuellen Gestaltung sind.

Rohanordnung festlegen

Im Allgemeinen empfiehlt es sich, mit der Grobpositionierung der einzelnen Collagenelemente zu beginnen. Dies sind:

1. Die Bilder (❶ bis ❼). Den meisten Komfort ermöglicht das Arbeiten mit dem Bilddatenbrowser *Bridge*. Vorgehensweise: Bilder in Bridge markieren und ins Layout ziehen. Anschließend Rahmen inklusive Bildinhalt durch Anfassen an den Bildecken und proportionales Skalieren mit gehaltener ⇧- und ⌘-Taste an die gewünschte Bildgröße anpassen.

2. Die Textelemente (❽ und ❾). Da Hauptschriftzug und Unterzeile später ebenfalls als bildhafte Elemente fungieren sollen, werden sie über *Schrift → In Pfade umwandeln* in Outlines umgewandelt. Kopieren des neuen Objektrahmens, Löschen des Textrahmens und Einsetzen des Objektrahmens auf die Arbeitsfläche stellt ein freies Anordnen des Textobjekts sicher.

3. «Summer Holidays»: Da dieser Schriftzug später ein Bild aufnehmen soll, werden die beiden Zeilen über die *Pathfinder-Palette* zu einem einzigen Objekt zusammengefügt. (Button: Addieren links oben)

4. Als Ausgangsbasis für die Gestaltung des Hintergrunds wird zunächst ein *Rechteck-Objekt* aufgezogen. Dessen Fläche wird mit einem mehrfarbigen Verlauf gefüllt. Vorgehensweise:

Farbfelder in den unteren Bereich der *Verlauf-Palette* ziehen. Die Farbzusammenstellung kann intuitiv erfolgen; wichtig ist lediglich, dass der Verlauf Übergänge zwischen mehreren Farben enthält ⓫.

5. Der Logo-Tours-Schriftzug rechts oben ❿. Er besteht aus Text und kann, da er im Verlauf der weiteren Arbeit nur geringfügig modifiziert wird, als Textelement stehen bleiben.

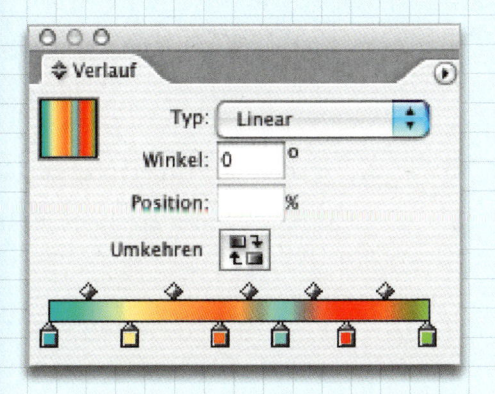

Der mehrfarbige Verlauf für den Hintergrund ist lediglich Ausgangsbasis für den amorphen Verlaufseffekt, dessen Erstellung auf der folgenden Doppelseite beschrieben wird.

Transparenz und Freisteller   157

		100 %	Weiches Licht
		100 %	Weiches Licht
		100 %	Aufhellen
		100 %	Differenz
		100 %	Differenz
		100 %	Differenz
		100 %	Differenz
		100 %	Differenz
		100 %	Differenz
		100 %	Differenz
		100 %	Differenz
		100 %	Differenz
		100 %	Differenz
		100 %	Normal

Über die *Ebenen-Palette* lassen sich die einzelnen Bestandteile besser strukturieren.

Hintergrund und Schlagschatten

Bis auf den amorphen Hintergund, der sich aus unterschiedlichen Objekten mit Verläufen zusammensetzt, sind die Effektgestaltungen auf dieser Seite einfach durchzuführen.

6. Ebenen. Unterschiedliche Ebenen sind bei den meisten Gestaltungsarbeiten zwar nicht zwingend. Sie helfen jedoch, eine Arbeit zu strukturieren. Darüber hinaus eröffnen sie die Möglichkeit, Teilbereiche auszublenden oder zu sperren. Die Ebenenstrukturierung im Arbeitsbeispiel hilft darüber hinaus auch, die Hintergrundgestaltung unbelastet von anderen Objekten in Angriff zu nehmen.

7. Um einen interessanteren Hintergrund ⓫ zu erhalten, wird das Rechteck-Objekt mit dem Verlauf *kopiert* (⌘ + **C**) und über den Befehl *Bearbeiten → An Originalposition einfügen* (⌥ + ⌘ + **V**) über dem Originalobjekt eingefügt. Das freie Ziehen des *Verlaufswerkzeugs* über die Objektfläche erzeugt nun einen weiteren Verlauf. Die in der *Transparenz-Palette* aktivierte Füllmethode *Differenz* erzeugt im Arbeitsmodus CMYK zwar nur eine

LOGO Tours

Schlagschatten –vor allem weiche – kommen immer wieder gut.

schwarze Fläche als Überblendungseffekt. Das erneute Kopieren des oberen Objekts sowie das passgenaue Darübersetzen einer weiteren Kopie ergibt jedoch – kombiniert mit dem Aufziehen eines weiteren freien Verlaufs – einen lebhaft amorphen Hintergrund. Mit der Methode oberes Objekt kopieren, darüber einsetzen, eventuell neue Füllmethode zuweisen und freien Verlauf aufziehen lässt sich im Prinzip endlos experimentieren. Das Verfahren eignet sich insbesondere da, wo es um das Kreieren weicher und irgendwie «atmosphärischer» Hintergründe geht. Die einzelnen Objektebenen des Layouthintergrunds sowie die Zwischenstationen sind in der Bildleiste auf der linken Seite unten nachzuverfolgen.

8. Headline mit Bildinhalt füllen. Das Objekt mit der Headline «Summer Holidays» ❽ wird nun ebenfalls mit einem Bild gefüllt: Objekt auswählen und Bild platzieren oder aus Bridge heraus in Rahmen ziehen. Positionierung und Verkleinerung des platzierten Bildes erfolgen mit aktiviertem Direktauswahl-Werkzeug.

9. Schlagschatten-Effekte (❻ und ❽). Um eine dreidimensionale Wirkung zu erzeugen, erhalten der Schriftzug sowie das Bild rechts oben in der Ecke einen weichen Schlagschatten: *Objekt - Schlagschatten* (⌥⌘ + M) aufrufen und Effekt einstellen. Über erneutes Aufrufen des Features lässt sich der Effekt übrigens jederzeit verändern.

Transparenz und Freisteller 159

SUMMER HOLIDAYS

KREATIVITÄT • WELLNESS • EN

Transparenz-Anordnung: Jedes Bild-Objekt ist mit separaten *Deckkraft-* und *Füllmethode-*Einstellungen für Objekt und Bild versehen. Die erste Einstellung reguliert die Transparenz des Objekts in Bezug zu darunter liegenden Objekten. Die zweite Einstellung reguliert die interne Transparenz: wie ein Bild sich gegenüber der definierten Flächenfarbe oder dem Flächenverlauf verhält. Die Miniatur-Abbildungen zeigen Objekte (Mitte) und Bildinhalte (unten) mit ihren jeweiligen Transparenzeigenschaften. Das abtönende Objekt oben ergänzt die Objektgruppe durch ein harmonisierendes Element. Untergrund für die Transparenzdarstellung ist hier der Seitenhintergrund.

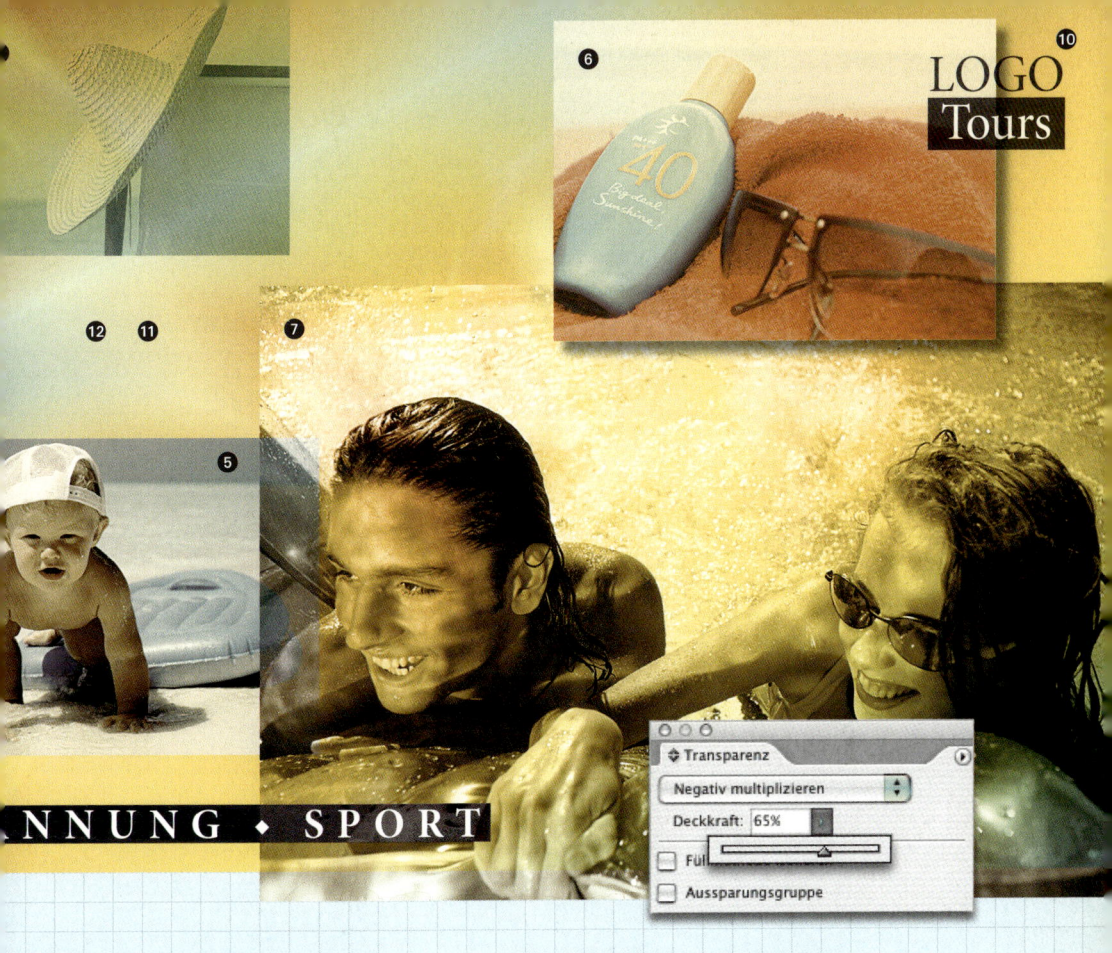

Transparente Layoutgestaltung

Die Transparenzeffekte werden durch Spielen mit *Füllmethoden* und *Deckkraft* in der *Transparenz-Palette* erzeugt. Günstig wirkte sich beim Anlegen der einzelnen Transparenzeffekte die Tatsache aus, dass Bilder enthaltende Objekte mit zwei unterschiedlichen Transparenz-Verhalten ausgestattet sein können: einem für das Gesamtobjekt und einem für das Bild in Bezug auf den Flächenhintergrund (Farbe oder Verlauf).

10. Bilder. Zugewiesen wurden folgende Transparenzeigenschaften für Objektrahmen (Nennung zuerst) und Bildinhalt (Nennung zuletzt):

❶ 20 % Normal; 98 % Hartes Licht (Fläche: Verlauf Schwarz–Weiß)

❷ 100 % Ineinanderkopieren; 100 % Abdunkeln (Fläche: Verlauf Gelb–Weiß–Rot)

❸ 100 % Luminanz; 100 % Luminanz (Fläche: Verlauf Gelb–Weiß–Rot)

❹ 100 % Multiplizieren; 100 % Aufhellen (Fläche: Blau)

❺ 100 % Normal; 100 % Normal (Fläche: Keine)

❻ 75 % Normal; 100 % Normal (Fläche: Weiß)

❼ 100 % Normal; 100 % Luminanz (Fläche: Keine)

❽ 100 % Normal; 100 % Neg. Multiplizieren (Fläche: Blau)

❾ 100 % Differenz (Background-Leiste) (Fläche: Grau)

❿ 85 % Normal (Fläche: Keine)

11. Farbebene: Um eine warme und gleichzeitig etwas weniger grelle Farbstimmung zu erzeugen, wurde ein zusätzliches Objekt ⓬ kreiert, welches die Anzeige vollständig abdeckt. Mit einem pastellockerfarbenen Ton versehen, dem *Deckkraft*-Wert 50 % und der Füllmethode *Farbe* wirkt diese Ebene wie eine getönte Sonnenbrille. Um die restlichen Objekte ungehindert anwählen zu können, empfiehlt es sich, dieses Deckobjekt auf eine separate, ganz oben liegende *Ebene* zu legen. Mit den aufgeführten Schritten sieht das Anzeigenlayout aus wie auf dieser Doppelseite oben abgebildet.

Transparenz und Freisteller

| BRASILIEN | BRASILIEN | VENEZUELA | MEXIKO | USA | |
| RIO UND UMGEBUNG | NORDEN | | NEW MEXICO UND ARIZONA | | WESTEN |

| Legendär ist der Ruf der Stadt am Zuckerhut. Der klimatisch gemässigtere Teil Brasiliens wartet sowohl landschaftlich als auch kulturell mit reizvollen Kontrasten auf. | Stark vom Erbe der Kolonialzeit geprägt ist der mit sehr kontrastreichen Eindrücken aufwartende Norden des Landes. Goldsucher und Kaffeebauern erschlossen dieses hügelige, feuchtheisse Terrain. | Malerische, fat unberührte Küsten wechseln sich ab mit Mittelgebirgen sowie feuchtheissen Urwäldern. Auch kulturell wartet das Land am nördlichen Ende Südamerikas mit reizvollen Kontrasten auf. | Bereits landschaftlich gesehen ist Mexiko ein Land der grossen Gegensätze. Karge Wüsten und Berge im Norden stehen im Gegensatz zu den tropischen und subtropischen Landschaften des Südens. Dazwischen: Mexiko City, eine der grössten Metropolen der Welt. | (verdeckt) ... ihren eigenen Reiz aus. Plateaus und Wälder bilden den Gegensatz zu jenen Wüsten, die bereits die Kulisse zahlreicher Westernfilme bildeten. | Rocky Mountains, ... Marken... von Kan... Westen... trastpro... dazu ist... quirlige... stemme... Vancou... |

Tabulator X: ,992 mm Füllze...
0   5   10

| Beginnend an Rios Copacabana, geht die Reise zunächst ins Landesinn... Nach einer Stippvisite in Brasiliens mo... einer Metrop... Sao Paolo, en... Trip durch... südliche Bras... im Land der... Gauchos im sü... chen Zipfel. | | Die Reise bewegt sich, von Mérida ausgehend, parallel zur Küste am Golf von Mexico. Die letzte Woche verbringen wir in Puerto La Cruz... ist darü... aus jed... Exkurs... südöst... ge (Ca... | Ausgehend von Mexico City, geht die Reise nach Süden. Besucht werden das Land der legendären Mayas sowie die Halbinsel Chia... | Besuch einiger Nationalparks im nördlichen Arizona (Grand Canyon u.a.). Exkursion zum Navajo-Reservat im westlichen ... | Erkundung einige der Rocky ... nationa... die letzt... ist ein R... Zentrum... convoy-... |

Tabelle
☰ 4   ║ 4
↕ Minde...   ↕ 1,058 mm
↔ 6,249 mm

≡ ≡ ≡   T ⊣ ⊥ ⊢
⬒ 1,411 mm   ⊟ 1,411 mm
⬓ 1,411 mm   ⊟ 1,411 mm

Reisepass (noch gültig 6 Monate bei Ausreise)	Reisepass (noch gültig 6 Monate bei Ausreise)	Land... gültig... BRAS... RIO U... UMGEE... BRASILIEN NORDEN			...Reise	Reisepass... Beginnend an Rios Copacabana, Reise zunächst ins Landesinnere ner Stippvisite in Brasiliens mo... durchs südliche Brasilien im La... Gauchos im südlichen Zipfel.
Polio, Gelbfieber, Typhus, Malaria, Hepatitis, Tetanus und Diphterie	Polio, Gelbfieber, Typhus, Malaria, Hepatitis, Tetanus und Diphterie					Ausgehend von der alten Stadt R... entlang nach San Salvador. Die zweite Etappe der Exkursion fo... Erschliessungspfaden ins Land... Ziel ist die Landeshauptstadt Bra...
Bus (gechartert), Flugzeug, Boot	Bus (gechartert), Flugzeug, Boot	Bus (gechartert)... VENEZUELA	Malerische, fat unberührte Küsten wechseln sich ab mit Mittelgebirgen sowie feuchtheissen Urwäldern. Auch kulturell wartet das Land am nördlichen Ende Südamerikas mit reizvollen		Die Reise bewegt sich, von Mé... ausgehend, parallel zur Küste a... von Mexico. Die letzte Woche v... wir in Puerto La Cruz, geplant i... hinaus jedoch eine Exkursion in...
Reisechecks	Reisechecks	Reisechecks				

TABSTOPP ODER ZELLE?

Tabellensatz in InDesign

Für den Satz von Tabellen ermöglicht InDesign zwei unterschiedliche Herangehensweisen: die auf Absatzformaten und die auf Zellen basierende. Die erste Methode gilt zwar als die herkömmliche. Kombiniert mit den restlichen Optionen für Absatz- und Zeichenformate ermöglicht sie jedoch – trotz einiger Beschränkungen – das Gestalten ansprechender Layouts. Zellentabellen ähneln insgesamt der Vorgehensweise in Microsoft Excel und sind insgesamt stärker layoutorientiert. Die beiden ungleichen Methoden beschreibt das folgende Kapitel.

Tabellen können nicht nur unterschiedlich aussehen. Sie können auch satztechnisch gesehen unterschiedlich aufgebaut sein. Die «klassische» Tabelle mit Kopfzeile, Linienunterteilung und viel Zahlenwerk findet man meist nur noch in technischen Anleitungen und wissenschaftlichen Veröffentlichungen. Farbig durchgestaltete Info-Einheiten mit entsprechend aufbereitetem Text sind heute viel alltäglicher. Oft versteckt ein geschicktes Layout erfolgreich, dass es sich bei dem gerade Gelesenen oder Überflogenen um eine tabellarische Aufstellung – also eine Tabelle handelt. Dies gilt auch für den aufgeführten «klassischen» Tabellentyp, welcher uns etwa in Reisekatalogen über Preise, Termine, Abflugorte, Zimmerpreise, Leistungsumfang und andere technische Reisedetails informiert.

Ebenso wie die Konkurrenzanwendung QuarkXPress ermöglicht InDesign im Bereich Tabellensatz das Arbeiten mit zwei unterschiedlichen Verfahrensmodi. Die erste, ältere basiert auf Tabstopp-Steuerzeichen. Über das Setzen genauer Tabulatorpositionen lassen sich diese Springe-in-die-nächste-Tabellenspalte-Anweisungen typografisch standgenau umsetzen. Da zusätzliche Zeilen stets separat eingerichtet werden müssen, ist diese Methode für mehrzeilige Textzellen äußerst unpraktisch. Eine Abhilfe bieten die Befehle zum Einrichten und Bearbeiten von Zellen-Tabellen im Menü *Tabelle*. Die Arbeitsweise hier orientiert sich stark am Aufbau von Excel-Tabellen: Die horizontale und vertikale Aufteilung erfolgt in Zellen, deren Breite und Höhe sich flexibel gestalten lassen. Der Vorteil dieser Vorgehensweise ist, dass sie es ermöglicht, auch längere Textinhalte als Tabelle zu behandeln.

Das «klassische» Tabellen-Outfit kommt mittlerweile fast nur noch in technischen Gebrauchsanleitungen sowie Dokumenten für den internen Gebrauch vor. In der professionellen Medienproduktion beherrschen grafisch durchgestaltete Infotainment-Einheiten das Feld. Dass es sich technisch gesehen um lupenreine Tabellen handelt, ist oft kaum noch zu bemerken.

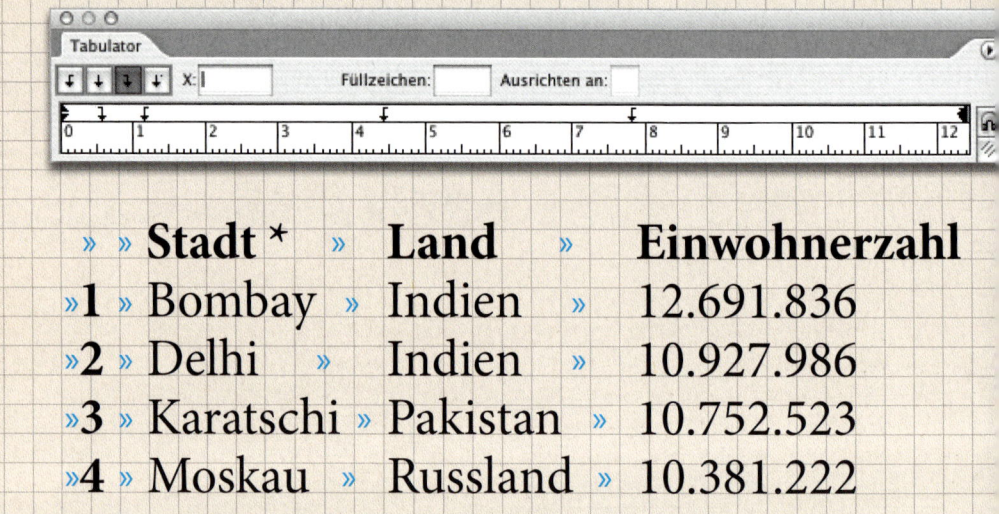

» » **Stadt** *	» **Land**	» **Einwohnerzahl**
»**1**» Bombay	» Indien	» 12.691.836
»**2**» Delhi	» Indien	» 10.927.986
»**3**» Karatschi	» Pakistan	» 10.752.523
»**4**» Moskau	» Russland	» 10.381.222

Die herkömmliche Tabellensatz-Methode leitet sich erkennbar von der Textverarbeitung ab. Der Sprung in die nächste Spalte erfolgt per Tabzeichen (→|). Für die satztechnische Feinpositionierung offeriert InDesign die *Tabulator-Palette*.

Absatzformat-Tabellen

Nichtsdestotrotz lohnt es sich, einen Moment bei den herkömmlichen Absatzformat-Tabellen zu verweilen. Insbesondere für einfache Auflistungen mit wenig Text beziehungsweise mit reinen Zahlen bietet sie nach wie vor einige Vorteile:

- Der Tabellentext ist direkt in den Fließtext integriert.

- Die Tabsprünge der Tabelle benötigen lediglich zusätzliche Absatzformat-Tabulatoren.

- Mit *Absatzlinien, Unterstreichen*-Attributen, verschachtelten Formaten und Formatabfolgen lassen sich auch grafisch ansprechende Tabellengestaltungen umsetzen.

Einrichten von Absatzformat-Tabellen.
Tabsprünge werden bei Absatzformat-Tabellen stets über die Tabsprung-Steuerungstaste (→|) definiert. Das Einrichten der konkreten Positionen geschieht über die Palette *Tabulatoren* (⇧⌘ + T) im Menü *Fenster → Schrift & Tabellen*. Tabulatoren enthält zum einen ein Lineal für das Einrichten der Tabstopp-Positionen. Zusätzlich zu den drei Ausrichtungsmethoden Linksbündig, Rechtsbündig und Zentriert ist auch das Ausrichten an einem Dezimalzeichen im Text möglich; festgelegt wird das vorgesehene Zeichen im Feld hinter *Ausrichten an*. Günstig ist dies beispielsweise bei der standgenauen Präsentation von Zahlenwerten mit unterschiedlich vielen Stellen hinter dem Komma. Erzeugt werden neue Tabstopp-Positionen durch Klicken in die Linealleiste. Die blaue Markierung bedeutet, dass der Tabstopp aktuell ausgewählt ist. Das Anklicken des gewünschten Buttons legt die Ausrichtung fest. Die Eingabe von Parametern im Feld *X* bestimmt für in der Linealleiste angewählte Tabulatoren numerisch genaue Positionen. Zusätzlich festlegen lässt sich ein *Füllzeichen*, mit dem der Raum zwischen dem Textende des letzten Tabulators und der aktuellen Tabstopp-Markierung aufgefüllt wird.

Zugewiesen werden die in Tabulatoren festgelegten Parameter stets dem aktuell markierten Text. Darüber hinaus können die erstellten Tabellenwerte jedoch auch in *Absatzformate* übernommen werden. Am einfachsten funktioniert auch hier die Methode, eine Tabellenzeile zunächst fertig zu formatieren (inklusive Tabstopp-Positionen, Ausrichtungen etcetera), im Anschluss die Zeile zu markieren und abschließend in der *Absatzformat-Palette* ein neues Absatzformat festzulegen. Die Zuweisung des angelegten Absatzformats führt dazu, dass der so formatierte Text nicht nur mit den restlichen typografischen Attributen versehen wird, sondern auch mit den vorgesehenen Tabstopp-Positionen inklusive Ausrichtungsmethode und Füllzeichen. Verändert werden können die Tabulator-Attribute eines *Absatzformats* durch Verändern der entsprechenden Werte in den *Absatzformatoptionen* unter *Tabulator*.

Grafisch verfeinerte Absatzformat-Tabellen. Bei der grafisch-typografischen Ausgestaltung von Absatzformat-Tabellen lassen sich sämtliche Zeichen- und Absatzattribute heranziehen, die in den Kapiteln 4 bis 6 vorgestellt wurden. Die Option *Absatzlinien* etwa ermöglicht nicht nur das Anlegen von Unterstreichungen, um etwa die Titelzeile einer Tabelle vom Rest abzuheben. Möglich sind auch farbige Unterlegungen oder eine Kombination aus Unterlegung und klassischer Linie. Auch die einzelnen Spalten können durchaus mit unterschiedlichen typografischen Attributen belegt werden. Über den Absatzformat-Befehl *Initialen und verschachtelte Formate* lässt sich eine solche Befehlsabfolge sogar automatisieren. Wie, ist in der rechten Spalte näher beschrieben.

Dass sich auch die herkömmliche Methode für anspruchsvolle Gestaltungen eignet, zeigt das Beispiel auf der folgenden Seite: Das Tabellenbeispiel ist dasselbe, die Aufmachung ähnlich. Lediglich die Methode ist vollkommen anders.

	Stadt *	Land	Einwohnerzahl
1	Bombay	Indien	12.691.836
2	Delhi	Indien	10.927.986
3	Karatschi	Pakistan	10.752.523
4	Moskau	Russland	10.381.222
5	Seoul	Südkorea	10.349.312

Verschachtelte Formate für Tabellen

Mit den in Kapitel 6 ab Seite 111 vorgestellten Methoden lassen sich auch herkömmliche Tabellen abwechslungsreicher gestalten. Zum Zuge kommen dabei:

1. *Absatzlinien* bzw. die beiden Zeichenformate *Unterstrichen* und *Durchgestrichen*. Detailliert beschrieben wird das Formatieren mit hinterlegten dicken Linien auf den Seiten 76 und 84.

2. Das Absatzformat-Attribut *Nächstes Format*. Über dieses lässt sich etwa ein fliegender Wechsel einrichten zwischen türkis- und ockerfarbenen Zeilenhintergründen. Über den Befehl *Format «XY» und dann Nächstes Format anwenden* im mit der ⌃-Taste aktivierten Kontextmenü kann diese Formatabfolge kompletten Tabellen zugewiesen werden.

3. Die Binnendifferenzierung. Nach einem festen Schema verlaufende Abfolgen zwischen unterschiedlichen Zeichenformaten lohnen immer einen Gedanken an die Anwendung verschachtelter Formate. Die Zeichenfarbe, deren Abfolge im *Absatzformate*-Reiter *Initialen und verschachtelte Formate* festgelegt wird, können natürlich auch eine Background-Färbung enthalten ❶. Die für das Beispiel oben eingerichteten *Unterstreichungsoptionen* enthalten für jedes *Zeichenformat* einer Zeile dieselbe Farbe – allerdings unterschiedliche Angaben für den *Farbton*-Wert ❷.

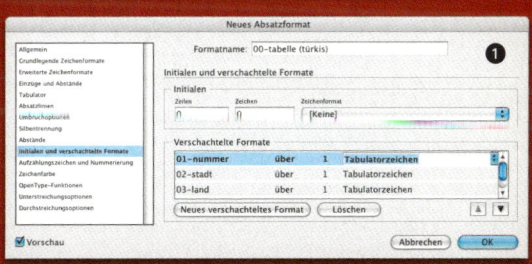

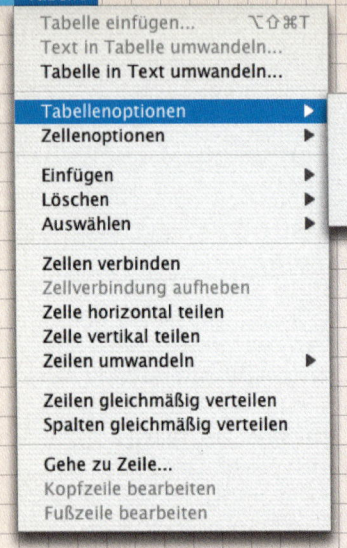

Menü Tabelle. Die diversen Punkte im Menü Tabelle offerieren sehr umfangreiche Optionen für generelle Tabellen- und lokale Zelleneinstellungen. Hinzu kommen einige Spezialbefehle – etwa zum Verbinden oder Aufteilen von Zellen.

Formatierung. Für die Detailarbeiten beim Einrichten der Tabelle, der Formatierung des Textes sowie dem Festlegen von Farben und Eigenschaften von Zellenflächen und Konturen genügen meist *Steuerung*- und *Tabelle-Palette*. Farbfelder etwa lassen sich aus der *Farbfelder-Palette* direkt auf Tabellen-Zellen ziehen.

	Stadt *	Land	Einwohnerzahl
1	**Bombay**	Indien	12.691.836
2	**Delhi**	Indien	10.927.986
3	**Karatschi**	Pakistan	10.752.523
4	**Moskau**	Russland	10.381.222
5	**Seoul**	Südkorea	10.349.312

Zellen-Tabellen

Zellen-Tabellen funktionieren nach einem anderen Prinzip als Absatzformat-Tabellen. Zwar sind auch Zellen-Tabellen in den Fließtext eingebunden. Während Absatzformat-Tabellen jedoch nichts anderes sind als Fließtext mit zusätzlichen Tabulatoren, simulieren Zellen-Tabellen ein mehr oder weniger komplexes Layout mit unterschiedlichen Objekten. Am ehesten lässt sich der Status von Zellentabellen mit demjenigen von verankerten Objekten vergleichen. Sehen wir uns die Gestaltungsmöglichkeiten im Detail an.

Einrichten von Zellen-Tabellen. Angelegt wird eine neue Zellen-Tabelle über den Befehl *Tabelle einfügen* im Menü *Tabelle*. Voraussetzung ist ein zuvor angelegter Textrahmen und ein aktives *Text-Werkzeug*. Der anschließende Dialog fragt nach der Anzahl der zu vergebenden Spalten und Zeilen; optional festlegen lassen sich zusätzliche Kopf- und Fußzeilen.

Veränderungen des so angelegten Grundgerüsts sind auf zweierlei Art und Weise möglich. Zum einen durch die Texteingabe selbst. Returnanschläge (↵) bewirken nicht wie sonst einen Sprung in die nächste Zeile, sondern vielmehr eine Erweiterung der aktuellen Zelle um eine weitere Zeile. Dasselbe gilt für Formatierungen. Umgebaut werden kann die angelegte Grundarchitektur jedoch auch durch Ziehen an den horizontalen und vertikalen Zeilen- und Spaltenbegrenzungen. Möglich sind diese interaktiven Veränderungen direkt und ausschließlich im Textmodus. Das Navigieren in sowie das Formatieren von Zellen-Tabellarien wird durch einige zusätzliche Tastenbefehle erleichtert. Schnelles Navigieren nach oben, unten, rechts oder links erfolgt über die vier *Pfeiltasten;* für die Navigation von Zelle zu nächster Zelle lässt sich wie gehabt die Tabsprung-Taste (→|) verwenden. Unterschied: Während die Pfeil-nach-rechts-Taste lediglich in die nächste Zelle springt, markiert die Tabsprung-Taste zusätzlich den darin enthaltenen Text.

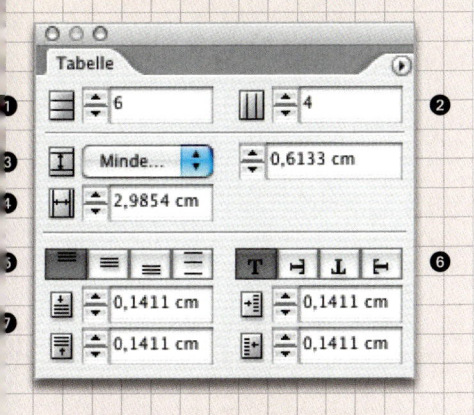

Tabelle-Palette. Für die Feinanordnung von Zellen und Text bietet die Palette Tabelle ein übersichtliches Cockpit. Es enthält Eingabefelder und Buttons für die Anzahl der Zeilen ❶, die Anzahl der Spalten ❷, die Bestimmung von Zellenhöhe ❸ und Zellenbreite ❹, die vertikale Ausrichtung des Textes ❺, den Textwinkel ❻ sowie den Textabstand zum Zellenrand ❼.

Wie oben zu sehen, lassen sich mit dem Textwerkzeug sowohl Spalten als auch Zeilen problemlos separieren. Praktisch sind horizontale und vertikale Markierungen nicht nur beim Formatieren des Textes, sondern auch beim Einrichten der jeweiligen Zellen. Grundsätzlich unterscheidet InDesign zwischen generellen Tabellenoptionen und den jeweiligen Zellenparametern. Zellenweise einzurichten sind vor allem folgende Parameter: Textabstand und Textposition in den einzelnen Zellen, die Farbe von Linien und Zellenfläche sowie die Zellenhöhe und Zellenbreite.

Mit Zellen-Tabellen arbeiten. Flankiert werden die aufgeführten Funktionen durch Befehle zum Verbinden und Teilen von Zellen, Spalten und Zeilen. Insgesamt enthält das Menü *Tabelle* ein recht komplexes Instrumentarium für das Arbeiten mit Zellen-Tabellarien. Das Arbeitsbeispiel auf der nächsten Doppelseite konzentriert sich daher vor allem auf die für das Entstehen einer Info-Tabelle typischen Arbeitsstadien.

Tabellen importieren. InDesign unterstützt das Importieren von Tabellen aus anderen Programmen recht weitgehend. Der Import von *Word*-Tabellen wird ebenso unterstützt wie ASCII-Text mit Tabstopps sowie *Excel*-Tabellen. Insgesamt stellt sich natürlich die Frage, mit welcher Tabellenmethode importierte Tabellen aufbereitet werden sollen. Einige Festlegungen sind bereits in den Importoptionen enthalten; schematisch lässt sich diese Frage allerdings nicht behandeln. Welches der beiden Verfahren im konkreten Fall das erfolgversprechendere ist, wird unter anderem auch von der Struktur und dem Inhalt der entsprechenden Tabelle bestimmt.

Last but not least: Wie in diesem Abschnitt aufgeführt, kommen bei Zellen-Tabellen einige besondere Navigations-Befehle hinzu. Die wichtigsten sind im Text zwar bereits aufgeführt. Darüber hinaus enthält dieses Buch jedoch eine vollständige Liste aller InDesign-Befehle. Wenn man möchte, kann man diese Liste zwar durchaus als Befehls-Referenzliste verwenden. Der wirklich praktische Nutzen besteht allerdings darin, dass diese Liste nicht nur den Befehlsbestand des Programms auflistet, sondern die zahlreichen Tastaturbefehle mit bereits abgehandelten sowie weiteren Vorschlägen ergänzt. Userdefinierte Tastaturbefehle sind sehr effektive Programm-Beschleuniger. Was es zu diesem Thema Wissenswertes gibt, erfahren Sie im folgenden Kapitel.

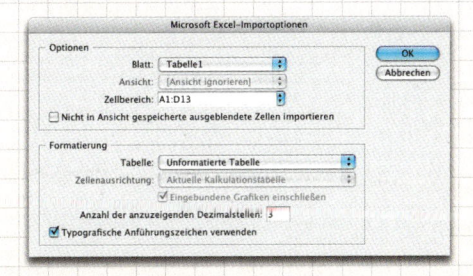

Importoptionen für Tabellen: Hinter Tabelle einstellbar ist auch die Option, die Tabelle als ganz normalen Fließtext mit Tab-Zeichen zu importieren.

Tabellensatz in InDesign   167

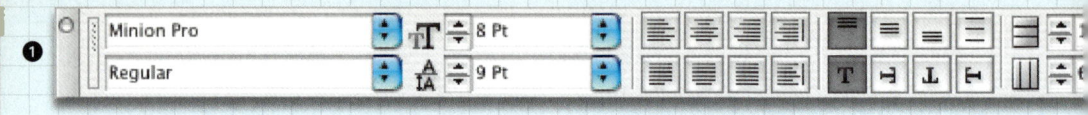

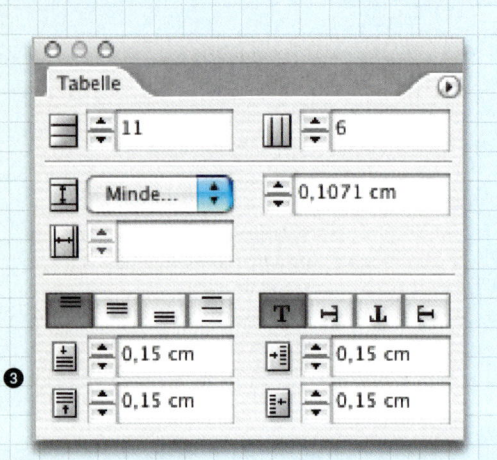

Proportionen einrichten

1. Die Rohproportionen werden beim Import einer Excel-Tabelle mit in den neu angelegten Textrahmen importiert. Durch Ziehen an dessen Ecken mit gehaltener ⇧- und ⌘-Taste kann das grobe Endformat festgelegt werden.

2. Zellen einrichten. Die Weiterbearbeitung der Tabelle erfolgt mit dem Textwerkzeug. Durch Anfassen der Spaltenlinien und Ziehen können die Größenproportionen angeglichen werden – etwa für die erste Spalte, die weit weniger Raum benötigt als die restlichen fünf.

3. Text-Rohformatierung. Durch Markieren von Zellenbereichen durch Ziehen mit der Maus ❶ können sowohl globale als auch lokale Formatierungen vorgenommen werden – entweder über die *Steuerung-Palette* ❷, die für das Bearbeiten von Tabellen zahlreiche Tabellen-Features präsentiert, oder eben *Absatz*- und *Zeichen-Palette*. Die Zellenhöhe passt sich an den Text an; zusätzlich entstandene Zeilen dehnen die jeweilige Reihe entsprechend aus. In der *Tabelle-Palette* Abstand zwischen Zellenrand und Text festlegen ❸.

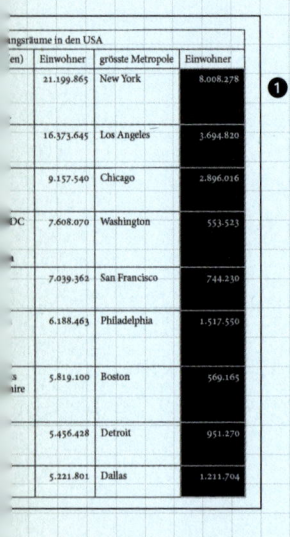

Ballungsräume in den USA					
	Ballungsraum	Bundesstaat(en)	Einwohner	größte Metropole	Einwohner
1	New York New Jersey (Nord) Long Island	New York New Jersey Connecticut Pennsylvania	21.199.865	New York	8.008.278
2	Los Angeles Riverside Orange County	Kalifornien	16.373.645	Los Angeles	3.694.820
3	Chicago Gary Kenosha	Illinois Indiana Wisconsin	9.157.540	Chicago	2.896.016
4	Washington Baltimore	Washington DC Maryland Virginia West Virginia	7.608.070	Washington	553.523
5	San Francisco Oakland San Jose	Kalifornien	7.039.362	San Francisco	744.230
6	Philadelphia Wilmington Atlantic City	Pennsylvania	6.188.463	Philadelphia	1.517.550
7	Boston Worchester Lawrence				
8	Detroit Ann Arbor Flint				
9	Dallas Fort Worth				

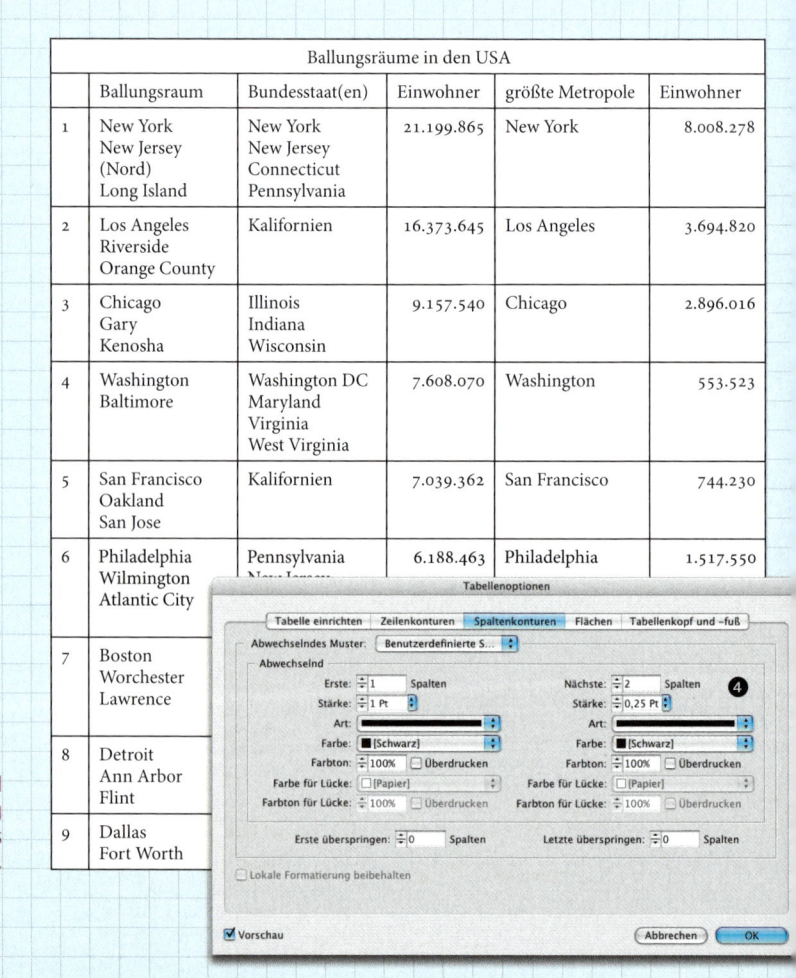

Zellenbereiche lassen sich durch Ziehen mit der Maus recht einfach markieren.

Stimmige Proportionen und auch die Rohformatierung steht: Tabelle nach Abschluss von «Phase 1».

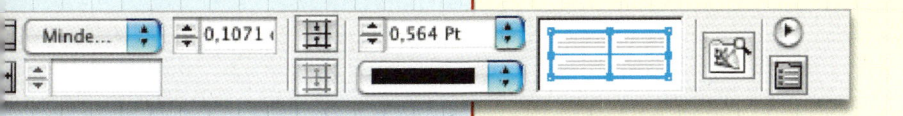

Feinschliff

4. Über die diversen Features der *Tabellenoptionen* ❹ und *Zellenoptionen* lassen sich Konturlinien und Flächen detailliert gestalten. Zur Verfügung stehen hier auch unterschiedliche Möglichkeiten zum Einrichten von Farbton-Wechseln in Spalten und Zeilen. Das doppelte Intervallmuster der Beispieltabelle kommt dort direkt zwar nicht vor. Da der Farb-Wechsel im konkreten Fall jedoch lediglich über unterschiedliche Werte für den *Farbton* festgelegt ist, genügt es im Anschluss, die beiden ockerfarbenen Spalten zu markieren und Ocker (anstatt Blau) als Farbe zuzuweisen. Abschließend können unterschiedliche Detailformatierungen, Akzentuierungen der Linien sowie das Anlegen der Kopfzeile *(Tabelle → Einfügen → Zeile;* anschließend *Tabelle → Zellen verbinden)* vorgenommen werden.

Arbeitsbeispiel 11: Grafisch aufbereitete Info-Tabelle

Die Erläuterungen zur Beispieltabelle auf dieser Doppelseite beleuchten weniger die zahlreichen Tabellen-Funktionen, sondern konzentrieren sich vielmehr auf die typischen Arbeitsstadien, die bei Rohformatierung und Feingestaltung einer solchen Tabelle anfallen.

Ballungsräume in den USA

	Ballungsraum	Bundesstaat(en)	Einwohner	größte Metropole	Einwohner
1	New York New Jersey (Nord) Long Island	*New York New Jersey Connecticut Pennsylvania*	21.199.865	New York	8.008.278
2	Los Angeles Riverside Orange County	*Kalifornien*	16.373.645	Los Angeles	3.694.820
3	Chicago Gary Kenosha	*Illinois Indiana Wisconsin*	9.157.540	Chicago	2.896.016
4	Washington Baltimore	*Washington DC Maryland Virginia West Virginia*	7.608.070	Washington	553.523
5	San Francisco Oakland San Jose	*Kalifornien*	7.039.362	San Francisco	744.230
6	Philadelphia Wilmington Atlantic City	*Pennsylvania New Jersey Delaware Maryland*	6.188.463	Philadelphia	1.517.550
7	Boston Worchester Lawrence	*Massachusetts New Hampshire Maine Connecticut*	5.819.100	Boston	569.165
8	Detroit Ann Arbor Flint	*Michigan*	5.456.428	Detroit	951.270
9	Dallas Fort Worth	*Texas*	5.221.801	Dallas	1.211.704

Die fertige Tabelle nach Abschluss der Detailarbeiten.

ZUSÄTZLICHE SHORTCUTS FÜR INDESIGN:

Eigene Tastaturbefehle

Viele voreingestellte InDesign-Komponenten lassen sich an die eigenen Bedürfnisse anpassen. Was die nackte Arbeitseffizienz angeht, ist ein Sektor indes kaum zu toppen: anwenderkonfigurierte Tastaturbefehle. Einige sinnvolle Basic-Shortcuts wurden bereits am Anfang dieses Buches vorgestellt. Welche Befehle sonst noch sinnvoll zu ergänzen oder zu verändern sind und welche Tasten-Ressourcen Sie hierfür anzapfen können, verrät dieses Kapitel. Den Abschluss des Buches bildet schließlich eine mit Vorschlägen versehene Liste aller Menüpunkte, die über Tastaturbefehle mit einem Shortcut versehen werden können.

Schnelligkeit – manchmal trotz all der Hektik: Selbst definierte Shortcuts tragen immens dazu bei, die Layoutproduktion im Griff zu behalten.

Werkzeug Tastatur

Maus und Tastatur. Anwenderprogramme, bei denen man auf dem Bildschirm sieht, was man tut, sind heute so selbstverständlich, dass man nicht weiter darüber nachdenkt. Zwanzig Jahre nach der Erfindung des Desktop Publishing (DTP) funktioniert dieses Basisprinzip nahezu lückenlos. InDesign-Hersteller Adobe gilt, was die Entwicklung von Technologien für visuelles Medienproduzieren angeht, geradezu als Pionier. Der Grundgedanke des DTP ist simpel. Ob Bild, Grafik oder Layout: Was immer durch Klicken, Ziehen oder durch das Aufrufen eines Features verändert wird – es verändert sich auch auf dem Monitor.

Eine wesentliche Errungenschaft, die dieses Arbeiten möglich machte, ist die Maus. Ohne das Arbeiten mit ein- oder zweitastiger Maus wären moderne Computer schlechterdings undenkbar. Allerdings: So unentbehrlich Werkzeuge, Scroll-Bewegungen und andere mit der Maus ausgeführte Arbeitsschritte auch sind: Verglichen mit der Computertastatur ist die Maus lediglich ein ergänzendes Hilfsmittel. Diese Feststellung lässt sich durchaus noch weiter zuspitzen: Je fortgeschrittener ein Anwender ein Anwendungsprogramm beherrscht, desto intensiver wird er auf die Tastatur zurückgreifen.

Eigene Tastaturbefehle

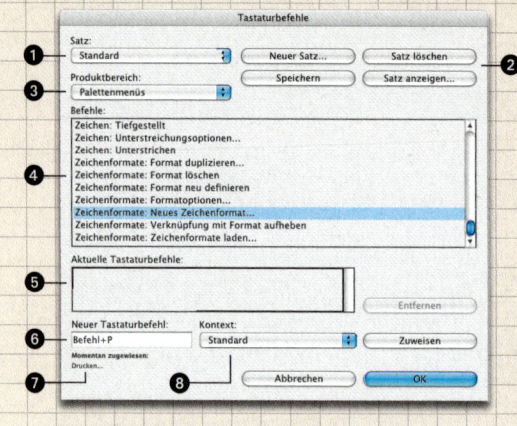

❶ Liste mit derzeit verfügbaren Sätzen
❷ Befehle zum Neuanlegen, Löschen, Anzeigen und Zwischenspeichern eines Satzes. Speichern sichert Veränderungen im aktuell ausgewählten Satz.
❸ Programmbereiche, alphabetisch sortiert
❹ Die Befehle im aktuell ausgewählten Produktbereich, ebenfalls alphabetisch sortiert.
❺ Bereits vergebene Tastaturbefehle tauchen hier auf.
❻ Eingabefeld für neuen Tastaturbefehl
❼ Statusanzeige ❽ Festlegung Arbeitsmodus

Ob eine Tastenkombination unbedenklich ist, wird unter *Momentan zugewiesen* angezeigt.

Die aktuelle Konfiguration wird in einem eigenen Satz gespeichert.

Befehlskombinationen unter Einbeziehung der Ctrl-Taste (Strg) sind in den meisten Fällen ein Treffer.

Neuer Tastaturbefehls-Satz «Power Shortcuts»

Die Auflistung der einzelnen Befehlsbereiche erfolgt in alphabetischer Reihenfolge.

Profi-Arbeitsmittel Shortcuts. Um bei InDesign zu bleiben: Über die standardmäßig vorgegebenen Shortcuts wie etwa ⌘ + **S** für *Speichern* oder ⌘ + **Q** für *Programm beenden* hinaus offeriert InDesign unterschiedliche Methoden für die Navigation im Programm sowie das interaktive Verändern von Parametern. Die wesentlichen Techniken wurden bereits in Kapitel 2 ab Seite 32 vorgestellt; andere – wie beispielsweise das shortcutgesteuerte Erhöhen und Verringern typografischer Parameter – in den jeweiligen Themen-Kapiteln. Das Problem bei Tasten-

Shortcuts Step-by-step:
Das Neuanlegen zusätzlicher Tastaturbefehle gestaltet sich im Prinzip ganz einfach: Shortcut unter *Neuer Tastaturbefehl* eingeben, dann schauen, was unter *Momentan zugewiesen* steht. Der erste Versuch oben links kollidiert offensichtlich mit dem Befehl *Drucken*, der zweite unter Zuhilfenahme der Taste Ctrl (Mitte links) ist problemlos möglich. Sicher ist sicher: Um das Zurückkehren zu einer unveränderten Standardbelegung in jedem Fall zu gewährleisten, empfiehlt sich das Speichern selbst angelegter Tastenkonfigurationen in eigenen Sätzen (rechte Spalte).

griffen für Funktionen und Menüpunkte ist weniger die Erlernbarkeit. Hat man sich auf diese Profi-Basismethodik erst einmal eingelassen, sind – das zeigt alle Erfahrung – die wirklich wichtigen Befehle schnell im Gedächtnis abgelagert und gehen so automatisch in Fleisch und Blut über. Das Problem bei Shortcuts ist, dass sie – obwohl es in InDesign, Photoshop & Co. Hunderte von ihnen gibt – im Grunde nicht ausreichen. Was tun? InDesign-Hersteller Adobe ging den einzig richtigen Weg und spendierte seinen Creative-Suite-Programmen eine eigene Schnittstelle zum Anlegen eigener und zum Verändern bereits vorhandener Tastaturbefehle: das im Menü *Bearbeiten* gelegene Feature *Tastaturbefehle*.

Tastaturbefehle im Eigenbau

Das Verändern bereits vorhandener und das Neuanlegen noch nicht definierter Tastenbefehle ist insgesamt eine sehr sinnvolle Arbeitserleichterung. Zwei Eingriffe empfehlen sich bereits beim Konfigurieren des Programms: das Zuweisen eines F-Tasten-Shortcuts für das *Auswahlwerkzeug* sowie das Wechseln zwischen *Layout-* und *Voran-*

sichtsmodus (siehe auch Seite 27 bis 28). Ähnlich gelagert – wenn auch nicht ganz so elementar wichtig – ist die Möglichkeit, das Aufrufen selbst angelegter Arbeitslayouts an einen Shortcut zu knüpfen (ebenfalls Kapitel 2). Weitere Möglichkeiten zum Anbringen anwenderdefinierter Tastengriffe eröffnen sich in der alltäglichen Praxis. Obwohl InDesign bereits werkseingestellt über Hunderte von Tasten-Kurzgriffen verfügt zum Aufrufen von Funktionen, Menübefehlen und Palettenmenü-Features, lässt sich eine Reihe von Funktionen nur per Mausnavigation aufrufen. Sehen wir uns das Feature *Tastaturbefehle* im Detail an.

Tastaturbefehle im Kurzdurchgang. Das Öffnen der im Menü *Bearbeiten* gelegenen Funktion *Tastaturbefehle* ist werkseingestellt nicht mit einem Shortcut versehen. Hier bietet sich ein erster sinnvoller Punkt für eine Verbesserungsmaßnahme. Das Feature enthält im oberen Bereich eine Popup-Liste sowie vier Buttons zum *Anlegen*, *Speichern*, *Aufrufen* und *Anzeigen* von Tastaturbefehls-*Sätzen*. Die Liste unter *Produktbereich* enthält das alphabetisch gegliederte InDesign-Befehlsinstrumentarium: sämtliche Anwendungsmenüs von A wie Ansicht bis T wie Tabelle, sämtliche Palettenmenüs (subsumiert unter dem Sammeleintrag *Palettenmenüs*), die Werkzeuge, zusätzliche Navigationsbefehle (für XML: *Struktur, Navigation;* für das Bearbeiten von Text: *Text und Tabellen;* für das Bearbeiten von Objekten: *Objektbearbeitung*) sowie ein Punkt für sonst schlecht einzuordnende Befehle *(Andere)*. Wählen Sie einen Punkt unter *Produktbereich* aus, erscheint im zentralen Feld die Liste der in diesem Produktbereich enthaltenen Befehle.

Das Festhalten eines Befehls erfolgt über den unteren Funktionsbereich. Ist ein angewählter Befehl bereits mit einem Shortcut versehen, wird dieser unter *Aktuelle Tastaturbefehle* aufgelistet. In der Regel ist das Hinzufügen eines zweiten, alternativen Shortcuts wenig sinnvoll. Ausnahmen bestä-

Eigene Tastaturbefehle

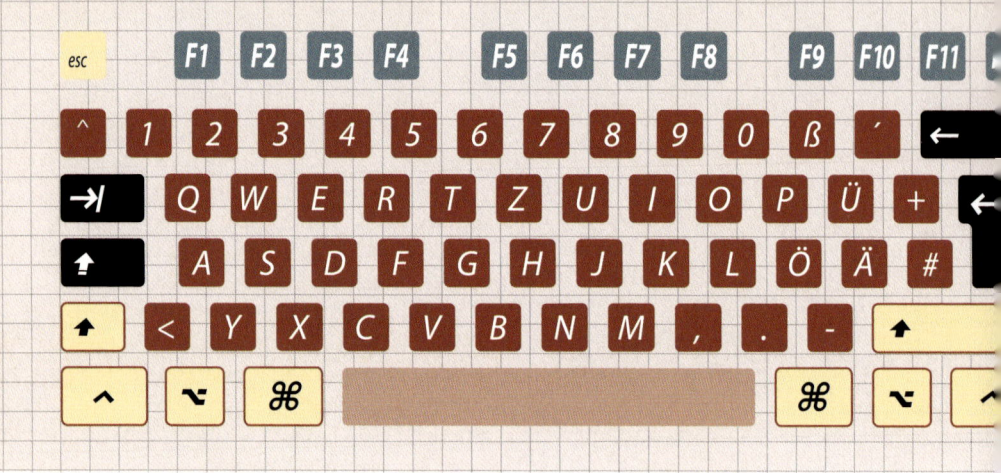

Wie das oben dargestellte Schema einer Mac-Tastatur zeigt, dient nur eine Minderheit der vorhandenen Tasten der direkten Eingabe von Zeichen (rot). Den Rest bilden Steuerungstasten (schwarz), Befehlstasten (gelb) und Funktionstasten (blaugrau). Die Tasten auf dem Ziffernblock rechts dienen einerseits der Eingabe. Andererseits sind sie jedoch mit speziellen Funktionen verknüpfbar – in InDesign zum Beispiel der Zuweisung von Absatz- und Zeichenformaten.

tigen jedoch die Regel. In QuarkXPress etwa lassen sich die beiden zentralen Befehle *Kopieren* und *Einsetzen* nicht nur mit ⌘ + **C** beziehungsweise ⌘ + **V** ansteuern, sondern zusätzlich mit **F3** und **F4**. Eingegeben werden neue Tastaturbefehle in dem Feld *Neuer Tastaturbefehl* – und zwar einfach dadurch, dass Sie den gewünschten Shortcut auslösen. Durch Betätigen des Buttons *Zuweisen* wird dieser mit dem ausgewählten Befehl verknüpft.

    Das war's. Was jedoch, wenn der selbst definierte Shortcut mit einem bereits bestehenden Befehl kollidiert? Angezeigt wird dieser Konflikt durch die Statusmeldung unter *Momentan zugewiesen*. Ist eine Tastenkombination bereits vergeben, wird der entsprechende Befehl unter *Momentan zuge-*

wiesen aufgelistet. Weisen Sie trotzdem zu, genießt der von Ihnen angelegte Befehl Priorität.

Eigene Tastaturbefehls-Sätze anlegen. Sinnvoll ist das Außer-Acht-Lassen bereits bestehender Tastenzuweisungen indes nicht. Da das Verändern der werkseigenen Shortcuts in manchen Fällen durchaus sinnvoll ist (mehr dazu weiter unten), bietet *Tastaturbefehle* die Möglichkeit, Veränderungen als neuen *Tastaturbelegungs-Satz* abzuspeichern und bei Bedarf aufzurufen. Wie in den Abbildungen auf Seite 172 vorgestellt, klicken Sie hierzu auf den Button *Neuer Satz*, vergeben einen passenden Namen und nehmen im Anschluss die gewünschten Veränderungen vor. Durch Klicken auf den Button *Speichern* sichern Sie die vorgenommenen Veränderungen dauerhaft. Wie in der Popup-Liste unter *Produktbereich* zu sehen, liefert InDesign bereits einige alternierende Tastenbefehlssätze mit: jeweils einen mit den typischen Tastaturbefehls-Konfigurationen von *Adobe PageMaker* und *Quark XPress*. Last but not least: Über den Button *Satz löschen* lassen sich missratene oder nicht mehr aktuelle Shortcut-Sätze problemlos aus der Welt schaffen.

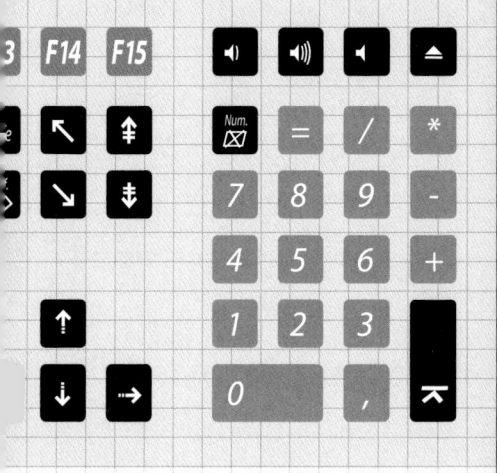

Freie Tastenkombinationen, sinnvolle Befehle

Will man zusätzliche, anwenderdefinierte Tastenbefehle anlegen, stellen sich vor allem zwei Fragen: Welche Befehlstasten-Kombinationen sind für das Anlegen eigener Shortcuts noch frei? Und: Welche Befehle lassen sich sinnvollerweise noch auftunen?

Freie Tastenkombinationen. Vor allem dann, wenn man nicht nur vereinzelte Funktionen aufpeppen will, sondern das Befehlsinstrumentarium insgesamt, erweist sich das Finden noch unbelegter Befehlstasten-Kombinationen als nicht gerade einfach. Vor allem die gängigen Standardkombinationen aus *Befehlstaste* (⌘) und *Zeichentaste* sind so gut wie alle mit werkseigenen Shortcuts belegt. Auch die weniger griffigen Kombinationen mit zusätzlich zu haltender *Options-* und/oder *Umschalttaste* (⌥ und ⇧) weisen jedoch nur minimal größere Lücken auf (siehe auch Kasten rechte Spalte). Vorgehensweise: Shortcut-Kombinationen ausprobieren, bis unter *Momentan zugewiesen* die Meldung *Nicht zugewiesen* erscheint – oder einen Blick in die Liste rechts werfen.

Auf dem Mac kann als zusätzliche Befehlstaste die *Ctrl-Taste* veranschlagt werden (⌃). Vorteil: Sonst gemeinhin zuständig für

Mögliche Shortcut-Belegungen

Folgende Tastenkombinationen sind in der InDesign-Standardbelegung noch frei (* = keine zusätzliche Befehlstaste nötig):

*   F1, F2, F3, F4
⌘   ^, 3, 7, 9, ´, #, <, F1, F2, F3, F4, F8, F10, F11, F12, F13, F14, F15
⌥⌘   ^, 9, Q, A, D, X, B, -, F1, F2, F3, F4, F5, F6, F7, F8, F9, F10, F11, F12, F13, F14, F15
⇧⌘   ^, 1, 2, 5, 6, 7, 8, 9, ´, <, N, -, F1, F3, F4, F5, F7, F8, F10, F11, F12, F13, F14, F15
⇧⌥⌘   ^, R, T, Z, P, Ü, N, M, F1, F2, F3, F4, F5, F6, F7, F8, F9, F10, F11, F12, F13, F14, F15

Mit den oben aufgeführten vier Befehlstasten-Kombinationen möglich sind auch Shortcuts unter Einbeziehung folgender Tasten: ↓, ↑, ←, →, ↖, ↘, ⌫ (Entfernen-Taste) und Hilfe-Taste. Prinzipiell möglich, unter Umständen jedoch mit Konflikten verbunden sind die Tasten ⌤ (Enter), ↵ (Return) und →| (Tabsprung). Die beiden Tasten Position 1 (⇞) und Ende (⇟) sind bereits durchgängig mit Programmfunktionen belegt.

Auf dem Mac eröffnen sich eine Reihe zusätzlicher Möglichkeiten unter Zuhilfenahme der Taste Ctrl (⌃). Da die ⌃-Taste hier eine ähnliche Funktion erfüllt wie die beiden anderen Zusatz-Befehlstasten ⌥ (Optionstaste) und ⇧ (Umschalttaste), eröffnen sich angesichts noch nicht in Beschlag genommener Werkseinstellungen jede Menge Definitionsmöglichkeiten. Ohne Fingerverrenkungen ermöglicht die ⌃-Taste folgende zusätzliche Befehlstasten-Kombinationen: ⌃⌘ + Zeichen sowie ⌃⌥⌘ + Zeichen.

Prinzipiell lassen sich in diese Überlegungen auch die Zifferntasten auf dem rechten Tastaturblock einbeziehen. Da diese Zeichengruppe allerdings exklusiv für die Kurzzuweisung von Absatz- und Zeichenformaten vorgesehen ist, sind gleichlautende Belegungen für Menübefehle eher kontraproduktiv.

Eigene Tastaturbefehle   175

Shortcuts wie in XPress

In der Popup-Liste unter Satz offeriert InDesign zwei Tastaturbelegungssätze, deren Belegung den Shortcuts anderer Layoutanwendungen entspricht. Der Satz Tastaturbefehle QuarkXPress 4 simuliert, so weit möglich, den Befehlsbestand von QuarkXPress. So lässt sich etwa die Werkzeug-Palette mit **F8** ein- oder ausblenden; der Befehl für das Platzieren von Text oder Bildern kann mit dem gewohnten ⌘ + **E** ausgelöst werden (anstatt, wie in InDesign üblich, mit ⌘ + **D**). Da Herangehensweise und Struktur der beiden Programme stark differieren, kann das Arbeiten mit einer solchen Belegung nur eine Hilfsmaßnahme sein, die die Eingewöhnung erleichtert.

Tastaturbefehle-Liste ausdrucken

Eigene Tastaturbefehlssätze lassen sich auch ausdrucken – zumindest prinzipiell. Betätigen Sie den Button Satz anzeigen, präsentiert dies den Inhalt des ausgewählten Satzes als Textdatei im Format Nur Text. Auf einer solchen Textdatei basiert auch die Liste, die am Ende dieses Kapitels präsentiert wird.

das Aktivieren von Kontextmenüs, ist sie für werkseigene Shortcuts so gut wie nicht in Beschlag genommen. Für ein einigermaßen einheitliches Präparieren ganzer Befehlsgruppen ist sie somit prädestiniert. Verwendet werden kann die *Ctrl-Taste* allerdings lediglich in Kombinationen, welche auch die *Befehlstaste* beinhalten. Die Ausnahme von dieser Regel stellen die *Funktionstasten* im oberen Tastaturbereich dar. Konzipiert speziell als Auslöser von Programm- und Systemfunktionen, lassen sie sich sowohl solo als auch in Kombination mit *Ctrl* oder anderen Befehlstasten verwenden. Eine weitere Ressource für Tastaturbefehl-Tastenkombinationen sind einige Navigations- und Steuerungstasten (in der Grafik auf der Doppelseite 174/175 schwarz gekennzeichnet). Für Shortcuts akzeptiert InDesign beispielsweise auch *Pfeil-nach-oben-* oder *Pfeil-nach-unten-Taste*. Fazit: Weitere Ressourcen für Tastaturbefehle im Eigenbau – in Kombination mit den zur Verfügung stehenden Befehlstasten 40 bis 80 zusätzliche Shortcuts.

Sinnvolle Befehle. Welche Befehle sind jedoch sinnvoll? Größere Lücken weisen vor allem die diversen Sonderzeichen- und Typografie-Befehle in den *Schrift*-Untermenüs sowie den Palettenmenüs von *Zeichen-*, *Absatz-*, *Zeichenformat-* und *Absatzformat-Palette* auf. Auch Hauptmenüs wie *Bearbeiten* oder *Ansicht* offerieren den ein oder anderen Befehl ohne Shortcut (ein guter Ansatzpunkt für einen eigenen Tastaturbefehlssatz ist übrigens *Tastaturbefehle* selbst). Brachliegende Befehlsgruppen offerieren darüber hinaus auch die Palettenmenüs vieler Paletten.

Welche Prioritäten Sie setzen beim Anlegen eigener Tastaturbefehle, hängt natürlich von Ihrem jeweiligen Arbeitsschwerpunkt ab sowie den Techniken, die Sie bevorzugt einsetzen. Die auf den folgenden Seiten vorgestellte Shortcut-Liste erfüllt so zwei Funktionen. Zum einen präsentiert sie das InDesign-Befehlsinstrumentarium «in full lenght». Darüber hinaus listet sie nicht

Bedingte Ligaturen	
Brüche	^⌥F1
Ordinalzeichen	
Schwungschrift	^⌥F9
[Titelschriftvarianten]	^⌥F12
✓ [Kontextbedingte Variante]	
Kapitälchen	^⌥F4
Null mit Schrägstrich	^⌥7
Formatsätze	▶
Hochgestellt	^⌥F3
Tiefgestellt	^⌥F11
Zähler	^⌥F14
Nenner	^⌥F6
Versalziffern für Tabellen	^⌥F13
✓ Proportionale Mediävalziffern	^⌥F7
Proportionale Versalziffern	^⌥F8
Mediävalziffern für Tabellen	^⌥F5
Standardzahlenformat	^⌥F10

Neues Zeichenformat…	^⌥⌘Z
Format duplizieren…	^⌥B
Format löschen	
Format neu definieren	^⌥⇧Z
Formatoptionen…	^⌘Z
Verknüpfung mit Format aufheben	
Zeichenformate laden…	
Alle Formate laden…	
Alle nicht verwendeten auswählen	
Kleine Palettenreihen	

Geviert-Leerzeichen	⇧⌘M
1/2-Geviert-Leerzeichen	⇧⌘N
Ausgleichs-Leerzeichen	⇧⌘<
1/24-Geviert-Leerzeichen	^⌥2
Geschütztes Leerzeichen	⌥⌘X
1/8-Geviert-Leerzeichen	⌥⇧⌘M
Ziffernleerzeichen	⌥⌘9
Interpunktionsleerzeichen	

Mit zusätzlichen Tastaturbefehlen aufgetunt: das *OpenType*-Untermenü im Palettenmenü der *Zeichen-Palette*, das Palettenmenü der *Zeichenformat-Palette* und das Untermenü *Leerraum einfügen* im Hauptmenü *Schrift*.

nur die werkseigenen Standard-Tastaturbefehle auf, sondern ist mit Veränderungen und Ergänzungen versehen. Die Veränderungen (rote Markierung) betreffen zum einen Basics wie die den Textmodus umgehende Zuteilung von F-Tasten an *Auswahlwerkzeug* und Ansichtsmodus-Umschaltung, zum anderen eine Umorganisation der F-Tasten. Da sich die in der Werkseinstellung vorgesehenen F-Tasten-Shortcuts zum Aufrufen einzelner Paletten leicht durch andere Navigationstechniken ersetzen lassen, wurden die ursprünglichen Tastengriffe mit zusätzlichen Befehlstasten ergänzt und die frei gewordenen Tastengriffe mit F-Taste solo anderen Befehlen zugeteilt.

Das Gros der Ergänzungen (cyanfarbene Markierung) in der Beispielliste kommt zusätzlichen typografie- und formatrelevanten Befehlen zugute. Mit Tastenbefehl versehen sind zusätzlich auch die einzelnen Reiter in den *Voreinstellungen*, die sich auf diese Weise direkter als sonst möglich ansteuern lassen. Befehle zum Aufrufen von *Arbeitslayouts* und zur einfacheren Ansteuerung von Layoutfunktionen ergänzen das vorgestellte Befehlsinstrumentarium. Da jede Befehlsbelegung notwendigerweise subjektiv ist, hoffe ich, dass Sie die auf den folgenden Seiten ergänzte Liste vor allem als Anregung betrachten für eigene Veränderungen. Last but not least entspricht die alphabetische Darstellungsweise derjenigen in Tastaturbefehle selbst, sodass Sie die entsprechenden Befehle bei Bedarf leicht finden können.

Gut geeignet ist die Liste auch dazu, sich einfach darüber einen Überblick zu verschaffen, wie viele Funktionen und Navigations-Shortcuts InDesign eigentlich enthält. Wie auch immer Sie damit umgehen und wie viele Shortcuts Sie sich zusätzlich anlegen mögen (oder auch nicht): Ich hoffe, Ihnen mit diesem Buch eine brauchbare Arbeitssammlung von InDesign-Tipps, Programmgrundlagen und Insider-Techniken zur Verfügung gestellt zu haben. So bleibt mir letztendlich nur, Ihnen eines zu wünschen: ein produktives Layouten mit InDesign.

Andere	
Alle schließen	⌥ ⇧ ⌘ W
Alle speichern	⌥ ⇧ ⌘ S
Dokument schließen	⇧ ⌘ W
InBooklet SE …	
Neuen Indexeintrag hinzufügen	⌥ ⇧ ⌘ Ö
Neuen Indexeintrag hinzufügen (umgekehrt)	⌥ ⇧ ⌘ Ä
Neues Standarddokument	⌥ ⌘ N
Neues Thema hinzufügen	
Nullpunkt fixieren	
Objektspezifische Anzeigeeinstellungen löschen	⇧ ⌘ F12
Pfade erstellen, ohne Text zu löschen	⌥ ⇧ ⌘ O

Ansicht-Menü	
Überdruckenvorschau	⌥ ⇧ ⌘ Y
Anzeigeoptionen: Anzeige mit hoher Qualität	⌥ ⌘ H
Anzeigeoptionen: Objektspezifische Ansichtseinstellungen zulassen	
Anzeigeoptionen: Schnelle Anzeige	⇧ ⌘ Ø
Anzeigeoptionen: Typische Anzeige	⌥ ⌘ Z
Auszoomen	⌘ -
Bildschirmmodus: Anschnitt	
Bildschirmmodus: Infobereich	
Bildschirmmodus: Normal	
Bildschirmmodus: Vorschau	
Druckbogen in Fenster einpassen	⌥ ⌘ Ø
Druckfarben-Manager …	
Einzoomen	⌘ ,
Farb-Proof	⌃ O
Ganze Montagefläche	⌥ ⇧ ⌘ Ø
Hyperlinks ausblenden	
Lineale ausblenden	⌘ R
Originalgröße	⌘ 1
Proof einrichten: Benutzerdefiniert …	⌃ 1
Proof einrichten: CMYK-Arbeitsfarbraum (Euroscale Uncoated v2)	⌃ 2
Proof einrichten: Dokument-CMYK (Euroscale Uncoated v2)	⌃ 3
Proof einrichten: Macintosh-RGB	⌃ 4
Proof einrichten: Monitor-RGB	⌃ 5
Proof einrichten: Windows-RGB	⌃ 6
Rahmenkanten ausblenden	⌘ H
Raster & Hilfslinien: An Dokumentraster ausrichten	⇧ ⌘ ß
Raster & Hilfslinien: An Hilfslinien ausrichten	⇧ ⌘ Ü
Raster & Hilfslinien: Dokumentraster ausblenden	⌘ ß
Raster & Hilfslinien: Grundlinienraster ausblenden	⌥ ⌘ ß
Raster & Hilfslinien: Hilfslinien ausblenden	⌘ Ü
Raster & Hilfslinien: Hilfslinien sperren	⌥ ⌘ Ü
Raster & Hilfslinien: Spaltenhilfslinien sperren	
Seite in Fenster einpassen	⌘ Ø
Struktur: Rahmen mit Tags einblenden	
Struktur: Struktur einblenden	⌥ ⌘ 1
Struktur: Tag-Marken ausblenden	
Textmodus: Formatnamenspalte ausblenden	
Textmodus: Tiefenlineal ausblenden	
Textverkettungen einblenden	⌥ ⌘ Y

Ansichten & Navigation	
1. Volltonfarben-Platte anzeigen	⌥ ⇧ ⌘ 5
2. Volltonfarben-Platte anzeigen	⌥ ⇧ ⌘ 6
3. Volltonfarben-Platte anzeigen	⌥ ⇧ ⌘ 7
4. Volltonfarben-Platte anzeigen	⌥ ⇧ ⌘ 8
5. Volltonfarben-Platte anzeigen	⌥ ⇧ ⌘ 9
Aktualisierung erzwingen	⇧ F5
Alle Paletten außer Werkzeugpalette ein-/ausblenden	⇧ →
Alle Paletten ein-/ausblenden	→
Alle Paletten in Seiten-Registerkarten öffnen/schließen	⌥ ⌘ →
Alle Platten anzeigen	⌥ ⇧ ⌘ ´
Auf Eingabefeld für Seitenzahl zugreifen	⌘ J
Auf Eingabefeld für Zoom zugreifen	⌥ ⌘ 5
Auswahl in Fenster einpassen	⌥ ⌘ +
Benutzerdefinierte Werte unterdrücken (optimiert)	⇧ ESC
Cyan-Platte anzeigen	⌥ ⇧ ⌘ 1
Eine Bildschirmlänge nach oben	⇧
Eine Bildschirmlänge nach unten	⇩
Erster Druckbogen	↖
Erster Druckbogen	⌥ ⇧ ⇧
Gehe zu erstem Rahmen in Verk.	⌥ ⇧ ⌘ ⇧
Gehe zu letztem Rahmen in Verk.	⌥ ⇧ ⌘ ⇩
Gehe zu nächstem Rahmen in Verk.	⌥ ⌘ ⇩

Gehe zu vorherigem Rahmen in Verkettung	⌥ ⌘ ⇥
Gelb-Platte anzeigen	⌥ ⇧ ⌘ 3
Größe 200 %	⌘ 2
Größe 400 %	⌘ 4
Größe 50 %	⌘ 5
Hilfslinien im Hintergrund	
Horizontales Lineal: Benutzerdefiniert …	⌃ ⌥ ⌘ H
Horizontales Lineal: Cicero	
Horizontales Lineal: Dezimalzoll	
Horizontales Lineal: Millimeter	
Horizontales Lineal: Pica	
Horizontales Lineal: Punkt	
Horizontales Lineal: Zentimeter	
Horizontales Lineal: Zoll	
Letzter Druckbogen	⇘
Letzter Druckbogen	⌥ ⇧ ⇥
Lineal am Rücken	
Lineal pro Druckbogen	
Lineal pro Seite	
Maßsystem wechseln	⌥ ⇧ ⌘ U
Magenta-Platte anzeigen	⌥ ⇧ ⌘ 2
Nächstes Fenster	⌘ F6
Paletten in linken Seiten-Registerkarten öffnen/schließen	⌃ ⌥ ⌘ L
Paletten in rechten Seiten-Registerkarten öffnen/schließen	⌃ ⌥ ⌘ R
Raster im Hintergrund	
Schwarz-Platte anzeigen	⌥ ⇧ ⌘ 4
Tastaturfokus in Steuerungspalette umschalten	⌘ 6
Vertikales Lineal: Benutzerdefiniert …	⌃ ⌥ ⌘ V
Vertikales Lineal: Cicero	
Vertikales Lineal: Dezimalzoll	
Vertikales Lineal: Millimeter	
Vertikales Lineal: Pica	
Vertikales Lineal: Punkt	
Vertikales Lineal: Zentimeter	
Vertikales Lineal: Zoll	
Vorheriges Fenster	⇧ ⌘ F6
Zuletzt verwendetes Feld der Palette aktivieren	⌥ ⌘ '
Zwischen aktueller und vorheriger Ansicht wechseln	⌥ ⌘ 2
Zwischen Zeichen- und Absatzmodus in Steuerungspalette wechseln	⌥ ⌘ 7

Anwendungsmenü / InDesign	
Über InDesign …	
InDesign ausblenden	⌃ ⌘ H
Voreinstellungen: Allgemein …	⌘ K
Voreinstellungen: Anzeigeoptionen …	⌃ ⇧ A
Voreinstellungen: Autokorrektur …	⌃ ⇧ K
Voreinstellungen: Dateihandhabung …	⌃ ⇧ D
Voreinstellungen: Eingabe …	⌃ ⇧ E
Voreinstellungen: Einheiten & Einteilungen …	⌃ ⇧ U
Voreinstellungen: Erweiterte Eingabe …	⌃ ⇧ W
Voreinstellungen: Hilfslinien & Montagefläche …	⌃ ⇧ H
Voreinstellungen: Raster …	⌃ ⇧ R
Voreinstellungen: Rechtschreibprüf. …	⌃ ⇧ T
Voreinstellungen: Satz …	⌃ ⇧ S
Voreinstellungen: Schwarzdarstell. …	⌃ ⇧ B
Voreinstellungen: Textmodus-Anz. …	⌃ ⇧ M
Voreinstellungen: Wörterbuch …	⌃ ⇧ C
Zusatzmodule konfigurieren …	⌃ ⇧ Z

Bearbeiten-Menü	
Alles auswählen	⌘ A
An Originalposition einfügen	⌥ ⇧ ⌘ V
Ausschneiden	⌘ X
Auswahl aufheben	⇧ ⌘ A
Duplizieren	⌥ ⇧ ⌘ D
Duplizieren und versetzt einfügen …	⌥ ⌘ U
Einfügen	⌘ V
Einfügen	F4
Farbeinstellungen …	⌘ <
Im Textmodus bearbeiten	⌘ Y
In die Auswahl einfügen	⌥ ⌘ V
In Profil umwandeln …	⌃ A
Kopieren	⌘ C
Kopieren	F3
Löschen	⌫
Ohne Formatierung einfügen	⇧ ⌘ V
Original bearbeiten	
Profile zuweisen …	
Rückgängig	⌘ Z
Rechtschreibprüfung: Autokorrektur	
Rechtschreibprüfung: Dynamische Rechtschreibprüfung	
Rechtschreibprüfung: Rechtschreibprüfung	⌘ I
Rechtschreibprüfung: Wörterbuch …	
Schnell anwenden …	⌘ ↵

Suchen/Ersetzen …	⌘ F
Tastaturbefehle …	⌘ #
Transparenzfarbraum: Dokument-CMYK	⌃ C
Transparenzfarbraum: Dokument-RGB	⌃ R
Transparenzreduzierungsvorgaben …	
Weitersuchen	⌥ ⌘ F
Wiederherstellen	⇧ ⌘ Z

Datei-Menü

Öffnen …	⌘ O
Dateiinformationen …	⌥ ⇧ ⌘ I
Dokument einrichten …	⌥ ⌘ P
Dokumentvorgaben: Definieren …	
Drucken …	⌘ P
Druckvorgaben: Definieren …	
Durchsuchen …	⌥ ⌘ O
Eine Version speichern …	
Exportieren …	⌘ E
Für GoLive verpacken …	
In neuem Fenster suchen …	
Kopie speichern …	⌥ ⌘ S
Neu: Bibliothek …	
Neu: Buch …	
Neu: Dokument …	⌘ N
PDF-Exportvorgaben: Definieren …	
Platzieren …	⌘ D
Preflight …	⌥ ⇧ ⌘ F
Schließen	⌘ W
Speichern	⌘ S
Speichern unter …	⇧ ⌘ S
Versionen …	
XML importieren …	
Zurück zur letzten Version	

Fenster-Menü

Überfüllungsvorgaben	
Anordnen: Überlappend	
Anordnen: Alle in den Vordergrund	
Anordnen: Minimieren	⌘ M
Anordnen: Nebeneinander	
Anordnen: Neues Fenster	
Arbeitsbereich: 1. Arbeitsbereich laden	F5
Arbeitsbereich: 2. Arbeitsbereich laden	F6
Arbeitsbereich: 3. Arbeitsbereich laden	F7
Arbeitsbereich: 4. Arbeitsbereich laden	F8
Arbeitsbereich: 5. Arbeitsbereich laden	F9
Arbeitsbereich: Arbeitsbereich löschen …	
Arbeitsbereich: Arbeitsbereich speichern …	
Attribute	
Ausrichten	⇧ F7
Datenzusammenführung	
Ebenen	⌃ F7
Farbe	⌃ F6
Farbfelder	⌃ F5
Hyperlinks	
Index	⇧ F8
Informationen	⌃ F8
Kontur	⌃ F10
Konturenführung	⌥ ⌘ W
Lesezeichen	
Navigator	
Objektstile	⌘ F7
PageMaker-Symbolleiste	
Pathfinder	
Reduzierungsvorschau	
Seiten	⌃ F12
Separationsvorschau	⇧ F6
Skriptbezeichnung	
Skripten	
Status	
Steuerung	⌥ ⌘ 6
Tabelle	⇧ F9
Tags	
Transformieren	⌃ F9
Transparenz	⇧ F10
Verknüpfungen	⇧ ⌘ D
Verlauf	⌃ V
Werkzeuge	⌃ W

Hilfe-Menü

Aktivieren …	
Aktivierung übertragen …	
Aktualisierungen …	
InDesign Online …	
InDesign-Hilfe …	
Online-Unterstützung …	
Registrierung …	
Willkommen-Bildschirm …	

Layout-Menü

Aktuelles Format auf Inhaltsverzeichnis anwenden	
Erste Seite	⇧ ⌘ ↑
Hilfslinien erstellen …	⌃ H
Hilfslinien …	

Inhaltsverzeichnis aktualisieren		
Inhaltsverzeichnis …		
Inhaltsverzeichnisformate …		
Layoutanpassung …		
Letzte Seite	⇧ ⌘ ⇟	
Nächste Seite	⇟	
Nächster Druckbogen	⌥ ⇟	
Numm.- & Abschnittsoptionen …		
Ränder und Spalten …		
Seiten: Seite hinzufügen	⇧ ⌘ P	
Vor	⌘ ⇞	
Vorherige Seite	⇧ ⇞	
Vorheriger Druckbogen	⌥ ⇞	
Zurück	⌘ ⇞	

Layoutfenster-Statusmenü
Alternativen …	
Im Finder anzeigen	
In Bridge anzeigen	
Versionen …	

Objekt-Menü
Anordnen: In den Hintergrund	⇧ ⌘ Ö
Anordnen: In den Vordergrund	⇧ ⌘ Ä
Anordnen: Schrittweise nach hinten	⌘ Ö
Anordnen: Schrittweise nach vorne	⌘ Ä
Anpassen: Inhalt a. Rahmen anpassen	⌥ ⌘ E
Anpassen: Inhalt proport. anpassen	⌥ ⇧ ⌘ E
Anpassen: Inhalt zentrieren	⇧ ⌘ E
Anpassen: Rahmen a. Inhalt anpassen	⌥ ⌘ C
Anpassen: Rahmen proport. füllen	⌥ ⇧ ⌘ C
Anzeige: Ansichtseinstell. verwenden	
Auswählen: Container	
Auswählen: Erstes Objekt darüber	⌥ ⇧ ⌘ Ä
Auswählen: Inhalt	
Auswählen: Letzt. Objekt darunter	⌥ ⇧ ⌘ Ö
Auswählen: Nächst. Objekt darüber	⌥ ⌘ Ä
Auswählen: Nächst. Objekt darunter	⌥ ⌘ Ö
Auswählen: Nächst. Objekt i. Gruppe	
Auswählen: Vorh. Objekt in Gruppe	
Beschneidungspfad …	⌥ ⇧ ⌘ K
Eckeneffekte …	
Erneut transformieren: Erneut transformieren	⌥ ⌘ 3
Erneut transformieren: Erneut transformieren (Abfolge)	⌥ ⌘ 4
Erneut transformieren: Erneut transformieren (Abfolge, Einzeln)	
Erneut transformieren: Erneut transformieren (Einzeln)	
Farbeinstellungen für Bild …	
Form konvertieren: Ausgefallenes Rechteck	
Form konvertieren: Dreieck	
Form konvertieren: Ellipse	
Form konvertieren: Linie	
Form konvertieren: Polygon	
Form konvertieren: Rechteck	
Form konvertieren: Rechteck mit abgeflachten Ecken	
Form konvertieren: Rechteck mit abgerundeten Ecken	
Form konvertieren: Rechteck mit nach innen gewölbten Ecken	
Form konvertieren: Rechtwinklige Linie	
Grundlinienoptionen	
Gruppieren	⌘ G
Gruppierung aufheben	⇧ ⌘ G
Inhalt: Grafik	
Inhalt: Nicht zugewiesen	
Inhalt: Text	
Interaktiv: Aktivierreihenfolge festlegen …	
Interaktiv: Audiooptionen …	
Interaktiv: Filmoptionen …	
Interaktiv: In Schaltfläche umwandeln	
Interaktiv: Schaltflächen-Optionen …	
Objektebenenoptionen …	
Pathfinder: Überlapp. ausschließen	
Pathfinder: Hint. Objekt abziehen	
Pathfinder: Hinzufügen	
Pathfinder: Schnittmenge bilden	
Pathfinder: Subtrahieren	
Pfade: Ecke	
Pfade: Pfad öffnen	
Pfade: Pfad schließen	
Pfade: Pfad umkehren	
Pfade: Verbinden	
Position entsperren	⌥ ⌘ L
Position sperren	⌘ L
Punkt konvertieren: Ecke	
Punkt konvertieren: Glätten	
Punkt konvertieren: Linienende	

Eigene Tastaturbefehle

Punkt konvertieren: Symmetrisch	
Schlagschatten …	⌥ ⌘ M
Textrahmenoptionen …	⌘ B
Transformieren: Drehen …	⇧ ⌘ 1
Transformieren: Hilfslinien verschieben …	
Transformieren: Skalieren …	⇧ ⌘ 2
Transformieren: Verbiegen …	
Transformieren: Verschieben …	⇧ ⌘ M
Verankertes Objekt: Einfügen …	
Verankertes Objekt: Lösen	
Verankertes Objekt: Optionen …	⌃ #
Verknüpft: Erstellen	⌘ 8
Verknüpft: Lösen	⌥ ⌘ 8
Weiche Kante …	⌃ ⌥ ⌘ W

Objektbearbeitung

Alle Hilfslinien auswählen	⌥ ⌘ G
Beschneidungspfad in Rahmen umwandeln	
Dupl. schrittweise ⅒ nach links	⌥ ⇧ ⌘ ←
Dupl. schrittweise ⅒ nach oben	⌥ ⇧ ⌘ ↑
Dupl. schrittweise ⅒ nach rechts	⌥ ⇧ ⌘ →
Dupl. schrittweise ⅒ nach unten	⌥ ⇧ ⌘ ↓
Dupl. schrittweise nach links	⌥ ←
Dupl. schrittweise nach oben	⌥ ↑
Dupl. schrittweise nach rechts	⌥ →
Dupl. schrittweise nach unten	⌥ ↓
Dupl. schrittweise x10 nach links	⌥ ⇧ ←
Dupl. schrittweise x10 nach oben	⌥ ⇧ ↑
Dupl. schrittweise x10 nach rechts	⌥ ⇧ →
Dupl. schrittweise x10 nach unten	⌥ ⇧ ↓
Horizontal ausrichten: Links	
Horizontal ausrichten: Mitte	
Horizontal ausrichten: Rechts	
Horizontal verteilen: Abstand	
Horizontal verteilen: Links	
Horizontal verteilen: Mitte	
Horizontal verteilen: Rechts	
Schrittweise ⅒ nach links	⇧ ⌘ ←
Schrittweise ⅒ nach oben	⇧ ⌘ ↑
Schrittweise ⅒ nach rechts	⇧ ⌘ →
Schrittweise ⅒ nach unten	⇧ ⌘ ↓
Schrittweise nach links	←
Schrittweise nach oben	↑
Schrittweise nach rechts	→
Schrittweise nach unten	↓
Schrittweise x10 nach links	⇧ ←
Schrittweise x10 nach oben	⇧ ↑
Schrittweise x10 nach rechts	⇧ →
Schrittweise x10 nach unten	⇧ ↓
Vergrößern / Um 1 % skalieren	⌘ .
Vergrößern / Um 5 % skalieren	⌥ ⌘ .
Verkleinern / Um 1 % skalieren	⌘ ,
Verkleinern / Um 5 % skalieren	⌥ ⌘ ,
Vertikal ausrichten: Mitte	
Vertikal ausrichten: Oben	
Vertikal ausrichten: Unten	
Vertikal verteilen: Abstand	
Vertikal verteilen: Mitte	
Vertikal verteilen: Oben	
Vertikal verteilen: Unten	

Palette: Überfüllungsvorgaben

Überfüllungsvorgabe zuweisen …	
Überfüllungsvorgaben laden …	
Alle nicht verwendeten auswählen	
Neue Vorgabe …	
Vorgabe duplizieren …	
Vorgaben löschen	
Vorgabeoptionen …	

Palette: Absatz

Absatzlinien …	⌥ ⌘ J
Absatzumbruchoptionen …	⌥ ⌘ K
Abstände …	⌥ ⇧ ⌘ J
Adobe Ein-Zeilen-Setzer	⌃ ⌘ 1
Adobe-Absatzsetzer	⌃ ⌘ 2
Aufzählungszeichen u. Nummer. …	⌃ ⌥ A
Flattersatzausgleich	⌃ F
Initialen u. verschachtelte Formate …	⌥ ⌘ R
Nur erste Zeile an Raster ausrichten	
Optionen ausblenden	⌃ ⌘ O
Silbentrennung …	⌃ S

Palette: Absatzformate

Absatzformate laden …	
Abweichungen löschen	
Aufzählungszeichen u. Nummerierung von »…« in Text konvertieren	
Format duplizieren …	
Format neu definieren	⌥ ⇧ ⌘ R
Formate löschen	
Formatoptionen …	⌃ ⌘ A
Neues Absatzformat …	⌃ ⌥ ⇧ A
Verknüpfung mit Format aufheben	

Palette: Bibliothek	
Alle einblenden	
Bibliothek schließen	
Bibliotheksobjekt aktualisieren	
Listenansicht	
Miniaturansicht	
nach Dateityp	
nach Datum (ältestes)	
nach Datum (neuestes)	
nach Name	
Objekt hinzufügen	
Objekt(e) löschen	
Objekt(e) platzieren	
Objekte dieser Seite als separate Objekte hinzufügen	
Objekte dieser Seite hinzufügen	
Objektinformationen …	
Untergruppe einblenden …	

Palette: Buch	
Automatische Dokumentenumwandlung	
Buch schließen	
Buch speichern	
Buch speichern unter …	
Dokument entfernen	
Dokument ersetzen …	
Dokument hinzufügen …	
Dokumentinformationen …	
Neu paginieren	
Seitennummerierungsoptionen für Buch …	
Seitennummerierungsoptionen für Dokument …	
Synchronisierungsoptionen …	

Palette: Datenzusammenführung	
Datenquelle aktualisieren	
Datenquelle auswählen …	
Datenquelle entfernen	
Inhalt in Datenfeldern aktualisieren	
Optionen für Inhaltsplatzierung …	
Protokoll der Datenfeldaktualisierung anzeigen	
Vorschau	
Zusammengeführtes Dokument erstellen …	

Palette: Ebene	
Alle Ebenen einblenden	
Alle Ebenen entsperren	
Auf eine Ebene reduzieren	
Ebenen beim Einfügen erhalten	
Ebenenoptionen …	
Neue Ebene	

Palette: Farbe	
Den Farbfeldern hinzufügen	⌃ X
Optionen einblenden	

Palette: Farbfelder	
Alle nicht verwendeten auswählen	⌃ ⌥ ⌘ A
Druckfarben-Manager …	
Farbfeld duplizieren	
Farbfeld löschen	⌃ ⌘ L
Farbfelder für Austausch speichern …	
Farbfelder laden …	
Farbfelder zusammenführen	
Farbfeldoptionen …	
Großes Farbfeld	
Kleines Farbfeld	
Name	
Name (klein)	
Neue Mischdruckfarben-Gruppe …	
Neues Farbfeld …	⌃ ⇧ F
Neues Farbtonfeld …	
Neues Mischdruckfarben-Farbfeld …	
Neues Verlaufsfeld …	⌃ ⇧ V
Optionen ausblenden	
Unbenannte Farben hinzufügen	

Palette: Glyphen	
Glyphensatz löschen	
Neuer Glyphensatz …	

Palette: Hyperlinks	
Gehe zu Quelle	
Gehe zu Ziel	
Hyperlink aktualisieren	
Hyperlink löschen	
Hyperlink zurücksetzen	
Hyperlinkoptionen …	
Hyperlinkzieloptionen …	
Neuer Hyperlink aus URL	
Neuer Hyperlink …	
Neues Hyperlinkziel …	

Palette: Index
Duplizieren …	
Gehe zu ausgewählter Marke	
Großschreiben …	
Index generieren …	
Löschen	
Neuer Querverweis …	⌘ U
Nicht verwendete Themen einblenden	
Nicht verwendete Themen entfernen	
Optionen …	
Suchen-Feld einblenden	
Themen importieren …	
Vorschau aktualisieren	

Palette: Kontur
Konturenstile …
Optionen ausblenden

Palette: Lesezeichen
Gehe zu ausgewähltem Lesezeichen
Lesezeichen löschen …
Lesezeichen sortieren
Lesezeichen umbenennen
Neues Lesezeichen

Palette: Objektstile
Abweichungen löschen	
Neuer Objektstil …	⌃ ⌥ ⌘ N
Nicht vom Stil definierte Attribute löschen	
Objektstil duplizieren …	
Objektstil löschen …	
Objektstil neu definieren	
Objektstile laden …	
Objektstiloptionen …	⌃ ⌥ ⌘ O

Palette: Reduzierungsvorschau
Transparenzreduzierungsvorgaben …

Palette: Seiten
Alle Musterseitenobjekte übergehen	⌥ ⇧ ⌘ L
Alle Musterseitenobjekte wiederherstellen	
Alle Objekte von Mustervorlage abtrennen	
Als Mustervorlage speichern	
Druckbogen duplizieren	⌃ ⌥ ⌘ D
Druckbogen löschen	⌃ L
Druckbogen reduzieren: Benutzerdefiniert …	
Druckbogen reduzieren: Keine (Transparenz ignorieren)	
Druckbogen reduzieren: Standard	
Musterseitenobjekte ausblenden	
Mustervorlage auf Seiten anwenden …	
Mustervorlagenoptionen …	⌃ ⌥ ⌘ M
Neue Mustervorlage …	⌃ G
Nummerierungs- & Abschnittsopt. …	
Seiten einfügen …	⌃ E
Seiten verschieben …	

Palette: Separationsvorschau
Einzelplatten in Schwarz anzeigen	⌃ ⌥ ⌘ B
Schwarz-Sättigung verringern	

Palette: Scripten
Aktualisierung aktivieren
Im Finder anzeigen
Skript ausführen
Skript bearbeiten
Skriptdatei löschen

Palette: Status
Inhalt aus Status löschen
Inhalt in Status platzieren …
Neuer Status
Palettenoptionen …
Schaltflächen-Optionen …
Status löschen
Statusoptionen …

Palette: Steuerung
Oben andocken
Unten andocken
Verschiebbar

Palette: Tabulator
Alle löschen
Tabulator wiederholen

Palette: Tags
Alle nicht verwend. Tags auswählen
Kleine Palettenreihen
Neues Tag …
Tag für Text entfernen
Tag löschen …

Tag-Optionen …	
Tags automatisch erstellen	⌥ ⇧ ⌘ F7
Tags laden …	
Tags speichern …	
Palette: Transformieren	
Gruppeninhalt transformieren	
Horizontal spiegeln	⌃ ⌥ H
Horizontal und vertikal spiegeln	
Inhalt transformieren	⌃ ⌥ T
Skalierung zurücksetzen auf 100 %	
Textattribute skalieren	
Um 180° drehen	⌃ ⌥ 8
Um 90° drehen (gegen Uhrzeigersinn)	⌃ ⌥ ⇧ 9
Um 90° drehen (Uhrzeigersinn)	⌃ ⌥ 9
Vertikal spiegeln	⌃ ⌥ V
Palette: Transparenz	
Optionen ausblenden	
Palette: Verknüpfungen	
Alternativen …	
Datei einbetten	
Dateiinformationen verknüpfen …	
Dieses Bild kaufen …	
Dieses Bild kaufen …	
Erneut verknüpfen …	
Gehe zu Verknüpfung	
Im Finder anzeigen	
Im Finder anzeigen	
In Bridge anzeigen	
In Bridge anzeigen	
Original bearbeiten	
Verknüpfung aktualisieren	
Verknüpfung(en) kopieren nach …	
Verknüpfungsinformationen …	
Verknüpfungsversion speichern …	
Versionen …	
Palette: Verlauf	
Verlauf: Optionen ausblenden	
Palette: Zeichen	
Durchgestrichen	⇧ ⌘ #
Durchstreichungsoptionen …	
Großbuchstaben	⇧ ⌘ K
Hochgestellt	⇧ ⌘ +

Kapitälchen	⇧ ⌘ H
Kein Umbruch	
Ligaturen	
OpenType: [Kontextbed. Variante]	
OpenType: [Satz 1]	
OpenType: [Satz 2]	
OpenType: [Satz 3]	
OpenType: [Satz 4]	
OpenType: [Satz 5]	
OpenType: [Satz 6]	
OpenType: [Satz 7]	
OpenType: [Satz 8]	
OpenType: [Satz 9]	
OpenType: [Satz 10]	
OpenType: [Satz 11]	
OpenType: [Satz 12]	
OpenType: [Satz 13]	
OpenType: [Satz 14]	
OpenType: [Satz 15]	
OpenType: [Satz 16]	
OpenType: [Satz 17]	
OpenType: [Satz 18]	
OpenType: [Satz 19]	
OpenType: [Satz 20]	
OpenType: [Titelschriftvarianten]	⌃ ⌥ F12
OpenType: Bedingte Ligaturen	
OpenType: Brüche	⌃ ⌥ F1
OpenType: Historische Varianten	⌃ ⌥ F2
OpenType: Hochgestellt	⌃ ⌥ F3
OpenType: Kapitälchen	⌃ ⌥ F4
OpenType: Mediävalziffern für Tabellen	⌃ ⌥ F5
OpenType: Nenner	⌃ ⌥ F6
OpenType: Null mit Schrägstrich	⌃ ⌥ 7
OpenType: Ordinalzeichen	
OpenType: Proportionale Mediävalziffern	⌃ ⌥ F7
OpenType: Proport. Versalziffern	⌃ ⌥ F8
OpenType: Schwungschrift	⌃ ⌥ F9
OpenType: Standardzahlenformat	⌃ ⌥ F10
OpenType: Tiefgestellt	⌃ ⌥ F11
OpenType: Versalziffern für Tabellen	⌃ ⌥ F13
OpenType: Zähler	⌃ ⌥ F14
Optionen ausblenden	⌃ ⌘ Y
Tiefgestellt	⌥ ⇧ ⌘ +
Unterstreichungsoptionen …	
Unterstrichen	⇧ ⌘ U

Palette: Zeichenformate

Format duplizieren …	⌃ ⌥ B
Format löschen	
Format neu definieren	⌃ ⌥ ⇧ Z
Formatoptionen …	⌃ ⌘ Z
Neues Zeichenformat …	⌃ ⌥ ⌘ Z
Verknüpfung mit Format aufheben	
Zeichenformate laden …	

Schrift-Menü

Absatz	⌥ ⌘ T
Absatzformate	⌃ F11
Fußnote einfügen	
Glyphen	
Groß-/Kleinschreibung ändern: Erster buchstabe im satz groß	
Groß-/Kleinschreibung ändern: Erster Buchstabe Im Wort Groß	
Groß-/Kleinschreibung ändern: GROSSBUCHSTABEN	
Groß-/Kleinschreibung ändern: kleinbuchstaben	
In Pfade umwandeln	⇧ ⌘ O
Leerraum einfügen: ½-Geviert-Leerzeichen	⇧ ⌘ N
Leerraum einfügen: ¹⁄₂₄-Geviert-Leerzeichen	⌃ ⌥ ⌘ 2
Leerraum einfügen: ⅛-Geviert-Leerzeichen	⌥ ⇧ ⌘ M
Leerraum einfügen: Ausgleichs-Leerzeichen	⇧ ⌘ <
Leerraum einfügen: Geschütztes Leerzeichen	⌥ ⌘ X
Leerraum einfügen: Geviert-Leerzeichen	⇧ ⌘ M
Leerraum einfügen: Ziffernleerzeichen	
Mit Platzhaltertext füllen	
Nie ändern	
Optionen f. Dokumentfußnoten …	
Schriftart suchen …	
Schriftgrad: Andere: Andere …	
Sonderzeichen einfügen: Öffnendes Anführungszeichen	
Sonderzeichen einfügen: Öffn. einfaches Anführungszeichen	⇧ ⌘ 5
Sonderzeichen einfügen: Absatzmarke	
Sonderzeichen einfügen: Abschnittsmarke	
Sonderzeichen einfügen: Aufzählungszeichen	⇧ ⌘ 7
Sonderzeichen einfügen: Auslassungszeichen	⇧ ⌘ 8
Sonderzeichen einfügen: Automatische Seitenzahl	⌥ ⇧ ⌘ N
Sonderzeichen einfügen: Bedingter Trennstrich	⇧ ⌘ -
Sonderzeichen einfügen: Copyrightsymbol (©)	
Sonderzeichen einfügen: Einzug bis hierhin	⌘ '
Sonderzeichen einfügen: Fußnotennummer	
Sonderzeichen einfügen: Geschützter Trennstrich	⌥ ⌘ -
Sonderzeichen einfügen: Geviertstrich	
Sonderzeichen einfügen: Halbgeviertstrich	
Sonderzeichen einfügen: Interpunktionsleerzeichen	
Sonderzeichen einfügen: Nächste Seitenzahl	⇧ ⌘ 9
Sonderzeichen einfügen: Paragraphenzeichen	
Sonderzeichen einfügen: Schließendes Anführungszeichen	
Sonderzeichen einfügen: Schließ. einf. Anführungszeichen	⇧ ⌘ 6
Sonderzeichen einfügen: Symbol für eingetragene Marke (®)	
Sonderzeichen einfügen: Symbol für Marke (™)	
Sonderzeichen einfügen: Tabulator	
Sonderzeichen einfügen: Tabulator für Einzug rechts	⇧ →
Sonderzeichen einfügen: Verschachteltes Format hier beenden	⌃ ⇧ 2
Sonderzeichen einfügen: Vorherige Seitenzahl	⌃ ⇧ 1
Tabulatoren	⇧ ⌘ T
Text auf Pfad: Optionen …	
Text auf Pfad: Text aus Pfad löschen	
Textabschnitt	

Umbruchzeichen einfügen: Absatzumbruch		DTD löschen	
		DTD laden …	
Umbruchzeichen einfügen: Harter Zeilenumbruch	⇧ ↵	DTD-Optionen …	
		Fehlerliste anzeigen …	
Umbruchzeichen einfügen: Rahmenumbruch	⇧ ⌥	Formate zu Tags zuordnen …	
		Gehe zu Objekt	
Umbruchzeichen einfügen: Seitenumbruch	⌘ ⌥	In Struktur markieren	
		Kommentare einblenden	
Umbruchzeichen einfügen: Spaltenumbruch	⌥	Löschen	
		Neue Verarbeitungsanweisung …	
Umbruchzeichen einfügen: Umbruch für gerade Seiten		Neuer Kommentar …	
		Neues Attribut …	
Umbruchzeichen einfügen: Umbruch für ungerade Seiten		Neues Element …	
		Objekte ohne Tags hinzufügen	
Verborgene Zeichen ausblenden	⌥ ⌘ I	Tag für Element entfernen	
Zeichen	⌘ T	Tag für Element …	
Zeichenformate	⇧ F11	Tag-Vorgabeoptionen …	
		Tags zu Formaten zuordnen …	
Struktur & Navigation		Textausschnitte einblenden	
Bis zum ersten XML-Knoten auswählen	⇧ ⌤	Verarbeitungsanw. einblenden	
Bis zum letzten XML-Knoten auswählen	⇧ ⌧	**Tabelle-Menü**	
		Auswählen: Spalte	⌥ ⌘ 3
Element erweitern	→	Auswählen: Tabelle	⌥ ⌘ A
Element und untergeordnete Elemente erweitern	⌥ ←	Auswählen: Tabellenfußzeilen	
		Auswählen: Tabellenkörperzeilen	
Elementstruktur ausblenden	←	Auswählen: Tabellenkopfzeilen	
Ersten XML-Knoten auswählen	⌤	Auswählen: Zeile	⌘ 3
Letzten XML-Knoten auswählen	⌧	Auswählen: Zelle	⌘ #
Nächsten Validierungsfehler anzeigen	⌘ →	Einfügen: Spalte …	⌥ ⌘ 9
Struktur für Element und untergeordnete Elemente ausblenden	⌥ →	Einfügen: Zeile …	⌘ 9
		Fußzeile bearbeiten	
Strukturfenster einen Bildschirm nach oben	⇞	Gehe zu Zeile …	
		In Tabellenfuß	
Strukturfenster einen Bildschirm nach unten	⇟	In Tabellenfußzeilen umwandeln	
		In Tabellenkörper	
Vorh. Validierungsfehler anzeigen	⌘ ←	In Tabellenkörperzeilen umwandeln	
XML-Auswahl nach oben erweitern	⇧ ↑	In Tabellenkopf	
XML-Auswahl nach oben verschieben	↑	In Tabellenkopfzeilen umwandeln	
XML-Auswahl nach unten erweitern	⇧ ↓	Kopfzeile bearbeiten	
XML-Auswahl nach unten verschieben	↓	Löschen: Spalte	⇧ ⌫
		Löschen: Tabelle	
Struktur-Menü		Löschen: Zeile	⌘ ⌫
Ab ausgewähltem Element validieren		Spalten gleichmäßig verteilen	
Ab Stammelement validieren		Tabelle einfügen …	⌥ ⇧ ⌘ T
Attribute einblenden		Tabelle in Text umwandeln …	
Bearbeiten		Tabellenoptionen: Abwechselnde Flächen …	
DTD anzeigen …			

Eigene Tastaturbefehle

Tabellenoptionen: Abwechselnde Spaltenkonturen …	
Tabellenoptionen: Abwechselnde Zeilenkonturen …	
Tabellenoptionen: Tabelle einrichten …	⌥ ⇧ ⌘ B
Tabellenoptionen: Tabellenkopf und -fuß …	
Text in Tabelle umwandeln …	
Zeilen gleichmäßig verteilen	
Zelle horizontal teilen	
Zelle vertikal teilen	
Zellen verbinden	
Zellenoptionen: Diagonale Linien …	
Zellenoptionen: Konturen und Flächen …	
Zellenoptionen: Text …	⌥ ⌘ B
Zellenoptionen: Zeilen u. Spalten …	
Zellverbindung aufheben	

Text und Tabellen

0°	
180°	
270°	
90°	
Abweichende Absatzeinstellungen löschen	
Abweichende Zeicheneinstellungen löschen	
Alle Abweichungen löschen	
Alle Fußnoten maximieren	
Alle Textabschnitte neu umbrechen	⌥ ⌘ #
Am Rücken ausrichten	
An das Zeilenende Ende	
An den Zeilenanfang Pos1-Taste	
An Grundlinienraster ausrichten	⌥ ⇧ ⌘ G
Aufzählungszeichen hinzufügen/entfernen	
Aufzählungszeichen u. Nummerierung in Text konvertieren	
Auswahl in «Ersetzen durch» laden	⌘ F2
Auswahl in «Suchen nach» laden	⌘ F1
Auswahl in «Suchen nach» laden und weitersuchen	⇧ F1
Autom. Silbentrennung ein/aus	⌥ ⇧ ⌘ H
Autom. Zeilenabstand	⌥ ⇧ ⌘ A
Bis zum Anfang der Zeile auswählen	⇧ ↖
Bis zum Anfang des Textabschnitts auswählen	⇧ ⌘ ↖
Bis zum Ende der Zeile auswählen	⇧ ↘
Bis zum Ende des Textabschnitts auswählen	⇧ ⌘ ↘
Blocksatz	⇧ ⌘ J
Blocksatz (inkl. letzte Zeile)	⇧ ⌘ F
Durch «Ersetzen durch»-Text ersetzen	⌘ F3
Durch «Ersetzen durch»-Text ersetzen und weitersuchen	⇧ F3
Ein Wort nach links	⌘ ←
Ein Wort nach rechts	⌘ →
Ein Zeichen nach links	←
Ein Zeichen nach rechts	→
Eine Zeile nach oben	↑
Eine Zeile nach unten	↓
Einstellung für autom. Zusatzzeilen umschalten	
Fettdruck anwenden	⇧ ⌘ B
Gehe zu Fußnotentext	
Grundlinienversatz 5fach erhöhen	⌥ ⇧ ⌘ ↑
Grundlinienversatz 5fach verringern	⌥ ⇧ ⌘ ↓
Grundlinienversatz erhöhen	⌥ ⇧ ↑
Grundlinienversatz verringern	⌥ ⇧ ↓
Horizontale Skal. 5fach vergrößern	
Horizontale Skal. 5fach verkleinern	
Horizontale Skalierung vergrößern	
Horizontale Skalierung verkleinern	
In erste Zeile d. Rahmens versch.	⇞
In erste Zelle d. Spalte verschieben	⌥ ⇞
In erste Zelle d. Zeile verschieben	⌥ ↖
In letzte Zeile d. Rahmens versch.	⇟
In letzte Zelle d. Spalte verschieben	⌥ ⇟
In letzte Zelle d. Zeile verschieben	⌥ ↘
In nächste Zelle verschieben	⇥
In vorherige Zelle verschieben	⇧ ⇥
Kerning u. Laufweite zurücksetzen	⌥ ⌘ Q
Kerning/Laufweite 5fach erhöhen	⌥ ⌘ →
Kerning/Laufweite 5fach verringern	⌥ ⌘ ←
Kerning/Laufweite erhöhen	⌥ →
Kerning/Laufweite verringern	⌥ ←
Kursivdruck anwenden	⇧ ⌘ I
LöschenEntf-Taste	
LöschenLöschen	
Linkes Wort auswählen	⇧ ⌘ ←
Linkes Zeichen auswählen	⇧ ←
Linksbündig	⇧ ⌘ L
Liste fehl. Schriftarten aktualisieren	⌥ ⇧ ⌘ #
Nächsten Absatz auswählen	⇧ ⌘ ↓

Nach links (Tabellen)	←
Nach oben (Tabellen)	↑
Nach rechts (Tabellen)	→
Nach unten (Tabellen)	↓
Nicht am Rücken ausrichten	
Nicht von nächster Zeile trennen	
Normal anwenden	⇧ ⌘ Y
Normale horizontale Textskalier.	⌘ X
Normale vertikale Textskalier.	⌥ ⇧ ⌘ X
Nummer. hinzufügen/entfernen	
Rechtes Wort auswählen	⇧ ⌘ →
Rechtes Zeichen auswählen	⇧ →
Rechtsbündig	⇧ ⌘ R
Schriftgrad 5fach erhöhen	⌥ ⇧ ⌘ .
Schriftgrad 5fach verringern	⌥ ⇧ ⌘ ,
Schriftgrad erhöhen	⇧ ⌘ .
Schriftgrad verringern	⇧ ⌘ ,
Setzer wechseln	
Sofort alle Textabschnitte neu umbrechen	
Spalte einfügen	
Typogr. Anführungszeichen ein/aus	⌥ ⇧ ⌘ ß
Verankertes Objekt einfügen/ Gehe zu Ankermarke	
Voreinstellung für Ziehen und Ablegen von Text ein/aus	
Vorherigen Absatz auswählen	⇧ ⌘ ↑
Weitersuchen	⇧ F2
Wortabstand 5fach vergrößern	⌥ ⇧ ⌘ <
Wortabstand 5fach verkleinern	⌥ ⇧ ⌘ ⌫
Wortabstand vergrößern	⌥ ⌘ <
Wortabstand verkleinern	⌥ ⌘ ⌫
Zeile auswählen	⇧ ⌘ '
Zeile darüber auswählen	⇧ ↑
Zeile darunter auswählen	⇧ ↓
Zeile einfügen	
Zeile in nächst. Rahmen beginnen	⇧ ↵
Zeile in nächst. Spalte beginnen	↵
Zeilenabstand 5fach erhöhen	⌥ ⌘ ↓
Zeilenabstand 5fach verringern	⌥ ⌘ ↑
Zeilenabstand erhöhen	⌥ ↓
Zeilenabstand verringern	⌥ ↑
Zellen darüber auswählen	⇧ ↑
Zellen darunter auswählen	⇧ ↓
Zellen zur Linken auswählen	⇧ ←
Zellen zur Rechten auswählen	⇧ →
Zellen-/Textauswahl wechseln	ESC
Zentriert	⇧ ⌘ C

Zum Anfang des Textabschnitts	⌘ ↖
Zum Ende des Textabschnitts	⌘ ↘
Zum nächsten Absatz	⌘ ↓
Zum vorherigen Absatz	⌘ ↑

Werkzeuge	
Ankerpunkt hinzufügen	+
Ankerpunkt löschen	-
Auswahl	**F1**
Buntstift	N
Direktauswahl	A
Drehen	R
Ellipse	L
Ellipsenrahmen	
Farbe anwenden	,
Flächen- und Konturaktivierung austauschen	X
Flächen- u. Konturfarben austauschen	⇧ X
Frei transformieren	E
Glätten	
Hand	H
Keine anwenden	#
Linienzeichner	\
Messen	K
Pipette	I
Polygon	
Polygonrahmen	
Positionierungswerkzeug	⇧ A
Radieren	
Rechteck	M
Rechteckrahmen	F
Richtungspunkt umwandeln	⇧ C
Schaltflächen	B
Schere	C
Skalieren	S
Standardflächen- und -konturfarben anwenden	D
Text	T
Text auf Pfad	⇧ T
Verbiegen	O
Verlauf	G
Verlauf anwenden	.
Zeichenstift	P
Zoom	Z
Zwischen Standardansicht und Vorschau wechseln	**F2**
Zwischen Text- und Objektsteuerung wechseln	J

Eigene Tastaturbefehle

Foto-Nachweise
(Seitenangabe: Erstnennung)

Waltraud Baeuerle. Seiten 47 und 83.
Reinhard Balzerek. Seite 40.
Manfred Bernhard. Seite 162.
Claude Bousquet. Seite 125.
Rüdiger Carow. Seite 148.
Petre Danilescu. Seite 49.
Digital-Archiv. Seiten 131 und 157.
Christian Durner. Seite 40.
Horst Herzig. Seite 83.
Fotodesign Herbert W. Hesselmann. Seite 130.
Mark Kitz. Seite 170.
Klaus Kindermann. Seiten 10 und 38.
Rudolf Kostolnik. Seite 64.
Tim Krieger. Seite 162.
Björn Kühnel. Seite 22.
MP Models & Fotostudio. Seite 6.
Gerhard Müller. Seite 44.
Micha Pawlitzki. Seiten 10, 55, 99, 125 und 130.
Photographic Partnership. Seite 40.
Michael Pohl. Seite 144.
Joachim Rapp. Seiten 125, 130 und 156.
Franz Riedl. Seite 63.
Eckart Seidl. Seiten 154, 156 und 162.
Summer Fun Collection. Seiten 55, 57, 86, 122, 132, 144, 150, 155 und 156.
Gabriele Wacker. Seite 131.
Ingeborg Wagner. Seite 125.
Johanna Wahl. Seite 38.
Martin Wendler. Seite 162.
Mike Witschel. Seiten 22, 46, 61, 63, 120, 132 und 157.
Suzanne Wright. Seite 15.

Web-Adressen

InDesign

Ausführliche Infos und Angebote zu InDesign, den restlichen Programmen der Creative Suite und zu Acrobat finden sich auf der Website des Herstellers unter **www.adobe.de**. Hilf Dir Selbst ist das Motto eines Schweizer Portals. Unter dem URL **www.hilfdirselbst.ch** finden sich zahlreiche Links, Termine, Tutorials und Background-Infos zu InDesign sowie den restlichen Suite-Programmen. Wie geht es weiter mit den Suite-Programmen? Unter **www.thinksecret.com** finden Neugierige die neuesten Gerüchte aus der Mac-Szene.

OpenType

Unicode ist umfangreich. Wer sich für die Belegung der einzelnen Unicode-Sektoren näher interessiert, kann bei **www.decodeunicode.org** Näheres in Erfahrung bringen. Als Mailorder-Vertrieb für Schriften unterschiedlicher Hersteller ist die Berliner *FontShop AG* auch in Sachen OpenType auf dem aktuellen Stand; die Webadresse lautet: **www.fontshop.de**. Mehr zum Schriften-Programm von InDesign-Hersteller Adobe und insbesondere auch den OpenType-Pro-Fonts findet sich unter **http://store.adobe.com/type**.

PDF

Seitdem sich PDF/X als Dokumentstandard in der Druckvorstufe etabliert hat, steigt auch das Informationsbedürfnis. Der Schulungsanbieter Cleverprinting offeriert auf seiner Website **www.cleverprinting.de** nicht nur diverse Joboptions für Acrobat, sondern auch ein informatives Manual zum Downloaden.

Farbmanagement

Eine gut ausgebaute deutschsprachige Grundlagenseite findet sich unter **www.colormanagement.de**. Die offizielle Homepage des ICC-Konsortiums (**www.color.org**) offeriert in Englisch weitere Infos, technische Spezifikationen, FAQs und Links zu dem derzeit wohl komplexesten Thema in der digitalen Medienproduktion.

Glossar

Adobe Bridge. Im Lieferumfang der → *Creative Suite* 2 enthaltener Datenbrowser zum Verwalten, Anschauen, Bearbeiten und Indizieren von Bild-, Grafik- und Layoutdaten.

Ästhetikeinstellungen. Sammelbegriff für die Absatzformat-Einstellungen, die die Art und Weise des Umbruchs genauer festlegen. Hauptbestandteile sind die Toleranzeinstellungen für *Silbentrennung* und *Abstände*. Als dritte Komponente hinzuzählen kann man auch die *Absatzumbruchoptionen*.

CMYK. Farbmodus für die Druckausgabe. Da die konkrete Zusammensetzung vom anvisierten Druckverfahren abhängt, sind für die Ausgabe → *Farbmanagement*-Einstellungen vonnöten, welche das Druckverfahren genauer spezifizieren.

Creative Suite. Bundle, bestehend aus den drei Kernanwendungen *InDesign*, *Photoshop* und *Illustrator*. Hinzu kommen seit Version CS 2 der Dateibrowser *Bridge*, *GoLive* sowie – in der Premium-Version – *Acrobat 7 Professional*. Hersteller Adobe strebt mit der Suite eine Bündelung und Vereinheitlichung der in den Einzelprogrammen enthaltenen Techniken an. Wesentliche Bestandteile sind: Farbmanagement, PDF- und OpenType-Unterstützung, userkonfigurierbare Arbeitslayouts und Tastenbefehle sowie zahlreiche Kreativtechniken, die in mehreren oder allen Programmen der Suite implementiert sind.

Database Publishing. Zum Zuge kommt datenbankgestütztes Publizieren vor allem bei groß angelegten Publikationsvolumen wie etwa Programmkalendern oder Katalogen. Aufbereitet werden dabei in aller Regel Datenbank-Inhalte; kennzeichnend ist darüber hinaus der sehr hohe Grad an Automation. Der konkrete Workflow hängt dabei von der Art des Projekts ab; Lösungen auf der Basis von → *XML* sind mittlerweile weit verbreitet.

Deckkraft. Eigenschaft, die bestimmt, wie stark ein → *Objekt* oder eine → *Ebene* darunter liegende Objekte oder Ebenen durchschimmern lässt. Siehe auch → *Transparenz* und → *Füllmethoden*.

Ebenen. In InDesign ermöglichen Ebenen das Untergliedern von Dokumenten in unterschiedliche «Schichten». Ebenen erleichtern zum einen die Bearbeitung; darüber hinaus sind sie ein effizientes Werkzeug zum organisationstechnischen Strukturieren von Layoutarbeiten.

Farbmanagement. Die für das Farbmanagement getroffenen Farbeinstellungen dienen dazu, ein geräte- und plattformübergreifend konsistentes Erscheinungsbild von Bildern, Grafiken und Layouts zu gewährleisten. Wie alle Programme der → *Creative Suite* ermöglicht InDesign hier sehr detaillierte Festlegungen. Über den Dateibrowser *Bridge* können die Farbeinstellungen zudem für alle Programme der → *Creative Suite* einheitlich festgelegt werden.

Formate. Bündelung von Objekt- oder Typografieattributen. Der Vorteil von Formaten besteht darin, dass sie sich → *Objekten* oder markierten Textstellen auf einen Rutsch zuweisen lassen. Für Objekte offeriert InDesign → *Objektstile*, für das Formatieren Zeichen- und Absatzformate. Das Bündeln typografischer Eigenschaften ist auch in anderen Anwendungen möglich. Word bezeichnet dies als *Formatvorlagen*; in QuarkXPress heißen sie *Stilvorlagen*.

Füllmethoden. Eigenschaften wie *Multiplizieren*, *Weiches Licht* oder *Luminanz* erweitern den Faktor → *Transparenz* um zusätzliche Folieneigenschaften. Abhängig von der Einstellung unter → *Deckkraft* wirkt ein Objekt nicht mehr (mehr oder weniger) deckend, sondern verhält sich wie lasierende Farben oder farbiges Licht in einer Dia-Show. Gestalterisch gesehen sind Füllmethoden mächtige Werkzeuge. Die Bezeichnung divergiert allerdings von Programm zu Programm und ist auch in den Suite-Anwendungen nicht einheitlich.

Grundlinienraster. Option, ein festes Zeilenabstandsintervall dokument- oder textrahmenweit zuzuweisen. Grundlinienrasterzuweisungen in *Absatz*- oder *Steuerung-Palette* überschreiben den aktuell eingestellten Zeilenabstand. In der Praxis dienen Grundlinienrasterzuweisungen dazu, Registerhaltigkeit in beidseitig bedruckten Dokumenten zu erzeugen sowie allgemein ein aufgeräumtes Satzbild zu gewährleisten.

Grundlinienversatz. Dieses Zeichenattribut ermöglicht es, einzelne Zeichen, Wörter oder Zeilen eines Textes von der Grundlinie ausgehend nach oben oder unten zu versetzen.

JPEG. Verlustbehaftetes Bilddatenformat. Trotz der verlustbehafteten Komprimierung auch in der Druckvorstufe – neben → *Tiff* – ein Standardformat.

Kerning. Einzelzeichenausgleich zwischen Zeichenpaaren einer Textpassage.

Laufweite. Möglichkeit, den Zeichenabstand einer Textpassage weiter oder enger zu gestalten.

Nur Text. Anders als → *RTF* speichert das Nur-Text-Format lediglich den reinen Textinhalt ab.

Objekt. Übergreifende Bezeichnung für unterschiedliche Rahmentypen in InDesign. Unabhängig von der Form unterscheidet das Programm zwischen drei Rahmentypen: Textrahmen, Bildrahmen und Rahmen ohne Inhalt.

Objektstile. Seit InDesign CS 2 lassen sich unterschiedliche Objektattribute in einem Objektstil speichern. Vorteil: Anstatt unterschiedliche Attribute für Kontur, Flächenfarbe, Effekte und so weiter einzeln zuzuweisen, kann das komplette Erscheinungsbild in einem Rutsch zugewiesen werden.

OpenType. Auf → *Unicode* basierendes Schriftformat. OpenType-Schriften können in der Praxis bis zu mehrere tausend Zeichen pro Schriftfont enthalten. Vorteile: a) plattformübergreifende Einsetzbarkeit, b) Zeichen für unterschiedliche Schriftsysteme in einem Font (optional) und c) typografische Zusatzgimmicks (optional).

PostScript. *a) Schriftformat.* In professionellen Arbeitsumgebungen gilt PostScript noch immer als Standard – auch wenn hier → *OpenType*-Schriften mehr und mehr Einzug halten. b) Von Adobe entwickelte *Seitenbeschreibungssprache für die Ausgabe.* Obwohl PostScript in der Druckvorstufe nach wie vor die beherrschende Grundlagentechnologie ist, werden für die Ausgabe mittlerweile fast durchgängig Daten auf der Basis von → *PDF* bevorzugt.

PDF *(Portable Document Format).* Von Adobe entwickeltes Austauschformat für Dokumente. Für das Anschauen von PDF-Daten ist lediglich der kostenlose *Acrobat Reader* nötig. Für das Erstellen professioneller PDF-Dokumente empfiehlt sich der zum Acrobat-Paket gehörende *Distiller.* Darüber hinaus ermöglichen so gut wie alle professionellen Medienproduktionsprogramme den direkten Export von PDF. Eine Teilmenge von PDF stellen die ISO-Normen → *PDF/X-1a* und *PDF/X-3* dar.

PDF/X. Das Format PDF/X mit seinen Unterspezifikationen 1a und 3 legt gewisse Mindeststandards fest für die Ausgabe von → PDF-Dokumenten auf hochauflösenden Belichtern. Zu den wesentlichen Kriterien von PDF/X zählen aktivierte Schrifteinbettung und hochauflösende Festlegungen für die Bilddatenkomprimierung.

RGB. Farbmodus für Monitore. Da RGB darüber hinaus bei zahlreichen Eingabegeräten (zum Beispiel Digitalkameras) und Ausgabegeräten (zum Beispiel Tintenstrahldrucker) Standardfarbmodus ist, ist das Einstellen von Profilen über die → *Farbmanagement*-Einstellungen auch bei RGB mittlerweile Standard.

RTF. Austauschformat für Text. Ähnlich wie das *Word-Format* (Endung: .doc) ermöglicht auch RTF das Konservieren von Formatattributen. Da so gut wie alle Textverarbeitungsprogramme RTF beherrschen, hat sich das Format – ähnlich wie → *Tiff* auf der Bildbearbeitungsseite – zu einem übergreifenden Standardformat entwickelt.

Schriftgröße. Die Schriftgröße wird gemeinhin in Punkt angegeben, wobei ein Punkt rund 0,35 Millimeter entspricht. In der Schriftgröße enthalten sind stets die Ober- und Unterlängen. Da Schriften unterschiedlich gestaltet sind, besteht mitunter ein deutlicher Unterschied zwischen numerischer Schriftgröße und optischer Größenwirkung.

Schriftschnitt. Die meisten Satzschriften offerieren mehr oder weniger viele Varianten des Grundschriftbilds. Gängig sind die drei Normalschnitt-Zusatzvarianten *fett, kursiv* und *fettkursiv.* Die Bezeichnungen schwanken zwar oft; nichtsdestotrotz existieren einige Konventionen. Der Normalschnitt wird in der Regel als *Regular* oder *Roman* bezeichnet, Kursiv-Varianten als *Italic* (designerisch gestaltete Kursive) oder *Oblique* (elektronisch schräg gestellte Kursive). Für Fettungsgrade gängig sind folgende Bezeichnungen: *Ultra Light, Light, Semi Light, Regular, Book, Medium, Semibold, Bold, Black* und *Heavy.* Schmal laufende Varianten kommen in der Regel unter der Bezeichnung *Condensed,* breit laufende als *Extended.* Bei größeren Schriftfamilien ist unter Windows eine Vierer-Subunterteilung in Einzelpakete mit *Regular, Italic, Bold* und *Bold Italic* gängig.

Skalierung. Vergrößerung oder Verkleinerung von Objekt- oder Schriftproportionen. Zu unterscheiden ist zwischen *unproportionaler* und *proportionaler Skalierung.* Während bei der unproportionalen Skalierung *Breite* und *Höhe* unterschiedlich stark vergrößert oder verkleinert werden, kommt bei proportionalen Skalierungen ein einheitlicher Faktor zum Zug; die Proportionen von Objekt oder Schrift-Erscheinungsbild bleiben also erhalten.

Snippets. Unter-Dateiformat von InDesign für Layoutkomponenten, die sich direkt oder über den Dateibrowser *Adobe Bridge* ins Layout ziehen lassen.

Tiff. Standard-Austauschformat für Bilder. Die neueren Tiff-Varianten ermöglichen auch das Abspeichern von Ebenen sowie Komprimierung nach dem → *JPEG*-Verfahren. In der Regel wird beim Abspeichern von Tiff-Dateien jedoch die verlustfreie LTW-Komprimierung vorgezogen.

Transparenz. Sammelbezeichnung für Techniken, die nicht auf eindeutig voneinander abgegrenzte Objektkanten setzen, sondern vielmehr unterschiedlichste Möglichkeiten bieten, Objekte oder Pixel-Ebenen fließend ineinander übergehen zu lassen oder ineinander einzublenden. Da die Ausgabe von Transparenz auf direktem Weg drucktechnisch derzeit nicht möglich ist, müssen derartige Effekte vor der Ausbelichtung transparenzreduziert werden. Siehe auch → *Deckkraft* und → *Füllmethoden.*

Unicode. Anders als der herkömmliche, auf 8 Bit basierende ASCII-Code ermöglicht Unicode mit einer Grundlage von 16 Bit theoretisch bis zu 60 000 Zeichen pro Schrift. Neben der Zeichenmasse offeriert Unicode jedoch ein Ordnungssystem, welches nicht nur die Belegung der Standardzeichen vereinheitlicht, sondern darüber hinaus ein Ordnungsraster liefert für sämtliche Sprachen, Schrift- und Informationssysteme weltweit.

XML. Als Meta- oder Auszeichnungssprache ermöglicht XML *(Extensible Markup Language)* das verwendungsunabhängige Auszeichnen von Inhalten. Im Unterschied zu Formaten legen XML-Auszeichnungen keine konkreten Formatierungen fest, sondern eine Struktur. Vor allem im → *Database Publishing* kommen XML-Lösungen häufig zum Zug. Auch InDesign offeriert Schnittstellen für das Arbeiten mit und das Importieren von XML-Vorgaben.